왕실
문화
총서

07

조선 왕실의 행사 2

왕실의 혼례식 풍경

07

조선 왕실의 행사 **2**

왕실의 혼례식 풍경

—

2013년 1월 14일 초판 1쇄 발행

—

지은이 신병주·박례경·송지원·이은주

—

펴낸이 한철희

펴낸곳 주식회사 돌베개

등록 1979년 8월 25일 제406-2003-000018호

주소 (413-756) 경기도 파주시 회동길 77-20 (문발동)

전화 (031) 955-5020

팩스 (031) 955-5050

홈페이지 www.dolbegae.com

전자우편 book@dolbegae.co.kr

—

책임편집 윤미향·이현화

디자인 박정영·이은정

제작·관리 윤국중·이수민

마케팅 심찬식·고운성·조원형

인쇄·제본 상지사 P&B

—

이 도서는 2007년도 정부재원(교육인적자원부 학술연구조성사업비)으로
한국학중앙연구원의 지원에 의하여 연구되었음(AKS-2007-BA-3001).

ISBN 978-89-7199-518-1 04900

    978-89-7199-421-4 (세트)

—

이 도서의 국립중앙도서관 출판시도서목록(CIP)은 e-CIP홈페이지(http://www.nl.go.kr/ecip)와
국가자료공동목록시스템(http://www.nl.go.kr/kolisnet)에서 이용하실 수 있습니다.
(CIP제어번호: CIP2013000004)

왕실
문화
총서

07

조선 왕실의 행사 2

—

왕실의 혼례식 풍경

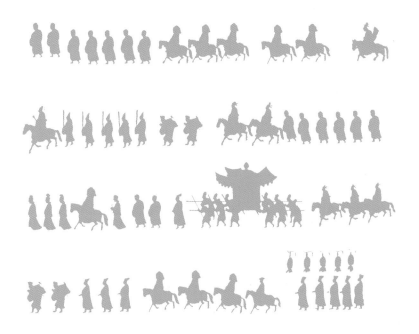

신병주 · 박례경 · 송지원 · 이은주 지음

돌베
개

혼례식은 기원이 오래되었다. 남녀 간의 결합에 필수적인 의례
들이 따랐고, 그 절차와 내용을 정리해야 할 필요성을 느꼈기 때문
일 것이다. 『시경』詩經의 「대명」大明을 보면 주나라 문왕이 위渭 땅
에서 친영親迎을 한 내용이 나타나는 등, 중국 역사서의 기록에 의
하면 혼례의식의 연원은 매우 오래되었음을 알 수가 있다. 우리나
라에서도 전통시대 왕실 혼례식은 최고의 경사였으며, 혼례식의 주
요 내용은 기록으로 정리되었다. 삼국시대 왕실 혼례식에 대해서는
『삼국사기』三國史記에 일부 기록이 있어서 당시 왕실혼의 개략적인
모습을 살펴볼 수가 있다. 고려시대 왕실 혼례식은 『고려사』高麗史
「예지」禮志에 기록되어 있으며, 조선시대 왕실 혼례식의 구체적인
면모는 『국조오례의』國朝五禮儀나 의궤儀軌에 자세히 정리되어 있다.

조선시대 왕실 행사 중 축제적 성격이 가장 컸던 것으로 궁중잔
치와 혼례식을 꼽을 수 있다. 왕, 왕세자, 왕세손 등 지위에 따라
격을 달리하는 혼례식이 이루어졌고, 시대별로 혼례식의 내용에는
조금씩 변화가 있었다. 조선시대 왕실의 혼례는 '가례'嘉禮로 칭해
졌다. 의궤의 기록에서 왕실 혼례를 뜻하는 용어로 굳어진 가례는

원래 왕실의 큰 경사를 뜻하는 말이었다. 가례의 총체적 개념이 기록된 『주례』周禮에는 "이가례친만민"以嘉禮親萬民이라 하여 가례가 만민이 참여하여 행할 수 있는 의식임을 설명하였다. 그만큼 가례는 상하 모두가 함께할 수 있었던 의례라는 것이다. 그러나 조선시대 왕실 행사의 전 과정을 기록과 그림으로 정리한 의궤에서 모든 혼례식을 가례라 표현한 것에서 알 수 있듯, 조선 후기에 이르면 혼례의식을 특별히 가례라 칭하는 것이 굳어져 갔다. 그만큼 혼례식에 대한 왕실의 관심과 의미 부여가 컸다는 것을 알 수 있다.

이외에 혼례식에는 친영親迎의식의 적극적인 수용, 사치 방지 등 조선 왕실의 국가 이념이 반영되는 경우가 많았다. 영조의 경우 국정 철학인 사치 방지를 적극 강조하였고, 이를 자신의 혼례식에도 적용하였다. 사치 방지는 헌 가마의 수리, 가마 등의 의장물에 금사용 금지, 음식상의 간소화 등으로 나타났다. 19세기 수렴청정의 시기에는 왕비의 간택을 둘러싸고 각 정치세력 간에 대립하는 모습들도 나타난다.

조선 왕실의 혼례식은 두 남녀의 결합이라는 측면보다는 이를 통해 후손을 생산하여 가계를 계승한다는 의미가 컸다. 더욱이 왕조국가의 주인공인 왕가의 혼례식은 종묘사직을 지켜나갈 후계자를 생산하는 시초가 되는 행사였으므로 그 의미가 더욱 컸다. 유교이념을 지향한 조선 왕실의 성격상 왕실의 혼례식은 최대한 예법에 맞게 수행하였고, 의식의 모든 과정은 의궤 등의 기록으로 정리하였다.

혼례식은 조선시대 왕실문화의 역량이 총합된 행사였다. 현재 서울대 규장각 한국학연구원과 한국학중앙연구원 장서각 등에는 왕실 혼례식 관련 자료들이 다수 소장되어 있다. 이 중 규장각에는 왕실 혼례식의 과정을 정리한 가례도감의궤 20종이 소장되어 있다. 이 가운데 왕의 가례가 9건, 왕세자의 가례가 9건, 왕세손의 가례가 1건, 황태자의 가례가 1건이다. 최초의 가례도감의궤인 『소현세자가례도감의궤』에서 시작하여 조선의 마지막 왕인 순종의 가례까지 기록하고 있다. 현재 소장된 가례도감의궤를 볼 때 왕실의 혼인 중에서도 왕이나 왕세자의 혼인만을 특별히 가례라 칭했다는 것과, 이러한 혼인이 가지는 의미와 중요성을 널리 알리고 이를 기록으로 보존하려는 취지에서 가례도감의궤를 편찬했음을 알 수 있다.

의궤는 다양한 주제들로 구성되어 있지만 그중에서도 왕실의 결혼식을 기록한 가례도감의궤는 기록과 그림에서 축제의 분위기가 물씬 배어난다. 여기에는 혼례식에 사용된 의복이나 의장기, 소요 물품에 대한 정보가 자세하여 조선시대 왕실 행사 복원에 가장 유용한 자료가 된다. 특히 의궤의 말미에 그려진 반차도에는 당시 혼례식 행렬을 그대로 그려 놓았고, 왕실 혼례의 축제적 성격과 생동감 넘치는 내용들이 담겨 있어 당시의 결혼식 행사에 직접 참여한 것과 같은 느낌을 준다. 이러한 면면들에서 가례도감의궤는 조선시대 의궤 중에서도 가장 화려함을 뽐낸다고 할 수 있다. 또한 각 국왕과 왕세자의 결혼식이 시기적으로 연속되게 기록되어 있어서 의궤를 통하여 조선시대 결혼풍속의 흐름을 살펴볼 수 있으며, 각종 혼수품과 행사에 참여한 사람들의 변화 양상을 파악할 수 있다. 이러한 점에서 가례도감의궤는 왕실문화나 생활사 연구에 필수적인 자료로 각광받고 있다.

본 연구에서는 먼저 혼례의 연원과 의미를 살펴보고, 중국과 고려 등의 왕실 혼례식에 대한 기본적인 검토를 해 나갈 것이다. 그리고 이를 바탕으로 자료가 가장 풍부한 조선시대 왕실 혼례식의 구체적인 과정들을 살펴보았다.

연구 자료로는 의궤 등 규장각에 소장된 혼례식 관련 자료를 체계적으로 검토하였으며, 『국조오례의』國朝五禮儀, 『국혼정례』國婚定例, 『증보문헌비고』增補文獻備考, 『상방정례』尙方定例, 『춘관통고』春官通考 등의 국내 자료와 『주자가례』朱子家禮, 『예기』禮記 등의 중국 자료까지 폭넓게 활용하였다. 주로 조선시대 왕실 혼례식의 면모를 체계적으로 살펴보는 데 중점을 두었으며, 혼례식을 통해 파악할 수 있는 왕실문화의 주요 내용과 그 특징들을 찾아보고자 하였다. 혼례식에 소요된 의복이나 의장물, 각종 물품들에 대한 분석은 당시 왕실의 문화사나 생활사의 면면을 파악하는 데 도움이 될 것이며, 의궤의 반차도에 그려진 친영 행렬의 분석을 통하여 혼례식의 변화 양상도 검토해 보았다. 왕, 왕세자, 왕세손 등 지위별로 혼례식의 규모가 어떻게 차이를 보이는지에 대해서도 살펴보았으며, 영조 시대의 사치 방지와 같이 국정 철학이 혼례식에 반영되는 양상들에 대한 연구도 수행하였다.

　김문식, 김지영, 박례경, 송지원, 심승구, 이은주 교수가 참여한 연구팀은 서로 호흡을 맞추어 가면서 본 연구성과를 내놓게 되었다. 특히 이번 책에서는 혼례의 연원과 의미·중국의 혼인의례 부분을 박례경 선생님이, 고려시대와 조선시대 혼례 전반에 대해서는 신병주가, 혼례 의장과 음악 부분은 송지원 선생님이, 혼례의 복식 부분은 이은주 선생님이 담당하여 집필하였다. 서울대학교 규장각 한국학연구원의 강문식 박사와 서울학연구소의 이현진 박사는 원고를 검토하고 윤문해 주었으며, 건국대학교 대학원생 윤혜민은 필자를 도와 원고 정리에 많은 수고를 하였다. 또한 편집을 책임진 윤미향 씨의 헌신적인 노력은 이 책이 품격을 갖추는 데 큰 도움이 되었음을 밝힌다.

　최근 의궤 등의 자료를 활용하여 왕실 혼례식을 재현하는 행사가 일부 시행되고 있는데, 왕실 혼례식 관련 자료는 전통시대 인문 콘텐츠의 확보라는 관점에서도 매우 중요하다. 조선시대 왕실 혼례식에 대한 체계적인 연구는 전통시대 왕실문화의 탐구와 재현, 나아가 조선시대 생활사 연구에 많은 도움을 줄 것으로 기대한다.

2013년 1월
집필책임 신병주

차 례

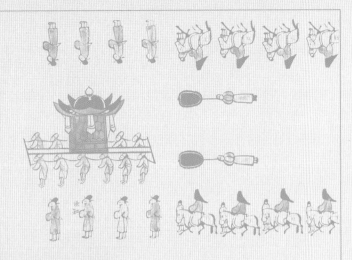

제2부 왕실 혼례식의 구성 요소

제3부 조선 왕실의 시기별 혼례식

혼례婚禮는 성인이 된 남녀가 부부夫婦로 맺어지는 혼인의 의례이다. 전통적으로 혼례는 어두울 '혼'昏 자를 써서 '혼인'昏姻으로 표기하였다. 혼인에 대해서 청대淸代의 학자인 진혜전秦惠田은 '혼'昏은 어두울 때 오는 신랑을, '인'姻은 신랑을 따라가는 신부를 가리킨다고 하였다. 고대에 남자가 장가드는 의례는 어두운 저녁을 혼례 시간으로 삼기 때문에 신랑을 '혼'昏이라 하였고, 여자는 신랑 될 사람이 저녁때 오면 그로 인因해서 신랑 집으로 가기 때문에 '인'姻이라 한다는 것이다.

왕실 혼례식의 연원과 비교사적 고찰

王室婚禮

1 혼례식의 연원과 의미

혼례식의 연원　　　혼례婚禮는 성인이 된 남녀가 부부夫婦로 맺
어지는 혼인의 의례이다. 전통적으로 혼례
는 어두울 '혼'昏 자를 써서 '혼인'昏姻으로 표기하였다. 혼인에 대해
서 청대淸代의 학자인 진혜전秦惠田(1702~1764)은 '혼'昏은 어두울 때
오는 신랑을, '인'姻은 신랑을 따라가는 신부를 가리킨다고 하였다.
고대에 남자가 장가드는 의례는 어두운 저녁을 혼례 시간으로 삼기
때문에 신랑을 '혼'昏이라 하였고, 여자는 신랑 될 사람이 저녁때
오면 그로 인因해서 신랑 집으로 가기 때문에 '인'姻이라 한다는 것
이다.[1] 이에 따르면 혼인이란 신랑·신부를 지칭하는 용어인 동시
에, 혼례의 의식을 거행하는 시간과 여자가 남자를 따라간다는 의
례의 핵심 절차가 함축적으로 담긴 용어인 셈이다.

　　그러나 이보다 앞서 한대漢代의 학자인 정현鄭玄(127~200)은 신부
가 될 여자의 집안(女氏)을 '혼'昏이라 칭하고 신랑이 될 남자의 집
안(壻氏)을 '인'姻이라 칭한다고 하였다.[2] 이것은 중국의 가장 오래된
자서字書인 『이아』爾雅에서 신랑의 아버지를 '인'姻이라고 하고 신부
의 아버지를 '혼'昏이라고 하며, 신랑 쪽 친속들을 인형제姻兄弟라고
하고 신부 쪽 친속들을 혼형제昏兄弟라고 하는 것과 서로 통한다.

1_ 진혜전秦惠田, 『오례통고』五禮
通考 151권, 「가례」 24, 혼례.

2_ 『의례주소』儀禮注疏, 「사혼례」
士昏禮, 정현鄭玄 주注.

이에 따르면 혼인이란 신랑·신부의 아버지를 비롯하여 혼례를 통해 얻게 될 양가의 집안사람이란 뜻이 된다.

이러한 '혼인'의 어원에서 알 수 있는 것은, 중국을 비롯한 동아시아 전통사회에서 혼례는 남녀 두 사람의 개인적인 통과 의례에 그치지 않고, 이를 계기로 남녀의 양가 구성원들이 우호적인 관계로 맺어지게 됨을 상징하는 집단적 의례 행위였다는 점이다. 혼례는 일반 서인에서부터 사대부와 국왕에 이르기까지 개인의 일생에서나 자신이 속한 집안 종족 전체에 있어서나 가장 중요한 사건이며, 특히 왕위가 세습되었던 가국家國 동형同型의 전통사회[3]에서 왕가王家의 혼례는 바로 국혼國婚으로서, 국가적으로 중대한 의미를 갖는 정치적인 행사였다.

전통적인 국가의 의례는 '오례'五禮로 분류되었다. 즉, 나라의 여러 신神을 섬겨 상서로운 복을 받는 길례吉禮, 나라의 흉한 근심사들을 애도하는 흉례凶禮, 무용武勇의 위의威儀를 통해 나라를 균평하게 다스리는 군례軍禮, 빈객賓客을 맞이하여 국가 간의 친목을 도모하는 빈례賓禮, 아름다운 의식으로써 만민을 친목하게 하는 가례嘉禮가 그것이다. 혼례는 그 가운데 가례에 속하며, 오례의 출발점이 되는 의례로써 중시되어 왔다. 그것은 혼례가 위로는 종묘 사당의 조상신들을 섬기고 생전의 부모님을 정성껏 봉양하다가, 부모님이 돌아가시게 되면 그 삶의 마지막을 삼가 거두어서 보내드리며, 아래로는 다음 세대를 이을 자손을 낳아서 성숙한 인간으로 양육하는 인륜의 중대사들을 함께할 동반자를 얻는 일이었기 때문이다. 따라서 혼례에는 친속親屬 관계를 확장하는 인륜 관계의 출발점이라는 전통적인 세계관이 집약되어 있고, 제사와 상장喪葬, 접빈객과 교육의 모든 의례 행위 또한 이에 기초하고 있기 때문에, 혼례는 모든 규범과 의례의 출발점으로 간주되었다. 이러한 배경 하에서 국혼國婚은 나라의 종묘사직宗廟社稷을 함께 받들어살 조석이 된나는 심에서 만세萬世의 출발점으로 중시되었다.[4]

3_ 가족과 국가가 모두 동일하게 적장자 계승제도 중심의 종법宗法을 근간으로 하는 사회를 가리킨다.

4_ 『예기』禮記, 「교특생」郊特牲.

이처럼 인류의 중대사인 혼례는 길흉吉凶에 대한 점복占卜을 통해서 신성함을 부여받고, 조상신을 모신 양가의 사당에서 경건하게 거행되었다. 특히 왕실의 혼례인 국혼의 경우에는 역대 조종祖宗의 조상신은 물론, 나라의 천신天神과 지신地神께 아뢰고 문무백관文武百官의 하례賀禮를 받음으로써, 나라의 기초가 반석에 올랐음을 백성들에게 현시하는 국가적 행사이자 중요한 통치 행위의 하나로서 거행되었다.

혼례에 대한 기록은 일찍이 중국의 은대殷代(?~B.C.11세기) 갑골문甲骨文에서부터 볼 수 있다. 은인殷人들은 거북의 껍질이나 짐승의 뼈를 이용한 점복占卜을 통하여, 자연환경과 천시天時를 주재하고 화와 복을 내려주는 상제上帝를 지고신으로 믿고 그의 의지를 알아내고자 하였는데, 갑골문은 바로 은 왕실에서 행한 점복의 기록들이다. 오늘날 연구된 갑골문의 분석에 의하면, 왕실의 혼인제도는 실제로 일부다처제였으며, 예외가 있긴 하지만 대부분 자기의 씨족과는 다른 외족外族에서 상대를 구하였고, 먼저 신에 대한 점복을 통해 길흉을 판단한 뒤 사람을 파견하여 쌍방의 의견을 소통하는 방식으로 진행되었다.[5]

5_ 곽말약郭沫若, 『갑골문합집』甲骨文合集, 1982. 호후선胡厚宣, 『갑골문합집역문』甲骨文合集譯文, 1999.

은 왕조를 이은 주대周代(B.C.11세기~B.C.256)의 혼례도 갑골문의 내용과 유사한 형태로 발전되었음을 『춘추』春秋 등의 역사서에서 볼 수 있다. 주 왕실과 제후국에서는 이성異姓의 여성을 후비后妃로 맞이하는 것을 예禮로 규정하였으며, 혼인 전에 길흉을 점치고 혼인 상대에게 사자使者를 보내어 예물을 보내고 맞이하는 것을 중요한 혼례 절차로 거행하였다. 주대 말엽에 이루어진 의례서인 『의례』儀禮에는 같은 성姓을 가진 집안과는 혼인을 하지 않는다는 동성불혼同姓不婚의 대원칙 아래, 혼례의식의 전 과정에 대한 기록이 정리되어 있다. 이 『의례』 「사혼례」士昏禮의 혼례 절차는 주대 귀족 계층 가운데 사士 계층의 혼례 기록이지만, 중국의 역대 왕조에서는 물론 조선에서 시행되는 혼인 의례의 전범典範으로 작용하면서 각 시대와 계층, 지역에 따라 고유한 의미와 형태를 띠고 발전하게 되었다.

혼례의 대의大義

전통사회의 혼례는 집단적이고 규범적인 의미를 강하게 반영하고 있지만, 『주역』周易에는 남녀의 교감交感을 혼례의 가장 기본적인 요소로 여기는 견해가 보인다. 『주역』이라는 문헌은 주대의 점서占書에 대해 후대의 철학적이고 윤리적인 해석을 덧붙인 책인데, 「몽괘」蒙卦의 점사占辭에서 "아내를 얻는 것이 길하다"(九二. 納婦吉)고 하여 군센 양陽이 부드러운 음陰을 받는 것을 아내를 받아들이는 상象으로 보았고, 「함괘」咸卦에서는 아내를 얻는 것이 길한 이유에 대해 함괘는 음양의 교감을 뜻하는데 부드러움이 위로 올라가고 강함이 아래로 내려와 서로 감응하고 함께하여 결국은 그 상태로 멈추어 기뻐하는 것을 상징하며 이것은 남자가 여자에게 낮추는 것을 의미하기 때문이라고 하였다.[6] 이것은 혼례의 기본 의미를 남녀의 교감과 그로 인한 기쁨에서 찾고, 그 과정에서 군센 남성이 부드러운 여성에게 자신을 낮추어 오는 것으로 이해하는 것이다. 『주역』의 이러한 의미들은 『의례』의 혼례의식에도 일부 구현되어 있다. 남성이 여성에게 자신을 낮추어서 맞이하러 가는 '친영'親迎의 절차와, 신부가 친영 온 신랑을 따라서 신랑의 집안으로 가는 절차가 그것이다. 그런데 『의례』에 대한 해석서인 『예기』禮記는, 친영에 대해서 남자가 여자보다 앞장서서 여자를 인도하는 것이고 이것이 음양의 의리라고 해석함으로써[7] 후대의 남존여비男尊女卑 관념을 끼워 넣고 있다. 한편 『예기』는 "아내 될 여성을 존중하고 친애하는 것"[8]을 친영의식의 핵심적인 의리로 해석하고 있으며, 『의례』 주석에서도 "아내 될 여성을 공경하면서도 친애하는 것"[9]이 친영의식의 본질임을 강조함으로써 남녀 교감의 기쁨보다는 공경과 친애의 보다 노력석인 성삼에 초점을 맞추고 있다.도1

6_ 『주역』周易, 「함괘」咸卦, 단사彖辭.

7_ 『예기』, 「교특생」.

8_ 『의례주소』, 「사혼례」, 정현 주.

9_ 『예기』, 「교특생」.

도1 〈관기화상전〉觀技畵像塼 동한東
漢, 중국 국가박물관 소장.
귀족 부부가 다정히 앉아 연회를
즐기는 모습.

도2 〈양고행도〉梁高行圖 한대漢代
화상석畵像石.
양고행이 오른손에 거울을 들고
왼손으로 자신의 코를 베어버리는
모습. 위魏의 양고행은 아름답고
행실이 높았는데 지아비가 죽은
뒤 위의 양왕梁王이 부르자 두 남
편을 섬길 수 없다며 자신의 코를
베어 거부하였다.

10_ 『주역』, 「서괘전」序卦傳.

11_ 『예기』, 「악기」樂記.

12_ 『예기』, 「혼의」昏義.

이러한 도덕의식의 강조는 혼례의 징표로 '기러기'를 예물로 사
용하는 것에 대해, 기러기처럼 한 번 짝을 잃어도 다른 짝을 찾지
않고 상대에 대한 영원한 절조를 지킬 것을 상징한다는 의미가 부
여되어 있는 것에서도 잘 드러난다.도2

또한 혼례를 통해 탄생한 부부夫婦의 화합은 생성과 항상성의 기
초라는 점에서 중시되었다. 『주역』에서는 천지天地가 합한 뒤에 만
물이 일어나듯이, 남녀가 합하여 부부가 되는 혼례는 만세萬世의 시
작이자 인도人道의 근본이라고 한다. 또한 부부의 도道를 '장구하게
유지되는 항상성'(恒)으로 규정하고 있다.[10] 이는 혼례를 통해 이루
어지는 부부관계의 성립이 종족의 번성을 담보하고 종족의 화합과
계승을 일상성 속에 구현하는 구심점이자 규범적 항상성의 실현임
을 의미한다.

한편, 『예기』는 혼례에서 남녀유별男女有別의 의미를 강조한다.
혼인을 남녀를 구별하는 의식으로 규정하고,[11] 남녀 사이에 구별이
있어야 부부 사이의 의리가 있게 되고, 부부의 의리가 있어야 부자
父子 사이에 친애함이 있게 되고, 부자의 친애함이 있어야 군신 사
이에 정의正義가 있게 되므로 혼례가 예의 근본이라고 본다.[12] 혼례
에서 남녀의 교감 대신 남녀의 구별을 강조하는 것은 부부의 의미
에 수반되는 부자유친父子有親과 군신유의君臣有義라는 전통사회의

가부장적 규범체계 때문이다. 따라서 남녀유별은 단순히 남자와 여자의 성적 구별에 기초한 사회적 역할의 구별만을 의미한다기보다 서로의 종족 집단이 전제된 보다 집단적인 의미체계를 갖는 것이라고 할 수 있는데, 전통사회의 혼례에서 요구되는 동성불혼同姓不婚의 원칙이 그 핵심이다.

동성불혼은 상대편 종족 집단을 동성同姓에 대한 이성異姓 집단으로 구별하고 이성 집단과의 혼인 관계만을 허용하는 것이다. 혼례의 친영의식을 거쳐 여성은 자신의 종족 집단을 떠나 남성의 종족 구성원으로 편입되고, 양가의 이성 집단은 혼인척의 관계로 우호를 맺게 되는 것이다. '동성불혼'의 원칙에 대해 『예기』에서는 동성同姓 중에서 아내를 얻지 않는 것은 구별을 확실하게 하기 위한 것이며,[13] 동성끼리는 백세百世토록 혼인으로 통하지 않는 것이 주周나라의 도라고 천명한다.[14]

주대周代에 노魯나라 역사서인 『춘추』에서는 사실史實을 기술할 때, 동성에서 얻은 아내의 성姓은 적지 않았는데, 이는 '동성불혼'이라는 예禮의 대원칙을 어긴 것에 대해 피휘避諱(기피하여 숨김)한 것이다. 『국어』國語라는 당시 역사책에서도, 아내를 얻을 때 동성을 피하는 것은 난리와 재앙을 두려워하기 때문이라고 하였다. 덕德이 다른 이성끼리는 성姓을 합해야 하고, 덕이 같은 동성끼리는 의리를 합하여, 의리로써 이익을 이끌고 이익으로써 동성 집단을 확대해가야 한다는 것이다. 이것은 동성불혼이 동성 간의 이익 다툼에 의한 동족의 세력 약화를 막고, 이성 간의 결합을 통한 정치 경제적 세력의 확대와 유지 기능을 갖고 있음을 보여준다. 『의례』의 혼례의식에서 아내 될 여자의 성명姓名을 묻는 '문명'問名의 절차가 서두에 있는 것이야말로, 동성불혼의 대원칙에 대한 확인이자 상징이라고 할 수 있다.

이러한 동성불혼의 원칙 아래에서 세대의 교체와 계승이 강조되는데, 혼례의 종반부에 시부모가 며느리에게 술과 밥으로 향례饗禮

13_『예기』, 「방기」坊記.
14_『예기』, 「대전」大傳.

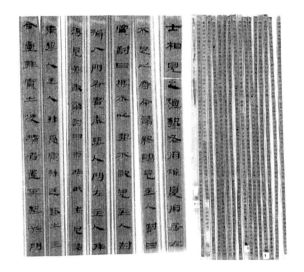

도3 1959년 감숙성甘肅省에서 발굴된 서한西漢시대의 「의례」 죽간竹簡

를 베푸는 의식 절차가 끝나면, 시부모는 손님이 사용하는 서쪽 계단으로 당堂을 내려가고, 며느리가 집안 주인이 사용하는 동쪽 계단으로 당을 내려감으로써 세대교체를 상징한다. 따라서 혼례는 축하하고 즐거워할 행사가 아니라 부모가 한 세대를 마치고 자식에게 집안일을 물려주고 물러나는 숙연한 의식인 것이다.

결국 혼례는 남녀의 교감이라는 본능적이고 생물학적인 사실을 기초로 하지만, 정치·사회·종교의 문화적인 의례 행위를 통해 본능적이고 생물학적인 삶을 규범적인 삶으로 확대·승화하는 행위라 하겠다. 따라서 혼례의 의식 절차들은 이러한 의미들에 대한 상징체계라고 할 수 있다. 『예기』에서 혼례를 장차 두 성姓이 우호로 화합하여 위로는 종묘宗廟를 받들고 아래로는 후세를 이으려는 것으로 정의定義하고, 혼례의 전 과정을 모두 종묘에서 거행하여 조상신의 명命을 수행하는 행위임을 보임으로써 혼례의 의식을 공경하고 삼가며 존중하고 반듯하게 한다고 설명한 것은[15] 고대 중국의 혼례의식에 담긴 이러한 의미들을 압축적으로 잘 보여준 것이다.

15_ 『예기』, 「혼의」昏義.

다음 절에서는 동아시아 혼례의 전범이 되어 온 『의례』의 혼례 기록을 살펴봄으로써, 전통적인 혼례의 각 의식 절차와 그 상징적인 의미들을 살펴보기로 한다.

유교 경전인 『의례』의
혼례 절차와 의미들

『의례』는 주대 말엽에 성립된 책으로서, 당시까지 전해지던 의례 절차들을 기록한 경문經文과 이에 대한 유학자들의 해석인 기記로 이루어진 현존하는 최고最古의 의례서이다. 『의례』는 진시황秦始皇의 분서갱

유焚書坑儒로 인해 망실되었다가, 한漢
초에 와서야 고당생高堂生이라는 학자가
암송으로 기억해 오던 것을 한대의 예
서隸書체 글씨로 받아써서 복원하였다.
이것이 『의례』 금문본今文本인데, 한대에
는 진시황의 분서갱유를 피해서 숨겨두
었던 『의례』의 고문본古文本들도 발굴되
어 한대 학자들에 의해 연구되었다.도3

오늘날 전하는 『의례』는 동한東漢 말
엽의 학자인 정현鄭玄이 고문본과 금문
본을 모두 참조하여 주석을 달고 정리

도4 『의례주소』儀禮注疏의 「사혼례」
연세대학교 도서관 소장본.

한 것을, 당대唐代의 학자들이 다시 소疏를 달아서 해석한 것이다.
총 17편 가운데 두번째 편인 「사혼례」士昏禮는 당시 사士 계층의 혼
례의식을 기록한 것이라고 전해지는데 납채納采, 문명問名, 납길納吉,
납징納徵, 청기請期, 친영親迎의 육례六禮 및 친영 이후의 의식 절차와
혼례에 사용되는 예물禮物과 기물器物, 그리고 언사言辭 등이 기록되
어 있어 한대 이후 왕실과 민간 혼례의식의 규범을 정하는 데 준칙
으로 활용되었다.도4

역대로 『의례』는 고대문자가 간결하고 심오한 데다가 탈간脫簡
되어 잃어버리고 어긋난 내용이 많아서 정확히 해석해 내기에 난해
한 문헌으로 간주되지만, 전통적인 혼례의식의 원형과 발전 과정을
이해하는 데 필수적인 문헌이다. 아래에서는 역대 학자들의 주소注
疏와 주석註釋의 내용들을 참조하여, 「사혼례」의 주요 의식 절차와
의미를 살펴본다.

『의례』 「사혼례」의 주요 의식
설차와 상징적 의미들

납채納采

남자 집에서 여자 집에 신부
를 채택하는 예를 드리는 의식 절차이다.

    신랑 집의 중매하는 사람이 혼인의 의사를 전달한 뒤에 신부 집에서 허락을 하면, 신랑 집에서 사자使者(심부름 하는 사람)를 보내서 '납채'의 예를 거행한다. 납채를 할 때에는 기러기를 예물로 가져간다. 기러기를 예물로 쓰는 까닭은, 겨울이면 남쪽으로 날아가고 여름이면 북쪽에서 날아오는 기러기의 습성이, 음陰과 양陽이 오고가는 것에 순종하는 성정性情을 상징하기 때문에 그러한 의미를 취했다는 설과, 기러기는 짝을 잃으면 다시 짝을 맺지 않는 의리가 있기 때문이라는 설이 있다. 주인(신부 아버지)은 조상신을 모신 사당(廟)에서 신랑 집에서 보내온 기러기를 받음으로써, 조상이 남긴 혈육인 딸의 혼례를 수락하는 것이 삼가 조상의 뜻을 받든 것임을 상징적으로 나타낸다. '납'納은 드린다는 의미이고 '채'采는 채택한다는 의미이다.

문명問名

신랑 집에서 혼인의 길흉을 점치기 위해 결혼할 여자의 성씨姓氏를 묻는 의식 절차이다.

   납채의 의식을 마친 뒤에 사자는 다시 기러기를 들고 사당 안으로 들어가 납채의 의식과 동일한 절차로 결혼할 여자의 성씨를 묻는 '문명'의 의식을 거행한다. 이것은 신랑 집으로 돌아가서 혼인의 길흉吉凶을 점치기 위한 것이다. 이미 알고 있는 여자의 성씨를, 정식으로 묻고 답하는 의례 절차를 거쳐 확인하는 것이다. 문명의 절차가 끝나면 주인은 사당에 조상신을 위해 깔았던 자리를 거두고, 신랑 측의 사자를 위해서 자리를 마련하여 술과 간단한 안주를 대접하는 예를 올린다.

납길納吉

신랑 집에서 점을 쳐서 얻은 길조吉兆를 신부 집에 알리는 의식 절차이다.

신랑 집에서 여자의 성씨를 점쳐서 길한 징조를 얻으면 사자를 보내어 신부 집에 알리는 '납길'의 의식을 거행한다. 기러기를 예물로 사용하며, '납채'의 의식과 동일한 절차로 한다. '납길'의 의식으로 양가의 혼사가 결정된다.

납징納徵

신랑 집에서 신부 집에 폐백을 드림으로써 혼례를 성립시키는 의식 절차이다.

'납징'의 '징'徵은 '성'成의 의미로, 혼례가 성립되었다는 뜻이다. 신랑 집에서 신부 집에 검은색과 옅은 진홍색의 비단 10단과 사슴 가죽 2장의 예물을 혼인 성립의 징표로 드리는 '납징'의 의식을 거행하는데, 납길의 의식과 동일한 절차로 한다. 비단 10단은 속백束帛이라고 하는데 '속'束이라는 것은 10단端이다. 단端은 길이가 8척 尺인 비단의 양 끝을 말아서 합한 것이다.[도5] 검은색의 비단과 옅은 진홍색의 비단은 음과 양이 갖추어지는 것을 상징한다. 신부 집에서 납징의 예를 받고 나면, 신부가 시집갈 것을 허락한 것이 된다.

도5 청대清代 『의례의소』儀禮義疏의 속백束帛 그림

청기請期

신랑 집에서 정한 혼인날을 신부 집에 알리는 의식 절차이다.

신랑 집에서 혼인날을 점쳐서 길일吉日을 얻으면 신부 집으로 사자를 보내어 신랑 집에서 정한 혼인날을 알리는 '청기'의 의식을 거행하는데, 기러기를 예물로 사용하며 납징의 의식과 동일한 절차로 한다. '청기'請期라고 한 것은 신부 집의 주인(신부 아버지)에게 혼인날을 정할 것을 먼저 청하는 의식을 한 후에, 주인이 사양을 하면, 신랑 집에서 정한 날짜를 알리기 때문이다. 즉, 내용상으로는 혼인날을 알리는 것이지만 형식상으로는 혼인날을 청하는 형식을 취하기 때문에 '청기'라고 한다. 주인이 사양하는 것은 양陽이 부르면 음陰이 화답하는 뜻을 취하는 것으로서, 음양의 이치상 혼인날을 정하는 것이 당연히 남편 될 사람의 집에서 나와야 한다는 관념 때문이다.

동뢰同牢의 준비

친영親迎하는 날 신랑 집에서 동뢰同牢의 예찬禮饌을 미리 진설한다.

신랑 집에서는 아내를 얻는 날, 즉 친영親迎하는 날 초저녁에 침문寢門 밖에 3개의 솥을 진열하고, 희생고기로 돼지 1마리, 건어 14마리, 말린 토끼 1마리를 준비한다. 그 외의 예찬과 술을 준비하는데, 4개의 술잔과 합근合巹을 준비한다. 근巹은 박을 반으로 갈라 만든 표주박 모양의 술잔으로, 포작匏爵이라고도 한다. 합근은 그 두 개를 합쳐놓은 것이다.^{도6}

도6 송대宋代 「삼례도」三禮圖의 포작匏爵 그림

초례醮禮와 예례醴禮

신랑 집에서는 신랑 될 아들에게 초례醮禮를 해주고 신부 집에서는 신부 될 딸에게 예례醴禮를 해주어 장차 근면하고 공경하게 혼인 생활을 할 것을 경계시킨다.

친영 전에 신랑 집에서는 아버지가 아들에게 청주를 따른 술잔을 줌으로써 초례醮禮를 베풀어준다. 초례를 통해서, 아들에게 신부를 맞이하여 종묘의 일을 잇도록 하며 근면하게 이끌고 행실을 바르게 할 것을 경계시키는 것이다.

친영 전에 신부 집에서는 신부가 혼례복을 갖춰 입고 나면, 아버지가 딸에게 예주를 따른 술잔을 주어서 예례醴禮를 베풀어준다. 예례를 통해서, 시집가는 딸에게 근면하고 공경할 것을 경계시키는 것이다. 어머니도 딸에게 경계의 말을 일러준다.

친영親迎

신랑 될 사람이 신부 집으로 가서 신부 될 사람을 맞이하여 신랑 집으로 데려오는 의식 절차이다.

신랑 될 사람은 작변爵弁의 관을 쓰고 옅은 진홍색 치마의 혼례복을 입고 수레를 타는데, 신부가 타고 올 수레도 함께 준비하여 신부 집으로 친영親迎을 간다. 신랑이 신부 집에 도착하면 주인(신부 아버지)이 대문 밖에서 맞이한다. 신랑이 사당으로 가서 기러기를 바치고 재배再拜를 한 뒤에 대문을 나간다. 머리에 가채를 하고 검은색 비단으로 만든 혼례복을 입은 신부가 신랑을 따라간다. 신랑이 신부의 수레를 몰고 와서 수레의 손잡이 줄을 신부의 유모에게 주는데, 손잡이 줄을 직접 주는 것은 친애親愛하여 자신을 낮춤을 상징하는 것이다. 신부가 수레를 타면, 신랑이 신부의 수레를 몰아서 세 바퀴를 돌고 난 뒤에, 마부가 신랑을 대신해서 수레를 몬다. 신랑은 자신의 수레를 타고 먼저 가서, 신랑 집 대문 밖에서 신부의 수레가 오기를 기다린다.

동뢰연同牢宴

신랑 집에 도착한 부부가 희생고기를 같은 그릇에 먹는 동뢰의 의식 절차이다.

신부가 신랑 집에 도착하면 신랑이 침문寢門 안으로 인도하여 방안에서 함께 희생고기로 고수레를 지내고 고기와 밥과 국을 세 번 먹는 동뢰의 의식을 거행한다. '뢰'牢는 희생고기를 담는 그릇인 '조'俎를 가리키는데, 동뢰同牢는 부부가 희생고기를 같은 그릇에 담아 먹는 것을 가리킨다. 이것은 서로 친애함을 보이기 위한 의식으로서 세 번 먹고 예禮가 이루어지면 먹는 것을 마친다. 이어서 부부가 각각 술잔의 술을 두 차례 받아 마시고, 세번째에는 근卺에 술을 나누어 마시는 의식을 한다. 의식이 끝나면, 의식을 도와주었던 찬자贊者에게 부부가 술을 대접한다. 혼례의식의 절정인 동뢰연은 부부가 몸을 합하며 존귀함과 비천함을 함께 함으로써 서로를 친애할 것임을 상징하는 의미를 담은 의식이다.도7

도7 송대宋代 『삼례도』三禮圖의 소俎 그림

준餕

신랑 신부가 잠자리에 들고 난 후, 신랑 신부의 종자從者들이 신랑 신부가 남긴 동뢰연의 음식을 먹는 의식 절차이다.

신랑 신부를 따라와서 시중을 드는 종자들이 각각 신랑과 신부가 예복을 벗는 것을 도와주고 신랑 신부의 이부자리를 마련해준다. 신랑이 방안에 들어가서 직접 신부가 착용하고 있던 끈을 풀어준다. 촛불이 나가고 신랑 신부가 잠자리에 든다. 신부의 종자는 신랑이 남긴 음식을 먹고 신랑의 종자는 신부가 남긴 음식을 먹는 준餕의 의식을 거행한다. 이로써 친영親迎 당일의 의식은 끝나게 된다.

현구고見舅姑

혼례 다음 날 며느리가 시부모를 뵙고 폐백을 올리는 의식 절차이다.

혼인한 다음 날 새벽에 며느리가 일어나서 목욕하고 침문으로 들어와 시부모님을 뵙는 의식을 거행한다. 먼저 며느리가 시아버지께 배례拜禮를 하고 대추와 밤이 담긴 폐백 바구니를 시아버지의 자리 앞에 놓는다. 시아버지가 자리에 앉아서 폐백 바구니를 어루만진 뒤에 며느리에게 답배를 하면, 며느리가 다시 배례를 한다. 며느리가 시어머니께 배례를 하고 생강과 계피를 넣어서 말린 고기가 담긴 폐백 바구니를 자리에 놓으면 시어머니가 폐백 바구니를 들고 일어나서 며느리에게 답배를 한다.

예부禮婦

시부모가 며느리에게 예주醴酒를 베풀어주는 의식 절차이다.

시부모를 대신하여 찬자贊者가 며느리에게 예주醴酒를 따라주는 예를 행한다. 이것은 혼인을 통하여 시댁의 며느리가 된 도리가 새롭게 이루어졌으므로 시부모가 그를 친애함을 상징하는 의식 절차이다. 찬자가 방안에서 며느리에게 예주를 따라주고, 간단한 안주를 대접한다. 며느리는 안주로 받은 말린 고기를 가지고 나가서 침문 밖에 있는 친정 사람에게 준다. 이것으로 이러한 예를 거행하게 된 것을 영예롭게 여김을 보인다.

관궤盥饋

며느리가 손을 씻고 시부모에게 희생고기를 올리는 의식 절차이다.

시부모가 방안에 들어오면 며느리가 정결하게 손을 씻고 음식을 올린다. 이것은 며느리 된 도리가 이미 이루어졌으므로, 부모님을 효성스럽게 봉양하는 것을 상징하는 의식 절차이다. 돼지 1마리를 익혀서 다른 예찬과 함께 올린다. 시부모가 식사를 한 뒤에 술로 입가심을 하면, 며느리는 시부모가 남긴 음식을 먹고 술로 입가심을 한다. 신부의 종자從者는 시아버지가 남긴 음식을 먹고 신랑의 종자도 시어머니가 남긴 음식을 먹는다.

향부饗婦

시부모가 며느리에게 술과 밥으로 향례饗禮를 베푸는 의식 절차이다.

시부모가 당堂 위의 북쪽에서 며느리에게 한 차례 술을 올리는 일헌一獻의 예로써 향례를 베풀어준다. '향饗'은 술과 밥을 내려서 사람을 위로하는 예를 가리킨다. 며느리가 시부모에게 받은 술을 자리에 놓아두어 예가 끝났음을 보이면, 시부모가 먼저 서쪽 계단으로 당을 내려가고, 며느리가 이어서 동쪽 계단으로 당에서 내려간다. 이것은 시부모가 며느리에게 주인이 사용하는 동쪽 계단을 사용하게 함으로써 자신들을 대신하여 며느리가 집안의 주인이 되었음을 보이는 의식이다. 며느리의 조俎에 담긴 희생고기를 며느리의 집안 사람에게 보낸다. 이것으로 며느리의 친정 부모에게 돌아가 보고하도록 하여, 며느리로 받아들이는 예가 잘 이루어졌음을 밝힌다.

향송자饗送者

시부모가 신부를 전송하려고 함께 따라왔던 사람들에게 향례를 베푸는 의식 절차이다.

　시아버지가 신부 집에서 신부를 전송하려고 함께 왔던 사람들에게 일헌의 예로써 향례를 베풀고, 속금(비단 묶음)을 선물하여 양가의 정을 돈독하게 한다. 시어머니가 신부 집에서 온 부인들에게 향례를 베풀고 속금을 선물한다. 며느리를 다른 나라에서 얻은 경우에는 신부 집에서 온 장부들에게도 그들의 숙소인 빈관賓館으로 속백을 보낸다. 이로써 혼례의 전 과정을 마치게 된다.

묘현廟見

시부모가 돌아가셨을 경우에, 신부가 3개월 만에 사당을 알현하는 의식 절차이다.

　만약 시부모가 이미 돌아가신 경우라면, 며느리는 시집에 들어간 지 3개월이 되어야 사당(廟)을 알현한다. 며느리가 당에 올라가 돌아가신 시아버지 앞에 채소로 전奠을 올린다. 축祝이 며느리의 성姓을 일컬으며 며느리가 알현함을 아뢴다. 며느리가 방안에 들어가 돌아가신 시어머니 앞에 채소로 전을 올리고 축이 아뢴다. 신랑 집안의 속리屬吏들 가운데서 연장자가 시부모를 대신해서 며느리에게 예주를 따라주어 예를 행하고, 신랑이 신부 집에서 신부를 전송하러 온 장부와 부인들에게 향례를 베풀어준다.

사대부의 혼례와
왕실의 혼례

의례 규범의 구체적인 실천 강령인 『의례』 역시 선진先秦이라는 역사적 시기의 산물이다. 의례의 구체적인 내용들은 특정한 시대와 지역의 여건에 따라 더하고 덜하는 과정을 거치면서 변화될 수밖에 없는 것이다. 중국의 혼인의례 역시 오랜 시간을 거치면서 다양한 사회 현실과 상이한 계층 분화에 맞추어 서서히 변화되어 왔다.

　그 변화의 양대 조류는 한漢 이후 위진남북조魏晉南北朝와 수隋를 거쳐서 당唐의 『개원례』開元禮와 명明의 『명집례』明集禮에 이르러 국

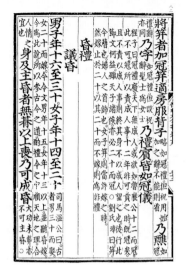

가의 예전禮典으로 집대성되는 왕실王室 혼례의 발전과, 송대宋代에 사마씨司馬氏 『서의』書儀와 남송南宋의 『주자가례』朱子家禮로 완성되는 사대부士大夫 혼례의식의 정착이다.

하지만 상이한 요소들이 반영된 오랜 변화 과정에도 불구하고, 왕실 혼례와 사대부 혼례의 발전은 『의례』「사혼례」를 준거로 하여 전개되었다. 왕실의 혼례가 『의례』「사혼례」의 육례六禮를 엄격히 준수하되 왕실 행사 고유의 화려한 위의威儀와 국혼國婚으로서의 의미들을 더함으로써 사혼례士昏禮와 차별되는 성대한 국가 예전으로 발전하였다면, 사대부의 혼례는 육례의 절차를 줄여서 간소화하고 혼례의 전체 과정과 예물을 과감하게 생략함으로써 사대부는 물론 일반 서인 계층의 혼례문화를 이끄는 규범으로 발전하였다.

그리하여 왕실의 혼례는 그 성대해진 의례를 통해 황제와 황실의 권위가 반영된 수직적인 위계질서가 끼어들면서 새로운 형태와 의미 체계를 갖추게 된다. 이에 비해 사대부의 혼례는 『주자가례』의 보급과 더불어 실천의 파급력이 확대됨으로써 의례를 수행하는 주체의 저변을 넓히게 되었다.도8

다음은 송대 이후 사대부 및 서인 계층 혼례의 전범이 된 『주자
가례』의 「혼례」 의식 절차이다. 이를 통해 『의례』에 담긴 고대 「사
혼례」의 역사적인 변형을 살펴보기로 한다.

『주자가례』「혼례」에 보이는   **의혼議昏**
사대부 계층의 혼례의식

혼인의 적령기와 조건, 중매인
에 대해 의논한다.

남자는 16~30세, 여자는 14~20세가 되면 혼례를 행한다. 신랑
될 사람과 혼례를 주관하는 주인(일반적으로 신랑의 아버지)이 기년朞年
이상의 상喪을 당하지 않은 상태여야 한다. 먼저 중매인(媒氏)이 혼
례의 의사를 전달한 뒤에 여자 집에서 허락하면 '납채'의 의식을
거행한다.

납채納采

신랑 집에서 주인이 신부 집에 보낼 '납채'의 편지를 쓰고, 일찍 일
어나 사당에 아뢴다. 자제들 가운데서 사자使者를 정하여 신부 집으
로 가서 신부 집의 주인(일반적으로 신부의 아버지)에게 편지를 준다.
신부 집의 주인이 편지를 받들어 사당에 고한 뒤에 사자에게 답장
을 주고 사자를 대접한다. 사자가 돌아가 신랑 집의 주인에게 보고
하면 주인이 사당에 아뢴다.

납폐納幣

신랑 집에서 '납폐'의 편지를 갖추어 사자를 신부 집에 보낸다. 신
부 집에서는 편지를 받고 답장을 한 후에 사자를 대접한다. 사자가
돌아와서 신랑 집의 주인에게 보고하는데 그 절차는 모두 납채의
의식과 동일하게 한다.

친영親迎

친영 전날, 신부 집에서는 신랑의 방에 요와 장막 등을 진설한다. 친영하는 날, 신랑 집에서는 방 가운데 자리를 진설한다. 신부 집에서는 밖에 임시 거처인 차次를 설치한다. 초저녁에 신랑은 복식을 갖추어 입고, 신랑 측 주인(신랑의 아버지)은 사당에 아뢴 뒤에 아들에게 초례醮禮를 해주고 친영을 명한다. 신랑이 말을 타고 여자 집에 이르러 임시 거처에서 기다린다. 신부 측 주인(신부의 아버지)이 사당에 아뢰고, 그 딸에게 초례를 해주고 공경하고 허물이 없게 할 것을 명한다. 주인이 나와서 신랑을 맞이한다. 신랑이 기러기를 사당 옆의 청사廳事에 놓고 주인에게 배례하는 전안奠雁의 예를 행한다. 유모가 신부를 부축하여 수레에 오르게 하면, 신랑이 말을 타고 신부의 수레를 앞서간다.

신랑 집에 이르면, 신랑과 신부가 교배交拜의 예를 한다. 자리에 가서 음식을 먹고 나면 신랑은 나간다. 다시 들어가 옷을 벗으면, 촛불을 내간다. 주인이 손님을 대접한다.

부현구고婦見舅姑

신부는 다음 날 일찍 일어나 시부모를 뵙는다. 시부모가 신부를 초례醮禮의 절차와 같이 대접한다. 신부가 집안과 종가의 여러 어른을 뵙는다.

맏며느리는 시부모에게 음식을 대접한다. 시부모가 향례饗禮를 베푼다.

묘현廟見

3일 만에 주인은 신부를 데리고 사당을 알현한다.

서현부지부모胥見婦之父母

다음 날 신랑은 가서 신부의 부모를 뵙는다. 다음에 신부 집안의 여러 친족을 뵙는다. 신부 집에서 대접하기를 평상시의 의례같이 한다.

송대 사대부 및 서인의 새로운 혼례 규범으로 제시된 『주자가례』의 「혼례」는 고대의 「사혼례」가 보여주는 혼인의식의 기본적인 틀을 계승하고 있다. 친영親迎을 혼례의 중심 의식으로 거행하고 있는 점이 대표적이다. 그러나 의례의 수범垂範 계층이 귀족에서 사대부, 서인으로 보편화되면서 의식을 보다 간소화하고 사용하는 예물 또한 생략하거나 검소하게 하는 것에 주안점을 두었음을 뚜렷이 볼 수 있다. 또한 시대의 변화상이 자연스럽게 의식에 반영되어 의식의 장소와 절차 또한 필연적으로 변화되고 있음을 읽을 수 있다.

의혼議昏 부분의 주注에서는 혼사를 의논하면서 사람됨의 성품과 행실, 가정의 법도만을 살피고, 부귀를 바라지 않을 것을 지적하고 있어 화려해진 결혼 풍속과 세태에 대한 비판의식을 보여준다. 납채의 의식에서는 『의례』에서 기러기를 납채의 예물로 사용하던 것을 편지로 대신하고, 주인도 편지로 답을 보내는 변화를 보여준다. 또한 납채에 이어 거행되던 문명問名의 의식과 납징 전에 거행하던 납길納吉의 의식이 생략되어 절차가 간소화되었다. 이는 혼례의 길흉을 점치던 의식이 사라진 것이어서 의식의 변화를 반영한다.

'혼례의 성립을 나타내는 예물을 드린다'는 의미의 '납징'納徵은 '폐백을 드린다'는 의미의 '납폐'로 개칭되었고, 폐백 또한 『의례』에서 사용한 속백束帛 10단과 사슴가죽 2장 등의 예물 대신, 편지를 갖추어 보내고 신부 집에서도 답장의 편지를 보낸다. 그러나 주注에서 채색 비단을 빈부의 형편에 맞게 사용하되, 최소 양단兩端에서 최대 10단을 넘지 않아야 한다고 한 것을 보면, 예물은 선택사항이었으며 실제로는 빈부의 형편에 따른 격차 또한 컸음을 짐작할 수 있다.

친영 부분의 주注에서는 당시 신랑이 머리에 꽃 장식을 하는 풍속에 대해 장부의 체모를 잃게 한다고 비판한다. 또 친영의 의미에 대해 남자가 여자를 거느리고 여자가 남자를 따라가는 것으로 부부 강유夫婦剛柔의 뜻이 여기서 시작된다고 해석하고 있으며, 지금 세속의 혼례에서 음악을 사용하는 것은 예가 아니라고 비판한다.[16] 혼례가 정중하고 엄숙하기보다 흥겨운 의식으로 변화하면서 세속화되고 있음을 엿볼 수 있다.

『의례』에서는 신랑이 수레를 타고 신부의 수레도 마련하여 갔지만, 『주자가례』에서 신랑은 말을 타고 간다. 수레보다는 말이 이용하기에 용이했을 것이다. 의식을 거행하는 장소도 사당이 아니라 밖에 설치된 임시 거처이거나 청사이다. 이것은 고대의 사당인 묘廟와 달라진 공간 구조를 반영한 것이다.

『주자가례』에서는 친영의 의식 전에 신부 집에서 신랑 집으로 사람을 보내어 신혼 방을 꾸며주는 내용이 첨가되었으며, 『의례』가 신랑 집에 도착한 이후 희생고기를 함께 나누어 먹는 동뢰同牢의식에 중점이 있는 데 비해 부부가 번갈아 배례를 하는 교배交拜의식에도 초점을 두고 있다.

또한 사마온공司馬溫公의 주注에 따르면, 옛날에는 돼지 1마리로 시부모를 대접하였으나 이제 가난한 사람들은 돼지를 마련할 수 없으니 잘 차린 음식으로 할 뿐이라 하여, 의식 절차의 간소화와 함께 예물 또한 시대상에 맞추어 변화되었음을 볼 수 있다. 아울러 신부가 3일 만에 사당을 알현하는 것과 신랑이 신부 집안의 어른들을 두루 뵙는 의식을 명시하여 혼례의식의 전형으로 만들었다.

16_ 『주자가례』, 사마온공司馬溫公 주注.

2 고려시대의 혼례식

고려 왕실의 혼례식

17_ 『고려사』 권66, 「예지」禮志, 가례嘉禮, 왕태자王太子 납비의納妃儀.

고려시대 혼례식에 대한 기록은 『고려사』高麗史 「예지」禮志에 왕태자와 공주의 혼인의 례에 관한 기사가 실려 있다.[17] 왕태자 혼례의 경우 납채納采·택일擇日·기일통지期日通知, 초계醮戒(혼례식 전 훈계하는 예), 비妃가 궁으로 들어감(친영親迎), 동뢰同牢, 사신 파견, 비조배妃朝拜, 책비冊妃의 절차를 밟는다. 공주의 혼례도 비슷하였다.

왕비나 세자빈의 혼례식이 있을 때 조선시대처럼 나라 전체에 금혼령을 내리고 대대적으로 간택하지 않고, 적당한 인물을 물색해 결정한 것 같다. 일단 혼인 대상이 결정되면 신부 집에 혼인을 청하고(납채), 혼인 날짜를 정해(택일) 사신을 보내 알린다. 태묘太廟에도 왕태자가 혼인하게 되었음을 고한다. 신부 집에서는 혼서婚書를 받은 뒤 사례하는 표를 올렸다.

무신정권의 집권자 최이崔怡(?~1249)의 사위 김약선金若先은 딸을 동궁에 들일 때 혼서를 받고는 '전안奠雁하시리란 말씀을 처음 들을 때는 그 말이 잘못 전함인가 하였었고, 혼서를 봄에 꿈이요 사실이 아니라 의심하였었더니, 정녕 하신 말씀을 받잡고는 문득 황송한 마음만 더하였나이다. ……'라는 표문을 올리고 있다. 납채

시 신랑 측의 청혼서가 가고, 신부 측에서 혼인을 받아들일 때는 허혼서를 보내므로 이는 납채 절차가 행해졌음을 말해주는 것이다.

납채 뒤 신부 집에 혼인의 징표로 예물을 보내는 납폐에 대해서는, 『고려도경』高麗圖經에 "용빙폐"用聘幣라는 구절을 볼 때 고려 전기부터 있었을 것으로 생각된다. 『고려도경』에는 '귀인이나 벼슬아치 집안에서 혼인을 할 때는 예물을 쓰지만(用聘幣), 백성들은 단지 술이나 쌀을 서로 보낼 뿐이다. 또 부유한 집안에서는 아내를 3~4인이나 맞이하는데 조금만 맞지 않아도 헤어진다.'라고 하여,[18] 고려시대 혼례에서 납폐를 행했음을 기록하고 있다.

조선시대 혼례식의 중심이 되는 의례인 친영에 대한 기록도 보인다. 최충헌崔忠獻(1149~1219)의 아들 성瑊은 희종의 딸과 혼인했는데 친영하는 날 모든 왕과 재추와 백관이 공복을 갖추고 좇았다는 기록이 있다. 친영하는 날 왕태자비의 임시 휴게소를 여정궁麗正宮 합문 안에 정하고, 신하를 태자비의 집으로 보내 맞아오게 한다. 태자비가 궁으로 들어오면 태자비와 태자는 서로 인사하고 침실로 들어간다. 태자와 비는 한방에 들어 합환주合歡酒를 나누는 동뢰의식을 치렀다.

혼례한 뒤 3일째 되는 날 왕은 태자와 비가 머물고 있는 여정궁에 사신을 보내 표문을 내리고 여러 신하들이 태자와 비에게 인사하는 의식을 치른다. 태자비가 왕과 왕비를 뵙는 날 태자비는 일찍 일어나 성장盛裝하고, 왕궁의 내전과 왕후 앞으로 가서 배알하는데 이를 비조배妃朝拜라고 한다. 조선시대 왕실 혼례에서의 조현례朝見禮와 같은 방식이다. 이때 왕과 왕후가 비에게 단술(醴)을 주고, 이후 왕은 태자비를 책봉하였다.

태자비를 들인다거나 왕자나 공주가 혼인할 때 왕이 예물을 하사했던 기록이 나타난다. 문종 때에는 왕자가 혼인하자 왕이 피륙·화폐·금 그릇·말안장 등 물품을 수었으며, 예송의 흥성궁 공주가 출가하니 왕은 의대衣帶·금은기金銀器·필단匹段·포화布貨를 하사

18_『고려도경』권22, 「잡속」雜俗 일一. 貴人士族 婚家略用聘幣 至民庶 唯以酒米通好而已 又富家 娶妻至三四人 小不上合 輒離去.

했다. 인종 때 왕씨를 태자비로 들이고 태자비에게 조서와 예물을 주었다. 여자 측에서도 시부모를 뵐 때 예물을 바쳤다. 우왕이 최영崔瑩(1316~1388)의 딸과 혼인할 때 최영에게 말을 주고, 최영은 왕에게 안마鞍馬와 의대衣欔를 바쳤다는 기록에서 이를 짐작할 수 있다.[19]

19_ 이하 고려 왕실의 혼례식에 대해서는 권순형, 『고려의 혼인제와 여성의 삶』 혜안, 2006, pp.92~94 참조.

위의 몇 가지 사례에서 보듯이 고려시대 왕실에서는 중국식 혼인의례가 치러졌고, 친영의식도 행해졌음을 볼 수 있었다. 특히 『고려사』 「예지」에는 왕자와 공주의 친영례 기록이 실려 있고, 『고려사절요』高麗史節要에 최충헌의 아들 성珹이 희종의 딸과 혼인할 때 친영했다는 기록으로 보아 실제 왕실에서 친영이 행해졌음을 알 수 있다. 그러나 고려의 친영례는 중국과는 달리 왕실혼, 그것도 왕자와 공주의 혼례에만 국한되어 있었음을 알 수 있다.[20]

20_ 권순형, 앞 책, p.103.

고려시대 왕실 혼인의 대상 역시 조선시대와는 차이를 보였다. 이는 고려시대 왕의 가족관계가 조선의 경우와는 차이가 있었기 때문이다. 조선에서는 왕의 부인인 경우 정비와 후궁의 구분이 엄격하였지만 고려는 그렇지가 않았다. 고려는 정비와 후궁의 구별이 원 간섭 시기 이전까지는 명확하지 않았다. 원 간섭기 때는 원나라 출신 왕비가 정비였고, 나머지 고려인 왕비는 후궁이었다. 고려시대 왕과 혼인한 왕비의 성씨를 도표로 작성하면 〈표1-1〉과 같다.

고려시대 왕가에서는 근친결혼이 많이 행해졌다. 즉 제3대 혜종으로부터 제24대 원종에 이르기까지 14명의 왕이 혈족 혼인을 하였으며 종실의 여인 또는 제매를 왕후로 삼을 경우에는 동성불혼의 율에 저촉함을 피하고자 그 왕후는 외성을 따르게 하였다. 동성혼인뿐 아니라 근친상혼의 결과로 고려 왕실의 종지宗支는 불과 수십 명밖에 되지 못하였다.

충선왕은 즉위 후 동성상혼同姓相婚을 적극 금지하였고, 이후 문종·의종·숙종을 거치며 민간 동성, 혈족 이하의 금혼이 정착되었다. 원종 15년 충렬왕이 원 세조의 딸과 혼인함으로써 몽고와의 국

대수	왕명王名 (재위 연도)	왕후명王后名	왕후부명王后父名	사왕嗣王
1	태조太祖 (918~943)	신혜왕후神惠王后 유씨柳氏	유천궁柳天弓	
		장화왕후莊和王后 오씨吳氏	다련군多憐君	(2)혜종惠宗
		신명왕후神明王后 유씨劉氏	유긍달劉兢達	(3)정종定宗, (4)광종光宗
		신정왕후神靜王后 황보씨皇甫氏	황보제공皇甫悌恭	
		신성왕후神成王后 김씨金氏	김억렴金億廉	
		정덕왕후貞德王后 유씨柳氏	유덕영柳德英	
2	혜종惠宗 (943~945)	의화왕후義和王后 임씨林氏	임희林曦	
3	정종定宗 (945~949)	문공왕후文恭王后 박씨朴氏	박영규朴英規	
		문성왕후文成王后 박씨朴氏	박영규朴英規	
4	광종光宗 (949~975)	대목왕후大穆王后	(1)태조太祖	(5)경종景宗
5	경종景宗 (975~981)	헌숙왕후獻肅王后 김씨金氏	김전金傳	
		헌의왕후獻懿王后	문원대왕정文元大王貞	
		헌애태후獻哀太后	대종戴宗	(7)목종穆宗
		헌정왕후獻貞王后	대종戴宗	(8)현종顯宗—부父 안종욱安宗郁
6	성종成宗 (981~997)	문덕왕후文德王后	(4)광종光宗	
		문화왕후文和王后 김씨金氏	김원숭金元崇	
7	목종穆宗 (997~1009)	선정왕후宣正王后	홍덕원군규弘德院君圭	
8	현종顯宗 (1009~1031)	원정왕후元貞王后	(6)성종成宗	
		원화왕후元和王后	(6)성종成宗	
		원성태후元成太后 김씨金氏	김은전金殷傳	(9)덕종德宗, (10)정종靖宗
		원혜태후元惠太后 김씨金氏	김은전金殷傳	(11)문종文宗
		원용왕후元容王后	경장태자敬章太子	
		원목왕후元穆王后 서씨徐氏	서눌徐訥	
		원평왕후元平王后 김씨金氏	김은전金殷傳	
9	덕종德宗 (1031~1034)	경성왕후敬成王后	(8)현종顯宗	
		효사왕후孝思王后	(8)현종顯宗	
10	정종靖宗 (1034~1046)	용신왕후容信王后 한씨韓氏	한조韓祚	
		용의왕후容懿王后 한씨韓氏	한조韓祚	
		용목왕후容穆王后 이씨李氏	이품언李稟焉	
11	문종文宗 (1046~1083)	인평왕후仁平王后	(8)현종顯宗	
		인예왕후仁睿王后 이씨李氏	이자연李子淵	(12)순종順宗, (13)선종宣宗, (15)숙종肅宗
12	순종順宗 (1083~1083)	정의왕후貞懿王后	평양공기平壤公基	
		선희왕후宣禧王后 김씨金氏	김량검金良儉	
13	선종宣宗 (1083~1094)	사숙태후思肅太后 이씨李氏	이석李碩	(14)헌종獻宗
14	헌종獻宗 (1094~1095)			
15	숙종肅宗 (1095~1105)	명의태후明懿太后 유씨柳氏	유홍柳洪	(16)예종睿宗
16	예종睿宗 (1105~1122)	경화왕후敬和王后	(13)선종宣宗	
		문경태후文敬太后 이씨李氏	이자겸李資謙	(17)인종仁宗
		문정왕후文貞王后	진한후유辰韓侯愉	

대수	왕명王名 (재위 연도)	왕후명王后名	왕후부명王后父名	사왕嗣王
17	인종仁宗 (1122~1146)	공예태후恭睿太后 임씨任氏 선평왕후宣平王后 김씨金氏	임원후任元厚 김선金璿	(18)의종毅宗, (19)명종明宗, (20)신종神宗
18	의종毅宗 (1146~1170)	장경왕후莊敬王后 장선왕후莊宣王后 최씨崔氏	강릉공온江陵公溫 최단崔端	* 성姓을 쓰지 않은 이는 족내혼族內婚 후비后妃

제결혼이 이루어지고 그 후 충선왕, 충숙왕, 충혜왕, 공민왕으로 이어져 고려의 다섯 왕이 원나라 공주나 세도가의 딸과 국제적인 혼인을 하였다.[59] 충렬왕이 혼인을 한 해부터 몽고는 고려의 수많은 민녀民女를 몽고인과의 혼인 상대로 요청하였다. 원나라에 바칠 공녀 차출이 시작되면서 충선왕 때의 사대부가에서는 어린 딸을 숨기는 사태가 빚어졌고 이를 피하기 위하여 조혼早婚이 성행하였다.

고려시대 사서인士庶人의 혼례식

고려시대 왕실 혼례에 대한 기록이 부족한 만큼 사대부나 민간의 혼례식에 관한 기록을 중심으로 당시 혼례식을 살펴보고자 한다.

먼저 고려시대에는 사서인도 왕실처럼 납채와 납폐가 있었던 것으로 보인다. 『고려도경』에 '귀족이나 벼슬아치 집안에서는 혼인할 때 폐백을 쓰나(用聘幣) 서민들은 단지 술과 쌀을 서로 보낼 뿐'이라는 기사가 나와 지배층의 경우 납폐가 있었음을 짐작할 수 있다. 서민들의 경우도 술과 쌀을 보낼 뿐이라 했지만 이것이 납폐의 역할을 했던 것으로 보인다. 친영은 행하지 않았다. 고려의 혼인 풍속이 남귀여가男歸女家(혼인 후 남자가 여자의 집에 들어가서 사는 것)로 처가에서 혼례식을 올리므로 친영 절차가 필요 없었기 때문이다. 『고려사』「예지」에도 『송사』宋史와는 달리 친영례가 왕실혼에만 국한되어 있으며, 고려 말 정도전이 친영제 실시를 제기하기 전까지는 이에 대한 언급조차 없다는 점을 생각할 때 고려시대에 친영은 보편적인 것이 아니었음을 알 수 있다.

　　사서인들의 혼례식에 대해서 고려시대 사료는 거의 없고, 조선
시대의 자료를 참고할 수 있다. 조선시대에 들어와서도 남귀여가혼
풍속이 계속되고, 16세기에 이르러서야 일부 사족 층에 의해 친영
의 의식을 일부 채용한 반친영半親迎이 나타나기 때문이다. 남귀여
가혼은 혼인날 저녁 사위가 처가에 도착해 별 의식을 치르지 않고
신부와 동침한다. 이날 사위가 은으로 장식한 허리띠를 두르고 신
방에 담요와 자리를 까는데 심지어 보랏빛 능단을 깔기노 하여 사
치에 대한 규제가 마련되기도 하였다. 둘째 날 처가의 친척들과 신

랑 친구 및 기타 많은 하객에 대한 잔치를 벌인다. 셋째 날 신랑과 신부를 위해 유밀과상을 차려 연향하는데 음식의 높이가 거의 방장 方丈에 이르렀다. 신랑과 신부는 이때 비로소 상견지례를 하고 함께 합환주를 마시는 합근례 및 함께 음식을 드는 동뢰연을 베푼다. 신랑 신부가 연향을 마치고 남은 음식은 시가에 싸 보내며, 이후 신부는 시부모를 찾아뵙는다.

고려시대에 정리된 사료를 보면, 혼례식은 일단 저녁에 치러진 것으로 보인다. '공예태후恭睿太后 임씨任氏(1109~1183)가 평장사 김인규金仁揆의 아들 김지효金之孝와 약혼하였는데 혼례 날 밤에 김지효가 신부 집 대문에 이르니 왕비가 갑자기 병이 나서 거의 죽을 것 같았다'는 데서 이를 알 수 있다. 또 민가에서 비단 이부자리를 만들지 못하고 혼수와 의복을 갖추지 못해 혼기를 놓쳤다거나, 곡식을 흙과 모래처럼 쓰며 기름과 꿀을 구정물같이 낭비해 유밀과를 만들었다는 데서도 앞서 언급한 조선시대 혼례와의 관련성이 보인다. 고려시대에 남귀여가혼이 보편적으로 행해졌음은 아래의 사료에서도 잘 드러나고 있다.

> 예전의 친영은 부인이 남편 집으로 시집 오므로 처가에 의뢰하는 일이 거의 없었는데, 지금은 처를 취함에 남자가 여자 집으로 가니(男歸于女) 무릇 자기의 필요한 것을 다 처가에 의거하여 장인·장모의 은혜가 부모의 은혜와 같다.[21]

> 또 친영례가 폐하여 남귀여가하니 부인이 무지하여 그 부모의 사랑을 믿고 그 지아비를 가벼이 여기지 않는 자가 없어 교만하고 투기하는 마음이 날로 자라 마침내 반목하는 데 이르러 가도家道가 무너지니 모두 시작을 삼가지 않은 데 있다.[22]

고려시대에 친영례가 단지 왕실혼에만 국한되고 사서인 층은 여

21_ 이규보, 『동국이상국집』 권37, 「제외구대부경보문공」祭外舅大府卿普文公.

22_ 정도전, 『삼봉집』 권7, 「혼인」 婚姻.

전히 남귀여가혼을 행했던 원인은 고려 친족제도의 특성에서 찾을 수 있다. 즉 고려는 중국과 달리 부계단계 사회가 아니었으며, 따라서 상속도 남녀균분이었다. 이러한 친족과 상속 면에서의 특징이 '남귀여가혼'이라는 고려 고유의 혼인제로 나타나게 되었다고 여겨진다. 또한 혼인이 '관습'의 영역에 속해 쉽게 변하기 어렵다는 점도 또 하나의 원인이 되었을 것이다. 고대 이래의 처변妻邊 거주 전통 때문에 예제의 전반적인 발전에도 불구하고 고려시대에는 남귀여가 제도가 지속되었던 것으로 보인다.

고려 왕실
혼인의 특징

고려 왕실 혼인의 특징은 한국사의 전개 과정에서 나타나는 여러 혼인 유형이 이 시기에 복합적으로 전개된다는 것이다. 고려의 왕실 혼인은 원 간섭기 원나라 공주와의 혼인을 제외하고도 왕족 간의 족내혼과 이성 귀족과의 족외혼이라는 두 가지 유형의 혼인이 있었다. 족내혼은 신라 이래 왕실에서 행하던 혼인의 주된 형태이며 그러한 전통이 고려에 이어진 것이다. 이성혼異姓婚은 삼국시대의 삼국에서 모두 찾을 수 있고, 고려 중엽 이후에 널리 성행하여 조선시대 왕실 혼인에는 이성혼이 원칙이 되었다. 특히 조선시대 왕실혼에서는 전주 이씨와 인척이 되는 경우도 기피하였다.

고려의 왕실 혼인에서 그 배우자의 신분을 제한한 규정은 보이지 않는다. 다만 『고려사』「후비전」后妃傳 서문에 조선시대 사가史家에 대한 비판이 있으며 실제로 후비전에는 남매 간, 숙질 간, 사촌 간의 혼인 사례가 다수 보이고 있다. 이러한 족내 근친혼은 사습土習에서 유래한 것이다. 『당서』「신라전」의 기록대로 신라 왕족의 혼인이 같은 진골 내의 근친혼으로 맺어져 왔던 것을 답습한 일면이 있다. 그러나 고려 왕실의 혼인은 왕족 간의 근친혼에만 한정되지는 않았다. 이것은 고려 왕의 부인 중 많은 이성異姓 후비后妃가 존재하는 것에서도 확인할 수 있다.[23]

23_ 이하 고려 왕실 혼인에 대해서는 아래의 저술을 주로 참조하였다. 정용숙, 『고려왕실 족내혼族内婚연구』, 새문사, 1988.

고려 18명의 국왕 가운데 혼인하지 않았던 현종獻宗을 제외한 17명의 왕후는 42명이다. 그 가운데 족내혼 후비는 16명, 족외혼 후비는 26명이다. 그러나 그 가운데 제1비만을 다시 검토해보면 족내혼 후비는 9명이고 족외혼 후비는 8명이다. 그리고 왕의 공주로서 왕후가 된 인물은 8명인데 그 가운데 6명이 제1비이다. 고려 왕실은 족내혼과 족외혼을 병행하되, 제1왕비는 공주이거나 왕족 근친인 경우가 더 많았던 것이다. 최초의 고려 왕실 족내혼은 4대 광종에서 비롯된다. 광종이 이복누이를 왕비로 맞아들인 이후부터 7대 목종까지는 왕족 중의 두 계통 즉 충주 유씨劉氏 신명왕후 소생 왕족과, 황주 황보씨 신정왕후 소생 왕족이 연이어 혼인하고, 유씨계 왕족에서 왕위를 이을 인물이 단절되면 황보씨계 왕손 가운데서 사위를 맞는 방식으로 왕위를 이어나갔다. 그러나 1009년 강조康兆의 정변으로 목종이 폐위되고 현종이 즉위하게 되면서 왕실 혼인은 변화된 양상을 보인다. 현종 이후의 고려 왕실 족내혼은 남매에서 4촌으로 맺어진다는 면에서 현종 이전의 혼인과 외형상 유사한 모습을 나타내고 있다. 그러나 고려 건국기의 왕실 혼인이 고려 왕족의 초월성을 드러내어 타 호족과의 차별을 분명히 하려는 목적에서라면, 현종 자녀의 남매간 혼인은 현종의 직계손과 기타 왕족을 구별하려는 새로운 시도로 보인다. 그리고 이 시기에는 귀족 가문 출신의 이성 후비가 새로이 영입되어 왕자를 출산하고, 모계가 왕족이 아닌 왕자들이 연이어 왕위에 오르게 된다. 광종에서 현종까지 부모 양계가 모두 왕족이었던 사실과 비견하면 덕종 이후의 왕자들은 그 모후가 모두 이성 후비라는 공통성을 갖는다. 그렇게 됨으로써 고려 왕실 혼인에서 족내혼의 의미가 약화되고 또한 이성혼 후비가 늘어나게 되었다.

고려 왕실에서는 족내혼과 함께 족외혼도 이루어졌다. 고려 왕실의 족외혼을 살펴보면 태조는 고려를 건국하고 여러 호족을 맞아들이며 혼인을 통해 호족과 연합세력을 형성하였다. 그 기간의 왕실 혼인은 폭넓은 지방 호족과의 혼인으로 이어지고 있다. 광종 이후 왕실 혼인은 족내혼이 주류를 이루지만, 고려 귀족사회의 난숙기로 알려진 문종 이후에는 족외혼이 주도적이다. 즉 족내혼에서 족외혼 양상으로 변화하는 것이다.

여러 성씨 가운데 고려 왕실과 가장 긴밀한 혼인 관계를 맺었던 귀족 가문은 경원 이씨이다. 경원 이씨 가문에서 배출한 제1비는 13대 선종과 17대 인종과의 혼인뿐이지만, 차비들까지 포함하면 11대 문종에서 17대 의종에 이르는 기간에 숙종을 제외한 모든 왕이 경원 이씨의 딸들을 맞아들이고 있다. 이처럼 한 가문에 집중된 왕실혼은 1126년 이자겸李資謙(?~1126)의 난과 같은 후유증을 초래하였다.

그런데 흥미로운 것은 비슷한 시기 일본의 왕실혼에서도 고려와 마찬가지로 족내혼과 족외혼이 병존하고 있다는 점이다. 10~12세기의 양국 왕후를 족내혼과 족외혼으로 나누어 그 수치를 비교하면 두 나라 모두 족외혼 후비가 족내혼을 훨씬 상회하고 있다. 그러나 제1왕후가 된 인물만을 조사할 때 고려에서는 족내혼 비율이 53%를 넘고 일본의 경우 34% 가까이 된다. 전체 왕후에 비하면 양국 모두 14~15% 정도로 족내혼 후비가 많다. 그러나 왕자를 출산하여 다음 왕위를 계승한 사례를 대비하면 족내혼 후비의 출산율은 현격히 감소하여 고려 26%, 일본 11%의 수준에 그치고 있다. 양국 왕실에서 족내혼을 통해 왕자를 출산하고 다음 왕위를 이어가는 사례는 극히 저조한데도 불구하고, 제1왕후의 위치에 오르는 사례가 많다는 것은 일종의 상징적 의미를 갖는다고 할 수 있다. 왕실 혈족의 순수성과 초월성을 일부 족내혼을 통해 유지하면서 새로운 배우자 집단을 영입하여 왕실 후손의 번창을 이루었다고 볼 수 있다.

이처럼 고려와 일본의 왕실 혼인은 상당히 많은 유사점을 가지고 있다. 두 왕실이 모두 중국식 후비제를 채택하고 있어 왕후·왕태후·태왕태후에 준하는 칭호가 사용되고 있었다. 그러나 실제의 사용례를 검토한 결과 고려에서는 칭호와 실제가 거의 일치되어 후비에게 주어진 칭호만으로도 왕실에서의 위치와 혈연관계 등을 파악할 수 있었다. 그러나 일본에서는 후비의 칭호가 고려와 유사한데도 그 실제 운용은 많은 차이를 보였다. 왕의 배우자가 왕후가 되기도 하였으나 상왕上王의 배우자가 왕후이기도 하며, 전혀 부부 관계를 맺지 않은 누이나 고모가 왕후 자리를 차지하기도 하였다. 후비의 칭호를 통해 본 고려와 일본의 왕실 혼인은 외형적 유사성에도 불구하고 내용 면에서는 많은 차이가 있었다.

고려 왕실이 족내혼과 족외혼의 교차를 통해 왕권과 신권을 조정해 갔다면, 일본은 외척 등원씨藤原氏의 현실적 위치를 이용한 후비제의 자의적 운영으로 내적 변화를 보이기도 하였다. 다만 고려에는 없는 상왕제上王制가 일본에서 운영되어 헤이안平安시대 말기에 원정院政을 운영하게 되었는데, 이 시기의 후비제는 전과는 다른 양상으로 변천하여 상왕이 자신의 배우자를 왕후로 책립하기도 하였다. 고려와 일본 왕실 혼인의 유사성과 차이점에 대해서는 앞으로의 연구가 기대된다.

3 중국 왕실[24]의 혼례

**친영을 중시한
한漢 이전의 왕실 혼례**

중국 역사에서 그 실재를 증명할 수 있는 최초의 왕조는 은殷(?~B.C.11세기) 왕조이다. 황하 하류의 화북華北평원에서 청동기문화를 꽃피우며 갑골문자를 남겼던 은殷 왕조는, 위수渭水와 경수涇水 유역의 서쪽 변방에서 발흥한 주周에 의해 멸망하였다. 주는 은대의 주술呪術문화에서 벗어난 예악禮樂문화를 건립하면서 중국 고대 국가의 기초를 정립하게 된다. B.C.11세기 중반에서 B.C.771년까지, 섬서성陝西省의 종주宗周를 수도로 하고 하남성河南省의 성주成周를 부도副都로 하여 화북 일대를 다스리던 서주西周시대는 주나라 예악정치의 전성기로 일컬어지는데, 오늘날 남아 있는 금문金文 자료들과 『시경詩經』을 통해 당시의 생활상을 엿볼 수 있다. 『시경』「대아大雅·대명大明」편에는 주의 문왕文王이 그의 아내가 될 태사大姒를 친영親迎하는 내용이 담긴 노래가 있어, 주의 천자가 혼례 때에 친영을 한 증거로 인용되기도 한다. 그러나 주의 문왕이 신국莘國 임금의 딸인 태사를 아내로 맞이할 당시는 주가 아직 은 왕조의 지배하에 있던 방국, 즉 제후국에 해당하는 위치였으므로 이것을 수 천자의 혼례로 간주하는 것은 무리라 하겠다. 그러나 어찌되었든 이

24_ 중국 역사에서 진시황秦始皇이 최고 통치자에 대한 '천자'天子나 '왕'王이라는 호칭 대신에 스스로를 '황제'皇帝라고 칭하면서, 진대秦代 이후로 황실과 왕실은 구분된다. 한대漢代를 예로 들면, 주대周代에 천자의 왕실은 한의 황실에 해당하고, 한의 왕실은 황제가 분봉한 왕국王國들의 조정을 가리키는 것으로 주대 제후국의 공실(전국 시기에 제후들이 왕을 참칭하면서부터는 제후국 역시 왕실로 표현된다)에 비견된다고 할 수 있다. 본서에서는 '왕실의 혼례'라는 본서의 제목에 준하여, 각 장의 소제목에서는 '중국의 왕실'이라는 일반적인 표현을 사용하였으나, 각 장의 본문 내용에서는 왕실과 황실의 역사적 명칭을 구분하여 사용하였다.

시詩의 기록은 혼례에서 친영의식의 기원이 실제로 아주 오래된 것임을 보여준다. 또한 「대아大雅·한혁韓奕」편에는 한韓의 제후가 주 여왕厲王의 조카딸을 맞이하면서 친영하는 장면이 묘사되어 있어 주대에 제후의 혼례에서 친영이 일반적으로 행해졌음을 알 수 있다. 아울러 이 두 편의 시에서 동성의 씨족으로부터는 아내를 취하지 않았음을 알 수 있어, 주周 초기에 '동성불혼'은 이미 왕실 혼례의 근본 원칙으로 중시되었음을 보여준다.

여왕厲王의 압제와 내란으로 인해 쇠락한 주周는 평왕平王 때에 이르러 수도를 동쪽인 낙양洛陽으로 옮기면서 동주東周 시기를 열게 되는데, B.C.770년의 동천東遷 이후에서부터 진秦에 의해 주가 멸망하는 B.C.256년까지의 이 시기를 흔히 춘추春秋·전국戰國시대라고 일컫는다. 주 천자에 의해 분봉分封(땅을 나누어주고 그 땅의 제후로 책봉하는 제도)된 지방의 제후국들이 예악禮樂제도를 근간으로 주 천자를 옹위하던 서주 시기와 달리, 천자를 능가하는 경제력과 군사력을 바탕으로 제후국 간의 패권을 다투던 이 시기는 흔히 주대의 예악제도, 즉 주례周禮가 붕괴되는 시기로 평가된다. 그러나 이 시기의 대표적인 역사서인 『춘추』나 『좌전』左傳 등의 기록을 볼 때, 이 시기는 천자의 예가 제후에 의해서 참용僭用(자신의 지위를 넘어서는 예법을 사용함)되고, 서주 시기와 크게 달라진 정치·사회적 상황에 맞추어 이전의 예악제도가 변모되어 가는 과정이었을 뿐, 결코 예악이 중시되지 않은 것은 아니었다. 따라서 『춘추』나 『좌전』 등에는 당시 각 제후국의 혼례에 대한 다양한 기록들이 남아 있다. 『좌전』 선공宣公 6년(B.C.603)의 기록에는 천자의 경사卿士인 소환공이 천자를 대신하여 왕후를 친영하는 기사가 있어, 천자가 직접 친영의 예를 행하지 않았음을 알 수 있다. 이에 비해 제후의 혼례에서는 임금이 국경까지 친영을 나가는 것은 일반적이었을 뿐만 아니라, 친영 이전 단계에서는 의례서에 보이는 납징 등의 예 또한 행했음을 알 수 있다. 즉, 『춘추』 장공莊公 24년(B.C.670)에는 노魯나라 임금 장공이

제齊의 애강哀姜을 아내로 맞이하면서 친영을 행한 기록이 보이며, 장공 22년에는 납폐의 예를 행했다는 기록이 보인다. 또한 춘추전국시대에 왕실의 혼례에는 신부 외에 동성의 여자를 잉첩媵妾으로 함께 보내는 제도가 있었는데, 『좌전』 성공成公 8년에는 제후가 딸을 시집보낼 때 동성의 여자를 잉첩으로 보내고 이성의 여자는 보내지 않는다는 기록이 있어, 동성불혼의 원칙을 잉첩의 경우에도 적용하고자 하였음을 알 수 있다.

진秦(B.C.249~B.C.207)은 춘추전국 시기를 거치면서 패권을 장악하게 된 6국國을 차례로 격파하고 B.C.221년 중국을 통일하게 된다. 주의 분봉제와 예악정치 대신 군현제郡縣制와 법치法治로 중앙집권적인 전제정치를 시행하면서 황제의 절대적인 권위를 휘두르던 진의 황실에 걸맞게, 황실의 혼례에서도 중요한 변화가 일어나게 된다. 황실의 공주가 혼례를 하는 경우, 남편이 될 남성은 황실에서 마련한 궁에서 아내인 공주를 받들고 살아야 한다는 "상주"尙主의 의례가 그것이다. 이것은 천자의 딸이 결혼을 할 경우, 다른 제후로 하여금 혼례를 주관하게 하여 천자의 위엄으로 신랑 측을 제압하지 않는 것을 원칙으로 했던 주대의 혼례문화와는 다른 것이다. 진 왕조의 이 '상주' 의례는 한대漢代가 그것을 계승함으로써 중국 왕실의 혼례문화가 되지만, 후한後漢의 유학자 순상荀爽은 이에 대해 처가 지아비를 제압하고, 비천한 지위로 존귀한 지위에 임함으로써, 건곤乾坤(하늘과 땅, 즉 남과 여)의 도에 위배되고, 남자가 부르면 여자가 화답하는 의리를 잃은 것이라고 혹독하게 비판하였다. 즉 전통적인 혼례에 담긴, 귀천貴賤을 함께하고 서로를 공경하며 화합하는 의미가 상실되었다는 뜻이다.

한편 1975년 호북성湖北省 운몽현雲夢縣 진대 무덤에서 발굴된 죽간竹簡 기록에서는 진대 민간의 혼인제도를 엿볼 수 있는데, 혼인 전에는 실일을 섬기고, 여자를 수레에 싣고 오는 친영의 예를 행하는 등, 민간에서는 전통적인 혼례문화가 이어지고 있음을 볼 수 있다. 그러나 혼인은 관부의 허가를 받아야 하고, 아내를 버림으로써 혼인관계가 끝나게 되는 경우에도 관가에 알려서 기록을 남겨야 하며 이를 어기면 벌금형에 처하는 등, 국가의 법률로 혼례문화를 규제하는 양상이 나타난다.

하례賀禮를 인정한 한漢 왕실의 혼례　　중국 최초로 통일의 위업을 이룬 진秦 왕조가 15년 만에 단명하고, 진과 초楚를 제압한 한漢(B.C.206~A.D.220)이 건국되면서 장장 400여 년에 걸친 중국 최장기 통일제국의 시대가 열리게 되었다. 진의 멸망을 혹독한 법치 때문이라고 진단한 한 왕조는 유교적인 관료 국가를 건립하고자 하였고, 한 초 숙손통叔孫通의 조정朝廷 의례 제정을 시작으로, 점차 진의 제도를 답습하던 것에서 벗어나 독자적인 예의 제도를 마련해 갔다. 한을 건국한 고조高祖가 황태자비를 맞이하는 것을 계기로 숙손통은 혼례를 제정하였는데, 이때 '왕은 가장 존귀하므로 그와 대등하게 대하는 의례가 없다'는 『좌전』의 논리를 근거로, 천자는 친영을 하지 않는다는 것을 분명히 하였다. 이후로 중국 왕실 혼례에서 천자의 친영은 신하가 대신하게 되어, 『한서』漢書의 「평제본기」平帝本紀 및 「외척전」外戚傳에 의하면 A.D.3년(원시元始 3)에 유사有司가 황제를 위해서 안한공安漢公의 딸에게 납채를 하고 광록대부光祿大夫 유흠劉歆에게 명을 내려서 혼례에 관한 절차들을 정하게 하여, 49인이 예로써 안한공의 저택에 법가노부法駕鹵簿(의장 행렬)로 친영을 하고 황후를 맞게 하였다고 한다.

친영 외에도 한 왕실의 혼례에서는 전통적인 혼례의 절차들을 준수하였다. 『한서』「효평왕황후본전」孝平王皇后本傳에는 황실에서 신부 될 여자의 집으로 납채와 납징의 예를 행하고, 점을 쳐서 길일을 택하여 청기請期의 예를 행한 기록이 보인다. 또한 『한서』「본기」本紀에도 선제宣帝의 황후가 삼월에 혼례를 거행하고 유월에 고묘高廟(고조의 사당)를 알현했다는 기사가 있어, 혼례의 마지막 절차

인 묘현廟見의 의식 또한 고례古禮대로 거행했음을 볼 수 있다. 한대
에는 역대의 제왕들과 마찬가지로 수많은 후궁을 두어 고대의 잉첩
제도를 계승했을 뿐만 아니라, 진 왕조가 만든 '상주'尙主의 제도 또
한 계승하여 황실의 공주와 혼례를 올리는 것을 "상공주"尙公主라고
하였으며, 제후의 딸과 혼례를 올리는 것을 "승옹주"承翁主라고 하
였다.

한 왕조는 이처럼 전통적인 혼례의식과 전대前代의 왕실 혼례의
식을 혼합하여 계승하는 한편, 이전에 없던 혼례의 새로운 요소들
을 만들어 냈다. 전한前漢 최고의 전성기를 이끌었던 선제宣帝는
B.C.56년(오봉五鳳 2)에, 군국郡國에서 민간의 혼례에 술과 음식을
갖추고 서로 축하의 하례를 하는 것을 금지하지 못하게 하는 조서
를 내렸다. 이것은 혼례가 부모로부터 자식으로 한 세대가 교체되
는 숙연한 의식이라는 선진先秦 이래의 관념 대신 즐거운 축제로서
의 의미가 중심에 있었음을 의미한 것으로, 이미 귀족 계층뿐만 아
니라 민간에서도 혼례에서 떠들썩한 잔치와 축하를 하는 것이 일반
화되어 온 것을 법적으로 승인한 것일 뿐이다.도10

역사서의 왕실 혼례 기록들을 종합해볼 때, 한대 왕실의 혼례는

예물 또한 점점 사치스러워져서, 성대한 하례의식과 함께 화려하고 위의 있는 왕실 가례嘉禮(관례, 혼례, 향음주례 등의 아름다운 의례)로써의 면모를 갖추어간 것으로 보인다. 『통전』通典에 따르면 한 초기에는 혜제惠帝의 황후 장씨張氏를 세울 때 납채에 기러기와 벽璧(둥근 옥), 승마乘馬와 속백束帛을 썼으며, 『후한서』後漢書 「환제본기」桓帝本紀에 따르면 질제質帝가 죽고 다음 해에 환제桓帝가 즉위하자 혜제 때의 고사대로 황후 양씨梁氏에게 황금 2만 근으로 빙聘을 하고, 기러기·벽·승마·속백 등으로 납채의 예를 한 뒤에 147년(건화 원년) 유월에 궁에 들어와 팔월에 황후가 되었다고 한다. 기러기나 속백과 같은 전통적인 예물 외에도 황실의 위용에 걸맞은 화려한 예물들이 함께 내려진 것이다.

『후한서』「황후기」皇后紀에는 한법漢法에 중대부中大夫 등의 관리를 낙양洛陽의 양가良家로 보내서 13세 이상 20세 이하의 처녀 가운데 용모가 아름답고 단정한 자를 궁으로 데리고 와서 간택을 하는데, 현숙하고 명철한가를 자세히 살핀다고 하였다. 현실에서는 동한의 황제들이 외모를 우선시하여 뽑은 수많은 비빈과 후궁을 거느렸지만, 원칙상으로는 덕과 지혜를 신부감의 주요 기준으로 삼았음을 알 수 있다. 또한 『후한서』「헌목황후기」獻穆皇后紀에는 203년(건안建安 18)에 조조曹操가 헌제獻帝에게 세 딸을 바쳤는데 둘째인 헌절화憲節華를 부인夫人으로 삼고, 이듬해 동생은 귀인貴人을 삼았다는 기사가 있어, 고대의 잉첩제도가 한대에도 계속되었음을 볼 수 있다.

전통적인 『의례』를 중시한
위진魏晉·남북조南北朝 및 수隋의 왕실 혼례

환관과 외척의 득세로 혼란해진 후한後漢(25~220)제국이 농민 봉기로 무너져가는 틈을 타서 220년, 조조曹操를 이은 조비曹丕의 위魏(220~265) 정권이 들어서고 위, 촉蜀(221~263), 오吳(221~280) 삼국의 시기는 281년, 진晉(265~419)의 사마염司馬炎에 의해 통일되었다.

그러나 개국 초기부터 5호五胡의 이주와 침략에 시달리던 진晉이 화북華北의 본거지에서 밀려나 양자강揚子江 이남으로 천도함으로써, 강북의 호족 정권에 의한 북조北朝와 강남의 한족漢族 정권인 남조南朝가 대립하는 이른바 남북조시대가 열리게 된다. 이 시기는 흔히 한漢 제국을 유지하던 유교儒敎가 쇠퇴하고, 현실 참여보다는 형이상학적인 청담淸談으로 도피하는 현학玄學(무와 유, 형상과 의미 등의 현묘한 이론에 대한 학문)의 시대로 일컬어지지만, 현실 정치에 있어서는 의례와 율령의 발전이 추동되는 시기이기도 하다. 특히 강건하고 질소한 기풍을 가진 호족이 광대한 화북 지역을 통치하기 위해서는 한족의 세련된 예법 문화를 이용하는 것이 절실히 필요하였으므로, 오히려 북조 시기에 왕실의 의례는 한층 발전하였으며, 이것을 계승한 수隋 왕조의 의례와 율령의 정비는 당唐 제국의 치세에 근간이 되었다.

왕실 혼례와 관련하여 이 시기를 관통하는 흐름은 전통적인 『의례』를 중시한다는 점이다. 먼저 위魏 왕조에서는 진한秦漢 이후로 지속되어 온 "상공주"尙公主의 제도를 개혁하고자 하였다. 『진서』晉書 「예지」禮志에는 공주가 신랑의 집으로 가서 혼례를 하는 '하가'下嫁의 예에 대해 실려 있어, 위진시대에 이르면 선진先秦 시기에 행해지던 왕실의 하가가 부분적으로 시행되었을 것으로 보인다.

동진東晉(317~419)에서는 343년(건원 원년)에 강제康帝가 황후 저씨褚氏를 맞이하는 혼례 절차에서 대가노부大駕鹵簿가 고취鼓吹를 연주해야 하는가 하는 문제와, 혼례 후에 신하들이 하례를 해야 하는가의 문제를 놓고 쟁론이 일어났다. 진 왕조의 예학가인 왕표지王彪之는 혼례에서 음악을 연주하지 않고 축하를 하지 않는 것이 전통적인 『예』禮의 명문明文이라고 주장하고, 하례는 하지 않아야 하며 고취는 갖추어서 진설만 하고 연주하지 않아야 한다고 하였다. 이에 진 왕조는 혼례에서 음악을 연주하지 않았나. 왕실 혼례에서 악기를 "진이부작"陳而不作(진설하되 연주하지 않는다)하는 선례를 세운 것이다. 비록 하례에 관한 왕표지의 주장이 관철되지 않았고, 민간에서는 떠들썩하게 노래하는 혼례가 횡행하였으나, 왕실의 혼례에서 전통적인 의례서가 주장하는 혼례의 엄숙한 의미를 회복하고자 했다는 의미가 있다.

위진남북조 시기는 왕실 혼례의 형식 면에서도 『의례』서에 남아 있는 전통적인 혼례 절차를 충실히 준행하였다. 당시에 거행한 왕실 혼례 전체의 의주儀注는 남아 있지 않으나, 『진서』晉書 「예지」에는 북위北魏에서 452년(승평 원년) 목제穆帝가 황후를 맞이하면서 종묘에 고하는 육례六禮의 판문版文이 실려 있어, 이때부터 육례에 사용되는 의례용 언사言辭들을 판版에 기록하였음을 알 수 있고, 위魏의 왕실 혼례가 납채, 문명, 납길, 납징, 청기, 친영의 육례 절차를 모두 따랐음을 볼 수 있다. 황실의 칭위稱謂들과 수많은 참여 관료들, 그리고 화려한 예물이 황실 혼례의 성대함을 나타내지만, 그 절차에 있어서는 고대 사혼례士婚禮의 절차를 기록해 놓은 『의례』의 절차를 그대로 계승하고 있는 것이다.

북제北齊 시기에 이르면, 왕실의 혼례에서 육례를 준수할 뿐만 아니라, 왕실 혼례만의 독자적인 의식들이 등장하고 있다. 『수서』隋書 「예의지」禮儀志에는 북제北齊의 황제가 황후를 맞이하는 납후納后의 예가 실려 있는데, 납채·문명·납징, 그리고 동뢰同牢의 전통적인 혼례 절차 외에, 천지에 대한 제고祭告(제사하여 아룀), 책후冊后(황후 책봉), 군신의 하례 등 황실 고유의 의식 절차가 결합되어 가는 모습을 볼 수 있다. 이에 따르면 납채, 문명, 납징의 예가 끝나고 원구圓丘(천신天神을 모신 제단)와 방택方澤(지시地示를 모신 제단)과 종묘에서 각각 천신과 지신과 조상신에게 고告하는 의식을 한 뒤, 황제가 신하에게 명하여 황후로 책봉하는 예를 거행하였다. 그리고 신하로 하여금 신부를 친영하게 하여 황제와 황후가 동뢰同牢와 합근合졸의 예를 행한다. 혼례 다음 날에 황후가 감사의 표문을 올리고(拜表謝), 그 다음 날 황후가 밤·대추 등을 가지고 황태후를 뵙는 예를 거행하였고, 이후에 택일을 하여 관료들이 하례를 올리고(上禮), 다시 택일을 하여, 황후가 종묘에 가서 조상신을 알현함으로써 전체의 의식이 끝나는 것이다. 여기서 원구와 방택에서 천지신에게 대혼大婚을 아뢰는 의식과 친영 전에 황후로 책봉하는 의식, 황후가 배표사하는 의식, 백관이 경하를 드리는 의식 등은 사혼례를 기술한『의례』에서는 보이지 않는 황실 혼례만의 의식 절차라고 할 수 있다.

위진남북조 시기와 마찬가지로 수隋 왕조 또한 의례서의 절차를 준수하였다.『수서』「예의지」에는 수 왕실의 황태자 납비의納妃儀가 실려 있는데, 황제가 사자에게 조서를 내려 거행하게 하면, 사자가 기러기를 가지고 납채를 하고, 이어서 문명을 하였고, 택일을 하여 납길을 하고, 다시 택일을 하여 옥백玉帛과 승마로 납징을 하고, 다시 택일을 하여 고기告期를 하였다. 다시 택일을 하여 유사에게 명하여 종묘에 고하고 책비冊妃를 한 뒤, 황태자가 친영을 거행하였다. 혼례 후에는 황태자비가 3일 만에 황제와 황후를 뵙도록 하였다. 황실의 의례인 만큼 예의상 신부 집의 의사를 묻는다는 의미의 '청기'請期라는 표현 대신 혼례일을 알린다는 '고기'告期라는 표현으로 바뀐 점을 제외하고는 전체의 의식 절차가『의례』에 기록된 사혼례와 거의 같다는 점을 알 수 있다.『예기』「교특생」에는 '천자의 원자元子는 사士에 준한다. 세상에 태어나면서부터 존귀한 자는 없다'(天子之元子, 士也. 天下無生而貴者也.)는 내용이 있다. 성인식에 해당하는 관례冠禮에 있어서 태자의 관례를 사士의 관례로 거행했던 것은 태자 이전의 신분을 사士로 간주한 것으로, 사士의 뛰어난 덕과 행실이 있어야 존귀한 지위를 얻을 수 있다는 의미에서인 것이다.[25] 이러한 고대의 유교적 이념은 혼례에도 적용된다고 하겠다. 왕실이든 사대부이든 혼례가 상징하고 혼례를 통해 구현하려는 유교적인 규범과 덕행은 동일하다는 점에서이다. 따라서 한대 이후 수대에 이르는 과정에서 왕실의 혼례가 왕실의 위임과 명분에 맞는 형태를 부가해 가지만, 그 기본적인 틀과 본질적인 의미에 있어서는『의

25_「교특생」에 대한 한대漢代 정현鄭玄의 주석; "저군은 인주 다음이지만 그래도 '사士라고 하였다. 뛰어난 행실과 두드러진 덕이 있어야 존귀한 지위를 얻을 수 있음을 밝힌 것이다"(儲君副主, 猶云 '士也', 明人有賢行著德, 乃得貴也.)

례』에 기록된 전통적인 혼례의 요소들을 꾸준히 보존·계승해왔음을 볼 수 있다.

왕실 혼례의 의주儀注를 완비한 당唐의 왕실 혼례

270여 년간의 오랜 분열기를 마감하고 남북을 통일한 수隋(581~617)는 무리한 대운하 사업과 궁전 건축, 그리고 외정外征으로 인해 전국적인 농민 봉기에 부딪혀 37년 만에 붕괴하고, 이를 평정한 당唐(618~907) 제국의 시대가 열리게 되었다. 정비된 중앙 관제와 율령제도를 갖추고 약 300년의 장기적인 치세를 이루었던 당 제국은 712년, 왕실의 의례를 오례五禮 체계에 맞추어 체계적으로 집대성한 『개원례』開元禮를 편찬함으로써, 최초로 완비된 국가 예전禮典을 갖춘 왕조가 되었다. 따라서 왕실 의례의 모든 의주儀注(의식 절차에 대한 기록)가 정리되어 있는 『개원례』는 중국 왕실의 의례 문화를 일목요연하게 볼 수 있는 자료라고 할 수 있다.

『개원례』 '가례' 편에는 혼례와 관련하여 황제의 '납후상'納后上, '납후하'納后下와 '황태자납비'皇太子納妃, '친왕납비' 親王納妃, '공주강가'公主降嫁, '삼품이상혼'三品以上婚, '사품오품혼'四品五品婚, '육품이하혼'六品以下婚의 의주가 실려 있어, 황제 이하 황태자와 친왕, 공주 등의 황실 및 왕실 가족과 삼품 이상 육품 이하 관리들의 혼례 절차와 규정들을 자세히 살펴볼 수 있다.

표에서 붉게 색칠한 부분은 세부적인 내용에서만 지위에 따른 차이가 있을 뿐, 절차와 의미는 『의례』 혼례의 절차와 동일하다. 당대 황실의 혼례는 앞서 남북조시대와 수대와 마찬가지로 전통적인 혼례 절차를 계승함으로써 황제의 '납비'에서 '육품이하혼'에 이르기까지 육례를 근간으로 삼았을 뿐만 아니라 날을 점치고, 부부가 동뢰를 하고, 며느리가 시부모를 뵈며, 신부 집에서 온 장부와 부인들에게 향례를 베푸는 것 또한 고례의 전통이 황실의 혼례에서 그대로 준수되고 있음을 볼 수 있고, '황후묘현'皇后廟見의 의식은

제1부 왕실 혼례식의 연원과 비교사적 고찰

26_ '사품오품혼'四品五品婚, '육품이하혼'六品以下婚의 의식 절차는 '삼품이상혼'三品以上婚과 동일하고, 세부적인 내용에서만 품등에 따른 차이가 있다.

(황제) 납후納后	황태자납비 皇太子納妃	친왕납비 親王納妃	공주강가 公主降嫁	삼품이상혼[26] 三品以上婚
복일卜日				
고환구告圜丘				
고방택告方澤				
임헌명사臨軒命使	임헌명사		책공주册公主 공주수책公主受册	
납채納采	납채	납채	납채	납채
문명問名	문명	문명	문명	문명
납길納吉	납길	납길	납길	납길
납징納徵	납징	납징	납징	납징
고기告期	고기	청기	청기	청기
고묘告廟	고묘			
책후册后	책비册妃	책비		
명사봉영命使奉迎	임헌초계臨軒醮戒, 친영親迎	친영	친영	친영
동뢰同牢	동뢰	동뢰	동뢰	(동뢰)
황후사표皇后謝表				
조태후朝太后	비조견妃朝見	비조견	현구고見舅姑 관궤구고盥饋舅姑	현구고 관궤구고
황후수군신하 皇后受群臣賀				
회군신會群臣	회군신	혼회婚會	혼회	혼회
외명부조회 外命婦朝會		부인예회 婦人禮會	부인예회	부인예회
군신상례群臣上禮				
황후묘현皇后廟見				
거가출궁車駕出宮				
	향장부송자 饗丈夫送者 향부인송자 饗婦人送者	향장부송자 향부인송자	향장부송자 향부인송자	

〈표1-2〉 『개원례』에 등재된 당 황실의 지위별 혼례 의주의 세부 의식 절차들

혼례 3일 만에 신부가 사당을 알현하는 『가례』의 형식에 더 가깝다고 할 수 있다.

그러나 한편으로 황제의 납후의례에는 황제와 왕우의 지위에 따른 위의威儀와 절차가 더해져 사혼례에 비견할 수 없는 왕실 혼례의

성대함을 보여줌으로써, 북제北齊 이후 마련된 황실 고유의 의식들을 계승하였다. '고환구'告圜丘나 '고방택'告方澤의 절차는 천지신명天地神明에 대해 유일한 제사권을 가진 황제만의 특권이자 책무라고 할 수 있고, '책후'와 '책비', '책공주' 등의 절차는 왕실과의 혼례로 인한 신분 변동 과정이 혼례의식 안에 반영된 것이다. 황제가 사신을 보내어 친영을 대신 거행하는 '명사봉영'命使奉迎(사신에게 친영을 봉행할 것을 명하는 의식)을 위시하여, '임헌명사'臨軒命使(황제가 정전 밖으로 나가서 사신에게 명하는 의식), '황후사표'皇后謝表(황후가 감사의 표문을 올리는 의식), '황후수군신하'皇后受群臣賀(황후가 군신의 하례를 받는 의식), '군신상례'群臣上禮(군신이 예를 올리는 의식), '거가출궁'車駕出宮(황제의 거마와 의장이 궁을 나가는 의식) 등의 절차는 황제와 황후의 위의를 극대화하기 위한 요소들을 의례화한 것이다.

이에 비해 황태자는 물론 황제의 형제나 아들인 친왕親王 등은 모두 직접 친영을 하도록 하고, 계승자인 황태자에 대해서는 친영 전에 황제가 아들을 훈계하는 초계醮戒의식을 행한 것 또한 『의례』 혼례의 전통을 따르고 있다. 또한 '공주강가'公主降嫁라 하여 최초로 공주의 혼례 의주를 자세히 기록하고 있는데, 혼례 전에 책공주冊公主의 의식을 거행한다. 혼례 후에 공주가 시부모를 뵙는 현구고見舅姑의 의식에서, 공주는 시부모를 향해 재배再拜를 하고 시부모는 앉아서 공주의 절을 받음으로써 '상주' 의식과는 거리가 먼, 일반적인 며느리의 공순한 덕을 표현하고 있다. 현실에서 이러한 의식 절차를 실제로 견지했는지와는 별개로, 황실의 예전禮典에서 혼례의 전통적인 가치를 의주로 명문화했다는 것은 의미가 적지 않다.도11

당 왕실의 혼례에서 특기할 만한 점으로 모든 혼례에 '혼회'婚會의식을 거행한다는 점이다. 황제 '납후'의 '회군신'會群臣과 '외명부조회'外命婦朝會, '황태자납비'의 '회군신', '친왕납비' 이하의 '혼회'婚會 및 '부인예회'婦人禮會는 혼례 후에 이어지는 연회의 성격을 갖는 의식이다. 황제와 황태자의 혼례에서 거행되는 '회군신'會群臣에 대

도11 《보련도》步輦圖 당대唐代, 북경 고궁박물원 소장.
당 태종의 양녀인 문성공주文成公主를 투르판 왕의 신부로 맞이하기 위해 투르판의 사절이 온 모습. 오른쪽에는 태종이 보련에 앉아 있다.

해, 정월과 동지에 신하들의 하례를 받는 원회元會의 의식 절차와 같게 한다고 되어 있다. '황제원정동지수군신조하'皇帝元正冬至受群臣朝賀 의례에서 거행되는 '회'會의 의식은 황제와 신하들이 함께 모여 행하는 악무樂舞를 동반한 음주와 식사의 연회이다. '혼회'나 '부인예회' 또한 궁정의 악무가 없을 뿐, 동성과 이성의 친인척들이 모여 음주와 식사를 함께 나누는 연회를 말한다. 이러한 연회는 격식에 맞추어 신하들의 하례를 받는 '황후수군신하'나 신하들의 축원이 담긴 표문表文을 전달 받는 '군신상례'와는 달리, 가례를 함께 경하하고 즐기는 연회의 성격이 강한 의식이다. 그럼에도 불구하고 비록 황제의 '납비'의례에서 동뢰同牢 전에는 고취鼓吹를 진설만 하고 연주하지 않음으로써 혼례에 가무를 하지 않는 고례古禮의 의미를 상징적으로 반영하고 있다.

황제의 천자납후天子納后 의례로 본　　　당 제국이 무너지고 5대
명明의 왕실 혼례　　　　　　　　　　10국의 분열기를 거쳐

개국한 송宋(960~1279)은 거란족의 요遼(916~1125)와 서하西夏의 침
략에 시달리다가 여진족의 금金(1114~1234)에 의해 1127년 멸망하
고 남쪽의 항주杭州에서 남송南宋(1127~1279)시대를 열었다. 송대는
사마광司馬光(1019~1086)의 『서의』書儀나 주희朱熹(1130~1200)의 『가
례』와 같이 사대부를 비롯한 민간의 의례에 대한 집성과 전파에 큰
성과를 거두었을 뿐만 아니라, 고대의 『의례』에 대한 유학자들의
재조명과 재해석이 이루어지는 등, 의례의 발전에 중요한 시기라고
할 수 있다. 그러나 끊임없는 외환에 시달리면서 정치적으로 대통
일의 안정된 제국을 영위하지는 못하였다. 국가의 예전 편찬에 있
어서도 송 초에 태조太祖의 명으로 『개보통례』開寶通禮가 찬정되었
고, 인종仁宗 때에 구양수歐陽修(1007~1072)는 『태상인혁례』太常因革禮
를 찬집하였으나, 모두 양송兩宋의 예제禮制를 체계적으로 담아내지
못한 데다 일부 문헌이 유실되기도 하여, 당의 『개원례』와 같이 정
비된 예전이 되지 못하였다. 원대에 편찬된 『송사』宋史「예지」의 기
록을 보면, 황실의 혼례의식은 대체로 당의 예를 따른 것으로 보인
다. 황제 납후의 경우, 당 황제의 혼례의식과 대체로 같으나, 명부
命婦와 군신의 하례가 없고, 백관의 상례上禮의식과 황제의 회군신會
群臣 하는 의식이 없다.

　　1279년 남송은 몽고족의 원元(1206~1391)에 의해 멸망하였다. 몽
고 제국을 연 세조 쿠빌라이(1215~1294)는 한족의 화하문화에 동화
되던 이전의 이민족 정권과 달리 몽고 민족 고유의 문화를 최우선
시하면서 라마교, 그리스도교 등을 받아들이면서도 한족에 대해서
는 정치, 문화적으로 차별적인 정책을 시행하여 사대부를 비롯한
한족의 저항을 불러일으켰다. 따라서 원이 왕위 계승에서의 끊임없
는 내부 분열로 89년 만에 멸망하고, 농민반란군이었던 주원장朱元
璋(1328~1398)이 지금의 남경南京에서 명明(1368~1662) 태조太祖로 등

극하자, 한족 고유의 문화와 제도를 진작시키는 정책을 추진하였다. 유교적 지식인을 양성하는 학교제도를 정비하고 과거제도를 부활시켰으며, 태조의 명으로 『대명집례』大明集禮, 『홍무예제』洪武禮制 등의 예전을 편찬하였고, 무종武宗 때에는 『대명회전』大明會典을 통해서 왕실 의례를 종합적으로 정비하였다. 명 왕실의 혼례는 『대명집례』 「가례」의 혼례 조항에 '천자납후'天子納后, '황태자납비'皇太子納妃, '친왕납비'親王納妃, '공주출강'公主出降, '품관'品官, '서인'庶人의 지위별 혼례의 명칭과 의주를 갖추어 놓았는데, 품관별 혼례 규정과 서인의 혼례 규정을 구분한 것 이외에는 전체적으로 당 『개원례』의 틀을 계승하고 있다. 또한 왕실 혼례의 구체적인 절차에 있어서, 육례를 근간으로 하고 지위에 따라 황실 고유의 의식 절차를 더하여 황실의 권위와 위엄을 드러내는 것도 한 이후 당·송에 이르는 왕실 혼례의 특징을 그대로 계승한 것이다.

중국 왕실 혼례의 특징과 위의를 가장 잘 나타내는 것은 천자, 즉 황제의 혼례라고 할 수 있다. 『대명집례』에 실린 '천자납후'天子納后 의례는 『대명회전』 「예부」禮部의 규정과 함께, 중국 역대 황제의 혼례의식을 종합하여 가장 완비된 형태로 정리한 것이다. 이제 그 구체적인 의식 절차에 따라 중국 황제의 혼례 과정을 살펴보면 다음과 같다.

명 황제의 혼례인 '천자납비'天子納妃 의식은 혼례의식을 시작하기 전에 관리가 원구圓丘와 방택方澤과 종묘에 가서 황제의 혼례 사실을 아뢰고, 황제가 문무백관이 보는 앞에서 사자와 부사를 임명하고 황제의 신표에 해당하는 부절(節)을 주어 육례를 담당하게 하는 것으로 시작된다. 납채에서 봉영奉迎까지 육례의 각 단계에 해당되는 의례적인 언사를 황제의 제서로 작성하여 사자는 기러기와 함께 황후의 저택으로 가서 의식을 거행하게 되는데, 혼인의 성사를 알리는 납징의 경우에는 곡규穀圭(곡식의 문양이 새겨진 옥)에 원훈속백元纁束帛(玄纁, 즉 검붉은 색의 비단 묶음)을 예물로 하고 육마六馬를 더하

제고祭告	혼례 전에 택일을 하게 하여 천지와 종묘에 고한다.
견사遣使	택일을 하여 의례에 쓸 제문制文과 예물을 준비한다. 문무백관이 도열한 가운데 황제가 사자使者와 부사副使를 임명하고 부절符節을 내려, 납채와 문명 등의 의식을 담당하도록 명한다.
납채納采	사자와 부사가 지절持節(부절을 소지함)하여 제서制書와 기러기(鴈)를 받들고 황후의 저택으로 가서, 황후를 채택하는 제서를 읽으면 주혼자主婚者가 제서를 받고 표표를 올려 답한다.
문명問名	납채가 끝나면 사자는 바로 황후의 이름을 묻는 문명의 제서를 읽고 주인에게 제서와 기러기를 준다. 주인은 제서와 기러기를 받고 표를 올려 답한다. 주인이 사자와 부사에게 연례宴禮를 베풀어준다. 사자는 답표荅表를 가지고 돌아가 복명復命(임무를 마치고 보고함)한다.
납길納吉	사자와 부사가 지절하여 제서와 기러기를 받들고 황후의 저택으로 가서, 점을 친 결과가 길함을 아뢰는 납길의 제서를 읽고 제서와 기러기를 준다. 이하 복명까지, 문명의 의식과 같이 한다.
납징納徵	사자와 부사가 지절하여 제서와 곡규穀圭와 속백束帛의 예물을 받들고 황후의 저택으로 가서, 혼인의 예가 이루어졌음을 아뢰는 납징의 제서를 읽고 제서와 예물을 준다. 이하 복명까지, 납길의 의식과 같이 한다.
청기請期	사자와 부사가 지절하여 제서와 기러기를 받들고 황후의 저택으로 가서, 점을 쳐서 얻은 길일의 혼례 날을 아뢰는 청기의 제서를 읽고 제서와 기러기를 준다. 이하 복명까지, 납길의 의식과 같이 한다.
임헌명사책후급봉영 臨軒命使冊后及奉迎	황제가 임헌에 나와 문무백관이 도열한 가운데 책보사冊寶使와 봉영사逢迎使 등을 임명하여 부절을 내리고, 책례冊禮(황후의 책봉의식)와 봉영奉迎(친영)의 의식을 담당하도록 명한다. 사자들은 황후의장皇后儀仗, 거로車輅, 관복, 기러기, 예물을 담은 채여綵輿(작은 가마), 관리들의 행렬과 함께 황후의 저택으로 가서 책례와 봉영의 의식을 거행한다.
수책受冊	사자와 부사가 지절하여 책보冊寶(책봉의 조서가 새겨진 책과 도장)와 거로車輅(수레)와 의장儀狀, 황후가 입을 위의褘衣(예복)와 수식首飾(머리장식) 등을 받들고 황후의 집으로 가서, 황후로 책봉하는 제서를 읽고 책보를 내리면, 황후가 망궐望闕(궁궐을 향해 재배함)의 예를 행하고 책보를 받은 후에 내외명부內外命婦의 하례를 받는다. 주혼자가 사자와 부사에게 연례를 베풀어주고 사자가 복명하는 것은 청기의 의식과 같이 한다.
봉영奉迎	봉영사가 지절하여 의장과 고취鼓吹를 갖추고 황후의 저택으로 가는데, 고취는 진열만 하고 연주하지는 않는다. 사자가 제서制書를 읽고 기러기와 함께 주혼자에게 주면, 주혼자는 사자에게 답표荅表를 준다. 주혼자가 당堂 위의 초계위醮戒位에서 황후에게 경계警戒의 말을 하면, 황후의 어머니가 황후의 옷깃에 수건(帨)을 매어주며 경계의 말을 한다. 황후가 수레(輅)를 타면 문무백관이 사배四拜를 한 뒤 의장, 고취, 답표를 담은 채여가 앞서고, 사자와 부사, 문무백관, 황후노부皇后鹵簿(황후의 호위 의장)의 행차, 책보를 담은 채여, 여러 관리와 호위 무사의 행렬이 궁으로 향한다. 행렬이 궁의 오문午門(황궁의 정문)에 이르면 종고鐘鼓를 울리고, 노부가 멈추면 사자가 답표를 받고 가서 복명한다.

동뢰同牢	궁중의 내전에 어악御幄(황제가 임시 거처하는 장막)을 설치하고 황제와 황후가 함께 음식을 나누어 먹는 동뢰同牢와 함께 술을 나누어 마시는 합근슴巹의 의식을 거행한다. 황제와 황후가 손을 씻은 후, 함께 예찬禮饌을 맛보고 예찬을 거둔 뒤 술잔(酌)의 술을 마신다. 다시 예찬을 먹고 예찬을 거둔 뒤 술잔의 술을 마신다. 세번째 예찬을 먹고 예찬을 거둔 뒤 표주박(巹, 실제로는 주기酒器를 사용한다)의 술을 마신다. 예를 마치면, 황제와 황후는 예복을 벗고 옷을 갈아입는다. 황제의 종자從者는 황후가 남긴 음식을 먹고, 황후의 종자는 황제가 남긴 음식을 먹는 준餕의 의식을 행한다.
표사表謝	황후가 궁에 와서 혼례를 치른 다음 날, 황제에게 표를 올려 감사를 하는 의식으로서 '책황후' 冊皇后 의례의 '책배' 冊拜의식과 같다.
알묘謁廟	황후가 궁에 온 뒤에 택일을 하여 태묘太廟에 알현하는 의식이다. 황후가 알현하기 전에 황제가 태묘에 관리를 보내어 희생을 바치고 황후가 알현할 것을 아뢰게 하는데 향香을 내려준다. 황후는 알현하기 전 3일 동안 재계齊戒(주변을 정리하고 내면을 정제하는 일)를 한다. 당일에 황후가 구룡사봉관九龍四鳳冠에 위의褘衣를 입고 내외명부와 함께 태묘에 나아가서 조상의 신위神位 앞에 삼상향三上香(세 번 향을 올림)을 하고 절을 올린 뒤에 고취鼓吹를 울리며 궁으로 돌아온다.도12
황후수내외명부조의 皇后受內外命婦朝儀	황후가 내외명부의 알현을 받는 의식이다. '조의'朝儀의식과 같다.
황제수군신하의 皇帝受群臣賀儀	황제가 군신의 하례를 받는 의식이다. '조의'의식과 같다.

〈표1-3〉 『대명집례』 「가례」嘉禮 혼례婚禮 조항에서 '천자납후'天子納后의 의식 절차

도12 **십이룡구봉관**十二龍九鳳冠 명 대明代, 북경 정릉박물관定陵博物館 소장.

게 된다. 물론 이외에도 혼례의 전 과정 동안, 황후의 예복과 머리장식을 비롯하여 황금과 비단의 예물들과 곡식과 술, 음식 등을 함께 보낸다.도13

봉영奉迎의식에서 보이듯이, 황후의 행차에는 황후의 신분을 나타내는 도장인 보寶와 황후의 책봉 사실을 금에 새긴 책册을 실은 채여綵輿를 비롯하여 제서를 실은 채여, 황후가 타는 수레, 그리고 이를 호위하는 화려한 의장들과 호위군사 및 도종導從하는 관리 등으로 구성된 황후노부皇后鹵簿의 행렬로서 성대하고 화려한 위의를 갖추었다.도14

봉영에 따라 궁으로 늘어온 황후가 왕세와 함께 의생고기를 나누어 먹고 근巹을 상징하는 술잔으로 술을 나누어 마시는 동뢰, 합

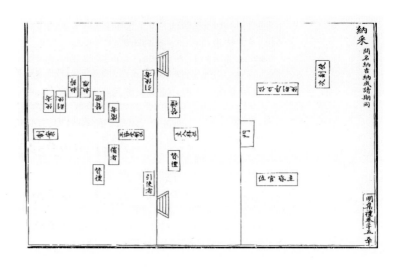

도13 『대명집례』 '천자납후'의 납채
(문명, 납길, 납징, 청기) 배치도

도14 명 황실의 보寶인 장성황태후
보장聖皇太后寶와 인면印面

근솔의 의식을 한 후에 황후가 황제에게 감사의 표문을 올리는
의식은 전통적인 사혼례에서는 볼 수 없는 의식이다. 황제와 황후
가 군신들과 내외명부의 하례를 받음으로써 축하의식을 행하였지
만, 역시 화려한 의장에 악대를 갖추었어도 악기를 진열만 하고 연
주하지 않음으로써 고례古禮가 지닌 '혼례불하'昏禮不賀의 숙연한 뜻
을 상징적으로나마 유지하고자 하였음을 볼 수 있다.도15

　『대명집례』 이후에 편찬된 『대명회전』「예부」의 '천자납후' 의주
는 전체적인 의식 절차에서 다소 변화를 보인다. 먼저 혼례 전에
관리를 보내어 천지와 종묘에 아뢰고, 황제가 임헌에서 육례를 담
당할 사자를 임명한 뒤에, 납채와 문명을 같은 날 함께 거행하고,
납길과 납징과 고기告期를 같은 날 함께 거행한다. 황후를 책봉하고
봉영하는 '발책봉영'發冊奉迎을 거행하여 황후가 궁에 들어오면, 황
제와 황후가 함께 조상을 모신 묘당을 먼저 알현하는 '묘현'廟見의
의식을 행한 직후에 합근의 예를 행한다. 그 이튿날 황제와 황후가
함께 단수腶脩(말린 고기)를 갖추고 태후를 뵙는 '조현양궁'朝見兩宮의
의식을 한다. 황후가 입궁한 지 3일째 되는 날에는 황제와 황후가
태후를 뵙고 8배(八拜)의 예를 행하고 다시 황후가 황제에게 8배의
예를 행하여 감사를 표시하는 '사은'謝恩의 예를 행한다. 4일째는

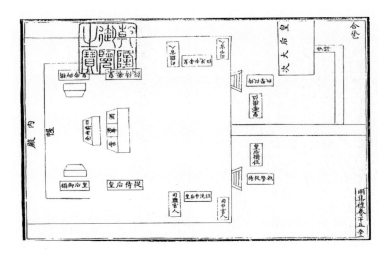

황제가 문무백관과 친속의 하례를 받고 황후가 친속과 내외명부의
하례를 받는 '수하'受賀의 의식을 거행하고, 5일째 되는 새벽에는
황후가 태후에게 음식을 올리는 '관궤'盥饋의 예를 행한다. 즉, 『대
명회전』의 황제 혼례는 납채와 문명을 하루에, 다시 납길·납징·고
기를 하루에 거행하여 봉영 전의 의식을 간소화 하였고, 종묘에서
조상을 뵙는 의식을 동뢰·합근의 의식 전으로 앞당겨 거행함으로
써 혼례식 이후에 거행하던 알묘의식의 전통을 따르지 않고, 황후
가 궁에 들어오자마자 조상을 뵙는 것으로 의미가 바뀌었다. 황후
가 황제에게 감사를 올리던 초기의 표사表謝의식은 황제와 황후가
함께 태후에게 감사를 올리고 황후가 다시 황제에게 감사를 올리는
'사은'의 의식으로 바뀌었는데, 단순히 황후가 태후와 황제에게 예
를 올리는 것만이 아니라 황제와 황후가 나란히 조상과 부모를 뵙
고 감사의 예를 올리는 절차를 덧붙인 것으로서 명대 왕실 혼례의
특징이라고 할 것이다.

전통시대의 혼례식을 오늘날과 비교해볼 때 의식과 절차에 큰 비중을 두었음은 왕실 자료를 통해서도 명확하게 확인

할 수 있는데, 납채·납징·고기·책비·친영·동뢰는 육례라 하여 왕실 혼례식의 기본이 되었다. 가례도감의궤에는 육

례의 의식 중에서도 국왕이 왕비를 모셔오는 친영의 장면을 그린 반차도를 말미에 포함시켜, 혼례식에 참여한 사람

들의 모습이나 사용된 복식과 의장기儀仗旗 등을 통하여 당시의 상황을 입체적이고 생동감 있게 접할 수 있도록 하

였다. 반차도의 체계적인 분석은 조선 왕실 혼례을 이해하는 데 큰 도움을 준다.

제 **2** 부

왕실 혼례식의 구성 요소

1 금혼령과 간택

금혼령과
처녀단자 납입

왕실 혼례가 있을 때는 민간의 혼사를 금하였는데 이를 금혼령禁婚令이라 한다. 모든 백성이 금혼령의 대상이 된 것은 아니었고, 처녀 신고를 해야 하는 범위에 포함된 사대부나 왕실의 성씨, 이성친異姓親 등이 해당되었다. 예조에서 각 도에 금혼령 발포發布를 명하고, 허혼許婚의 범위와 처녀단자處女單子를 받아들이는 기한을 정하였다. 왕실에서 금혼령을 발포한 후, 후보자 자격이 되는 처녀들을 대상으로 처녀단자를 올리게 하였다.

처녀단자를 제출하는 후보자 자격은 이씨 외의 사대부 딸, 대왕대비와 같은 성의 6촌친 이상, 왕대비와 동성同姓의 8촌친 이상 및 이성異姓 7촌 이상, 왕의 이성 종친으로부터 10촌 이상, 양친이 다 생존해 있는 처자, 9~12세 사이 등이었다. 처녀단자에는 첫 줄에 '모도모읍'某道某邑, 둘째 줄에 처녀의 성명과 생년월일시 및 4조祖의 이름을, 셋째 줄에는 중국 연호와 월·일을 쓰고 그 아래에 부친의 이름을 쓰고 서명했다. 처녀단자는 대개 25~30명이 제출하는 정도였다고 한다. 자격 밖의 처자는 처녀단자를 제출할 수 없었지만, 금혼령이 풀릴 때까지 혼인은 금지되었다. 다만 부모가 병중에

있는 경우와 같이 일부 예외가 있었다. 『경국대전』에는 이에 대한
구체적인 규정이 기록되어 있다.

처녀단자가 올라오면 왕실에서는 왕비를 선택하는 간택을 하였
다. 처녀단자를 올릴 필요가 없는 규수는 종실의 딸, 이씨의 딸, 과
부의 딸, 첩의 딸 등에 한정되었으나, 실제 처녀단자를 올리는 응
모자는 25~30명 정도에 불과했다. 왜냐하면 간택은 형식상의 절
차였을 뿐 실제로는 규수가 내정된 경우가 대부분이었고, 간택에
참여하는 데 큰 부담이 따랐기 때문이었다. 간택의 대상이 된 규수
는 의복이나 가마를 갖추어야 하는 등 간택 준비 비용이 만만치 않
았을 뿐만 아니라, 설혹 왕실의 부인으로 간택이 되더라도 정치적
으로 상당한 부담이 따랐기 때문에 이를 기피하는 경향이 컸다.

왕실의 혼사에는 대개 3차례의 간택이 실시되었다. 초간택에서
는 6명, 재간택에서는 3명, 삼간택에서는 1명의 후보를 선발하였
다. 왕세자빈이나 왕비의 간택에서는 가문, 부덕婦德, 용모 등이 중
시되었다.[도1]

『영조실록』에는 '아조我朝에 와서 간택한 것이 어느 세대에서 시
작되었는지는 알지 못하겠으나 비무ㅎ고 또 불경小敬이여 딘지 8
모의 예쁘고 누추함과 언어의 조용하고 우아함으로써 취한다'고 한

69

1_ 『영조실록』 영조 35년 6월 4
일.

기록[1]이 나타나는데, 당시 용모와 언어가 간택의 주요한 기준이었
던 세태를 풍자한 내용으로 볼 수 있다.

『한중록』에 기록된 간택

사도세자思悼世子(1735~1762)의 부인이며 정
조의 생모인 혜경궁惠慶宮 홍씨洪氏(1735~
1815)의 저작 『한중록』閑中錄에는 간택에 임한 세자빈의 구체적인 모
습이 기록되어 있어서 초간택, 재간택, 삼간택에 이르는 간택의 생
생한 모습들을 알 수 있다.[2] 도2

2_ 이하 혜경궁 홍씨의 간택에 관
한 내용은 『한중록』 번역본(이선
형 옮김, 서해문집, 2003)과 『혜경
궁 홍씨와 왕실 사람들』(정은임,
채륜, 2010)의 내용을 주로 참조하
였다.

구월 이십팔 일 초간택이 되니 선대왕께서 못난 재질을 과히 칭찬하셔
각별 어여삐 여기시고, 정성왕후貞聖王后(1692~1757)께서 가지런히 보
시고 선희궁께서 간선揀選하는 보계에 오르지 않으셔서 먼저 불러 보시고
화기 만안滿顔하여 사랑하오시고, 궁인들이 다투어 안거늘 내 심히 괴
로워하였더니 사물賜物을 내리오시니, 선희궁께서와 화평옹주께서 내
행례行禮하는 거동을 보시고 예모禮貌를 가르치시거늘 그대로 하고 나
와 선비先妣(어머니) 품에서 자더니, 조조早朝에 선인이 들어오셔서 선
비께 "이 아이 수망에 들었으니 이 어찐 일인고" 하오시고 근심하시니,
선비 하시되 "한미寒微한 선비의 자식이니 들이지 말았더면" 하시고 양
위兩位 근심하시는 말씀을 잠결에 듣고 자다가 깨어 마음이 동하여 자
리에서 많이 울고, 궁중이 사랑하던 일이 생각이 나 놀라와 즐기지 아
니하니 부모 도리어 위로하시고, "아이가 무슨 일을 알리" 하시나, 내
초간택 후로 심히 슬퍼하기를 과히 하였으니 궁중에 들어와 억만창상
을 겪으려 마음이 스스로 그러하던가, 일변 고이하고 일변 인사가 흐리
지 아니한 듯하더라. 간택 후, 일가가 찾는 이도 많고 문하 하인 절적
絶跡하였던 것도 오는 이 많으니 인정과 세태를 가히 볼지라.

혜경궁은 초간택 때 영조와 정성왕후, 선희궁宣禧宮(세자의 생모)
이 다른 처자들과는 달리 특별히 사랑하고 궁인들도 괴로울 정도로

서로 안으려 한 것을 보고 이미 자신이 내정되어 있었음을 짐작하고 있다.

초간택 후에는 찾아오는 사람들이 많았다. 할아버지 상사 후 아버지가 벼슬길에 나가지 못하자 발걸음이 뜸하던 사람들까지 찾아오는 것을 보고 약삭빠른 세상 인심을 볼 수 있었다고 한다. 초간택 다음 날 『영조실록』에는 '왕이 몸소 세자빈을 간택하고 홍봉한洪鳳漢(1713~1778)·최경흥崔景興·윤현동尹顯東·정준일鄭俊一(1688~?)의 딸 등 8명의 처자를 재간택에 들게 하였다'[3]는 기록이 있다.

재간택 날은 초간택이 있은 지 한 달 후인 10월 28일이었다. 일반적으로 재간택은 초간택에서 뽑힌 5~7명의 처자들을 약 한 달 후에 다시 입궁시켜 초간택과 같은 절차로 선을 본다. 초간택 때와는 달리 치장도 많이 하고, 옷 색깔은 초간택과 같지만 옷감은 규제가 없어 중국 비단으로 지은 옷도 입을 수 있었다. 저고리 위에는 초록 곁마기(겨드랑이 아래를 막은 옷이라 하여 붙여진 이름으로, 조선 부녀자들의 외출복)를 입었다. 재간택에서 보통 세 사람을 뽑지만 적임자가 내정되어 귀가할 때에는 육인교六人轎(6명이 메는 가마)를 타고 50명의 호송을 받으며 귀가했다.

3_『영조실록』 영조 19년 9월 29일.

십월 이십팔 일 재간택이 되니 내 심사 자연 놀랍고 부모 근심하셔 들

여보내시며 요행 빠지기를 죄여 보내시더니 궁중에 들어오니 궐내서는
완정完定하여 계시던 양하여 의막을 가죽이 하고 대접하는 도리가 다르
시니 더욱 심사 당황하더니, 어전御前에 올라가매 다른 처자와 같게 아
니 하사 염내로 들어오셔 선대왕이 어루만져 사랑하시고, "내 아름다운
며느리를 얻었도다. 네 조부를 생각하노라" 하시고, "네 아비를 내 보
고 사람 얻은 줄을 기꺼하였더니 네 아모의 딸이로다" 하오시며 기꺼
하오시고 ……

인용문에서 보듯이 법도에 의하면 8명의 후보 중에서 아직 한
차례 더 간택 절차가 남았음에도 임금이 직접 "아름다운 며느리를
얻었다"라고 말한 것에서 이미 내정되어 있음을 알 게 한다. 이날
『영조실록』에는 '홍봉한·최경흥·정준일의 딸을 삼간택에 들게 하
고, 나머지는 모두 혼인을 허락하도록 명하였다'[4]라고 기록되었다.
이 기록에서 재간택에서는 대체로 3명을 뽑았으며 재간택 후에는
전국에 내려졌던 금혼령이 해제되는 궁중 풍속을 확인할 수 있다.

4_ 『영조실록』 영조 19년 10월 28
일.

제諸 옹주네 손잡아 귀여워하고, 즉시 내보내지 아니하고 경춘전景春殿
이라 하는 집에 머무르고 위의를 차리러 갔던지 오래 머무니, 낮것을
보내오시고 내인內人이 곁막이를 벗겨 척수尺數(치수를 잼)를 하려 하거
늘 내 벗지 아니하니, 그 내인이 달래어 벗겨 척수를 하니 심사가 경황
驚惶하여 눈물이 나되 참고 가마에 들어 울고 나오니, 가마를 액예掖隸
(주인을 모시는 하인)들이 붙들어 내니 그 놀랍기 비할 곳이 없고 길에서
글월 비자婢子(글을 전달하는 심부름을 하는 여자 종)가 흑단장하고 섰으
니 놀랍기 비할 데 업더라. 집에 오니 가마를 사랑문으로 들이고 선인
이 발을 드시는데 도포를 입으시고 붙들어 내오시며 축적불안 하오시
고 내 부모를 붙들어 눈물이 절로 흐름을 금치 못하는지라. 선비께서
복색을 고치시고 상에 붉은 보를 펴고 중궁전(영조의 비인 정성왕후를 말
함) 글월을 사배四拜하고 받으시고, 선희궁宣禧宮(사도세자의 생모인 영빈

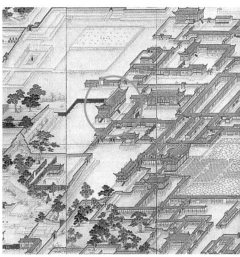

이씨) 글월은 재배再拜하여 받으시고 공구恐懼하심이 측량없으시더라.

도3, 도4

인용문의 여러 옹주(제 옹주)는 영조의 딸들을 말한다. 영조는 정비 소생의 자녀가 없었으므로 공주는 없고, 정빈 이씨, 영빈 이씨, 귀인 조씨, 숙의 문씨 등 4명의 후궁과의 사이에서 12명의 옹주를 출산하였다. 이들 중 어려서 5명이 죽고 7명만 성장했다. 그중 화령옹주(11녀)는 영조 29년(1753)에, 화길옹주(12녀)는 영조 30년(1754)에 태어났으니 혜경궁의 재간택 당시에는 5명의 옹주(화순, 화평, 화협, 화완, 화유)가 있었다. 화순, 화평, 화협옹주는 손위고 화완과 화유는 손아래 시누이었다.

간택 당시 궁궐에서 간단한 점심식사로 낮것을 먹었다고 회고한다. 낮것(낮것)은 점심點心을 말하며 일반적으로 마음에 점을 찍을 정도로 가벼운 음식인 옹이, 미음, 죽 등 유동식이나 간단한 다과상을 말한다. 왕가의 친척이나 손님들이 점심시간에 방문할 때는 국수장국이나 다과상으로 한다. 면상麵床은 너러 냉파큐와 생괴, 면류, 찬물饌物을 함께 차린다. 주식으로는 밥이 아니라 온면, 냉면

73

또는 떡국이나, 만두 중 한 가지로 한다. 찬물로는 편육, 회, 전유
화, 신선로 등이 오른다. 면상에는 반상飯床에 오르는 찬물의 장과,
젓갈, 마른 찬, 조리개 등은 놓이지 않으며, 김치는 국물이 많은 나
박김치, 장김치, 동치미 등을 놓는다. 인용문으로는 점심으로 나온
음식의 종류를 정확하게 알 수 없어도 혜경궁이 오랫동안 궁궐에
머물렀음을 알 수 있다.도5

또한 옷의 치수를 재기 위하여 곁마기를 벗기려 하자 벗지 않겠
다고 하니 나인(내인)이 달래어 벗고 척수를 재었다. 저고리보다 길
고 품이 넓었으므로 정확한 치수를 재기 위해서는 벗어야만 했다.
그러나 양반가의 처자가 함부로 옷을 벗지 않으려 한 것이나 눈물
이 나는 것을 참았다가 가마에서 몰래 울었다는 것으로 보면, 요즈
음 초등학교 2학년인 9세의 어린 소녀의 모습이 아니었다.

삼간택은 재간택을 치른 지 보름 후인 11월 13일이었다. 삼간택
은 재간택에서 내정된 처자에 대하여 재삼 확인하는 절차다. 복장
은 재간택 때와 같이 성적을 하고 귀걸이도 한다. 옷도 재간택 때
의 곁마기보다 한 단계 높은 예복인 소례복小禮服 차림인 초록 당의
에 중간 크기의 노리개 석줄(中三作)을 차고 족두리를 쓴다. 삼간택

에서는 왕이 이름을 지적하여 영의정을 통하여 공시한다. 삼간택에
서 최후로 뽑힌 처자에게는 다른 후보자들이 큰 절을 하며 왕비 또
는 세자빈의 대우를 받는다. 후보자는 집으로 가지 않고 궁궐 가까
운 곳에 있는 별궁에 머물면서 혼례 일까지 궁중법도를 익힌다. 재
간택 후부터 부모님과 집안 어른들까지 공경하여 마음이 불안하였
고 궁녀들과 친척들의 방문 등으로 정신없이 보름을 보냈을 것이
다. 이제 내일이면 영원히 집을 떠나는 전날 밤의 정경을 아래와
같이 회고했다.도6

삼간이 십일 월 십삼 일이니 남은 날이 점점 적으니 갑갑히 슬프고 서
러워 밤이면 선비 품에서 자고, 두 고모와 중모仲母(숙모)께서 어루만져
떠나기를 슬퍼하시고 부모께서 주야에 어루만져 어여삐 하오시고 불쌍
히 여기오셔 여러 날 잠을 못 자오시니 이제라도 생각하면 흥금이 막
히더라. …… 날수가 흘러 삼간 날이 되니 고모네께서 "집이나 다 두루
살펴라" 하셔 십이 일 밤에 데리고 다니시니, 월색이 명랑하고 눈 위에
바람이 찬데 손을 이끌고 다니니 눈물이 흐르너라.

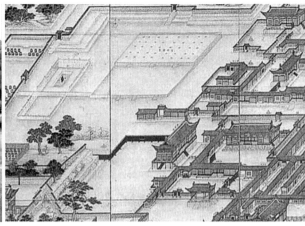

삼간택 날, 전날 밤에 여러 감회가 교차되어 늦도록 잠을 이루지 못하였는데도 이른 아침부터 입궐하라는 재촉을 받으면서 준비하던 때를 환갑이 되어서 아래와 같이 회고한다.

방에 들어와 견디어 잠을 이루지 못하고 이튿날 일찍부터 "입궐하라" 재촉하니 궐내에서 삼간택에 맞춰 나온 의복을 입으니라. 원족 부녀(먼 친척이 되는 부녀자)들이 그날 와 하직하고 가까운 친척은 별궁으로 간다 하고 모였더니 사당에 올라 하직할 새 고유다례를 지내고 축문을 읽으니 선인께서는 눈물을 참사오시고 모두 차마 떠나기 어려워하던 정경이야 어찌 다 이르리오. …… 궐내 들어와 경춘전에 쉬어 통명전通明殿에 올라가 삼전三殿(영조와 중전인 정성왕후, 대비인 인원왕후를 가리킴)께 뵈오니 인원왕후仁元王后(1687~1757)께오서 처음으로 감하오시고, "아름답고 극진하니 나라의 복이라." 하오시고, 선대왕께서 어루만져 과애過愛하오시고, "슬기로운 며느리니 내 잘 가리었노라." 하오시고, 정성왕후께서 기꺼하오심과 선희궁께오서 극진히 자애하오심이 이를 것이 없으니, 아이 적 마음이나 감은感恩하여 우러러보는 마음이 스스로 나는지라.도7, 도8

궁궐에 들어와 창경궁 경춘전에서 잠시 휴식한 후에 통명전에서 삼전을 뵙는다. 통명전은 왕비의 침전으로 임금이 임시로 거처하는 곳인 시어소時御所이기도 하여 창경궁에서 가장 중요한 건물이다. 이곳에서 초간택과 재간택 때에도 뵙지 못했던 인원왕후(대왕대비)를 처음 뵙는다. 인원왕후는 숙종 때 장희빈張禧嬪(1659~1701)의 저주로 인현왕후仁顯王后(1667~1701, 숙종의 계비)가 승하한 후로 왕비로 입궁한 숙종의 제2 계비로 영조에게는 법적으로 어머니가 된다. 왕의 어머니가 대왕대비인 것은 아버지 숙종(19대)을 이은 이복형 경종(20대, 장희빈 소생)이 자식이 없어

동생이 왕이 되었기 때문이다. 그때 대왕대비를 뵈었을 때를 혜경궁은 '보다'의 궁중어인 '감하다'(鑑)라고 표현하였다. 인원왕후도 "아름답고 극진하니 나라의 복이다"라고 덕담을 한다. 궁궐 사람들은 일상의 언어에서도 궁중 밖의 사람들과는 다르게 품위 있는 언어를 사용하였음을 알 수 있다. 『영조실록』에도 "세자빈의 삼간택에 예禮를 거행하여 세마洗馬 홍봉한의 딸이 간택되었다"고 기록하고 있다.[5]도9

5_ 『영조실록』 영조 19년 11월 13일.

王室婚禮

2 별궁의 활용

별궁에서의
왕비 수업

왕실의 친영의식에서 꼭 필요했던 공간은
별궁이었다. 별궁은 미리 왕비 수업을 하고
국왕이 왕비의 사가私家에 직접 가는 불편을 없애기 위하여 만든
제도적 장치였다. 왕비가 될 규수가 왕실의 법도를 익히는 첫 장소
가 된 곳이 바로 별궁이었던 것이다. 별궁의 제도는 삼간택에서 뽑
힌 예비 왕비를 미리 이곳에 모셔 놓고 왕비가 된 후에 지켜야 할
궁중 법도를 익히게 하는 한편, 가례의식이 거행되는 순서와 행사
를 미리 준비하기 위해 만들어졌다. 그리고 별궁에서 친영의 의식
을 치름으로써 왕실의 위엄과 권위를 살리고 사가에서 국왕을 맞이
하는 데 따르는 부담을 줄일 수 있게 하였다. 별궁은 대궐과 사가
를 연결해 주는 완충적인 성격을 띤 공간이었다. 국혼을 앞두고 앞
으로 육례의 절차를 치르기에 사가의 규모는 대궐과 비교할 때 큰
격차가 있다. 또 혼인날 왕이나 왕세자가 와서 초례를 치러야 하는
데 사가까지 올 수는 없기 때문이었다.

왕비 혹은 세자빈은 삼간택이 끝난 뒤 가례 날까지 별궁에 머물
면서 장래 국모로서의 교양과 수련을 쌓았다. 별궁은 일명 '부인
궁'夫人宮이라고 하였는데 아직 책봉을 받지 않았으니 왕비 혹은 빈

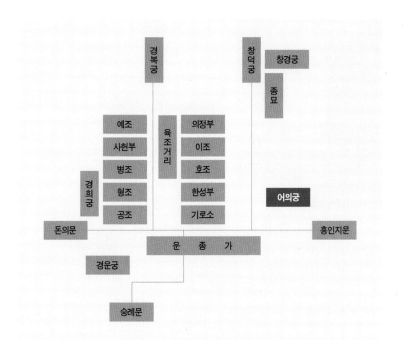

궁嬪宮이라 할 수 없고 그렇다고 처자라고도 할 수 없으므로 별궁 체류 기간의 명칭은 공적으로 '부인'이라 칭하였던 것이다.

삼간택을 통하여 선발된 처녀는 집으로 돌아가지 않고 바로 별 궁으로 들어가서 왕비로서 갖추어야 할 여러 덕목들을 교육받았다. 삼간택의 선발 자체는 왕비로서 대우를 받는 첫걸음이었다. 별궁은 왕비의 예비 교육 장소로 활용되면서 앞으로 닥쳐올 궁중생활을 미리 대비하는 기능을 하였다.

별궁의 위치　　　　　예비 신부가 왕비 수업을 미리 교육받는 공 간인 별궁은 조선 후기에 이르러 몇 차례 장소의 변화가 있었다. 현재 전하는 가례도감의궤嘉禮都監儀軌에 나 타난 별궁은 태평관太平館, 어의궁於義宮, 운현궁雲峴宮의 세 곳이었 다. 소현세자의 가례 시에 태평관이 별궁으로 사용된 것과 고종의 가례 시에 대원군의 잠저였던 운현궁이 별궁으로 사용된 것을 제외

하면 조선 후기 별궁의 대표적 장소로 활용된 곳은 어의궁(지금의 종로구 연지동 기독교회관 부근)이었다.도10

태평관은 원래 중국 사신을 접대했던 곳이다. 1490년 명나라 사신으로 온 동월董越이라는 사람은 조선에서 자신이 견문한 내용을 『조선부』朝鮮賦라는 책으로 남기면서 '태평관이란 것이 있으니 가운데는 전殿이며, 앞에는 문이 있고 뒤에는 다락이 있으며, 동쪽과 서쪽에 행랑이 있어 중국 사신을 접대하는 곳이다'라고 하여 태평관을 본 정황을 기록하였다. 태평관은 숭례문 안 황화방皇華坊에 위치해 있었으며 모화관慕華館(중국)·동평관東平館(일본)·북평관北平館(여진) 등과 함께 외국 사신을 접대하는 장소였다. 태평관이 잠시나마 가례 시 친영의식의 장소로 활용된 것은 원래부터 의전 행사용으로 사용된 곳이어서 왕실의 의식을 행하기에 편리했기 때문이었을 것이다.도11

어의궁은 일명 상어의궁上於義宮이라고도 한다. 인조가 반정으로 왕위에 오르기 전에 머물던 사저이다. 19세기에 유본예柳本藝(1777~1842)가 쓴 『한경지략』漢京識略에는 어의궁이 중부의 경행방慶幸坊에 있었는데, 이곳에 잠룡이라는 연못이 있었다고 기록하였다. 어의궁은 인조의 둘째아들인 봉림대군鳳林大君 즉 효종이 탄생한 곳이기도 한데, 효종은 거처를 지금의 종로구 효제동으로 옮기면서 이곳과 구분하여 하어의궁이라 부르기도 했다고 한다. 조선 후기 가례에서 어의궁이 별궁으로 활용되었음은 『한경지략』의 기록에서도 나타나는데, 어의궁이 처음 별궁으로 쓰이기 시작한 것은 인조가 장렬왕후莊烈王后(1624~1688)를 왕비로 맞이할 때부터였다고 한다. 이러한 관행이 이어져 정순왕후貞純王后(1745~1805)도 바로 이곳 어의궁에서 국왕 영조를 맞이할 만반의 채비를 갖추고 있었던 것이다. 어의

궁의 위치는 현재의 연지동 기독교회관 부근으로 추정되나 원래의
모습은 전혀 남아 있지 않다.

운현궁은 흥선대원군의 사제私第로 고종은 이곳에서 출생하여
12살까지 성장하였다. 대원군은 이곳에서 서원 철폐, 경복궁 중건,
세제 개혁 등 많은 개혁사업을 추진하였으며, 1882년의 임오군란
때는 여기에서 청나라 톈진으로 납치되었다. 원래는 궁궐에 견줄
만큼 크고 웅장하였다고 하나, 궁의 일부에 덕성여자대학교와 TBC
방송국이 들어섰다가 헐려나가는 등의 변화를 겪으면서 현재 남아
있는 건물은 원래의 모습과는 많은 차이가 있다. 고종이 어린 시절
즐겨 놀았다는 운현궁의 안쪽 마당에는 노송이 남아 있어, 세월의
흐름을 실감나게 한다. 운현궁은 현재에도 남아 있는 건물로 공휴
일에는 조선시대 왕실의 가례를 재현하기도 한다.

고종의 가례 시에 왕실 최고 어른이었던 조대비는 별궁으로 운
현궁을 지정했는데, 이는 운현궁이 대원군의 잠저로서 고종이 어린
시절 이곳에서 보낸 연고를 크게 고려했을 것이다. 1866년 3월 1일
15세의 고종은 16세의 처녀 명성황후明成皇后(1851~1895)를 운현궁
의 노락당老樂堂에서 맞아들였다.도12

순종의 혼례식에서 별궁으로 활용된 곳은 안국동 별궁이었다.
안국동 별궁은 고종이 왕실의 혼례식을 위해 건립했고 현재의 풍문
여고 자리에 위치해 있었다. 안국동 별궁은 1936년 민간에 매각되
어 풍문여고 교사와 한양컨트리클럽 휴게실로 사용되었다. 2007년
한양컨트리클럽은 안국동 별궁의 온전한 보존을 위해 별궁 건물을
문화재청에 기증했고, 2009년 11월 25일 문화재청은 별궁 건물을
충남 부여에 있는 한국전통문화학교의 구내로 옮겼다.도13

3 육례의 절차

왕실 혼례식의 주요 구성으로는 왕비의 간택을 비롯하여, 납채·납징·고기·책비·친영·동뢰연·조현례 등을 들 수 있다. 의궤 등의 기록에는 위에서 언급한 혼인의 주요 절차와 행사를 비롯하여, 혼인에 필요한 각종 물품의 재료와 수량, 물품 제작에 참여한 장인들의 명단, 행사와 관련하여 각 부서 간에 교환한 공문서 등이 낱낱이 기록되어 있다. 체계적으로 정리된 기록이라는 점에서 가례도감의궤는 조선시대 의궤 연구의 핵심이라 할 만하다.

전통시대의 혼례식을 오늘날과 비교해볼 때 의식과 절차에 큰 비중을 두었음은 왕실 자료를 통해서도 명확하게 확인할 수 있는데, 납채·납징·고기·책비·친영·동뢰는 육례라 하여 왕실 혼례식의 기본이 되었다. 가례도감의궤에는 육례의 의식 중에서도 국왕이 왕비를 모셔오는 친영의 장면을 그린 반차도를 말미에 포함시켜, 혼례식에 참여한 사람들의 모습이나 사용된 복식과 의장기儀仗旗 등을 통하여 당시의 상황을 입체적이고 생동감 있게 접할 수 있도록 하였다. 반차도의 체계적인 분석은 조선 왕실 혼례식을 이해하는 데 큰 도움을 준다.

조선 전기의 의례를 완성하여 기록한 『국조오례의』의 가례에는

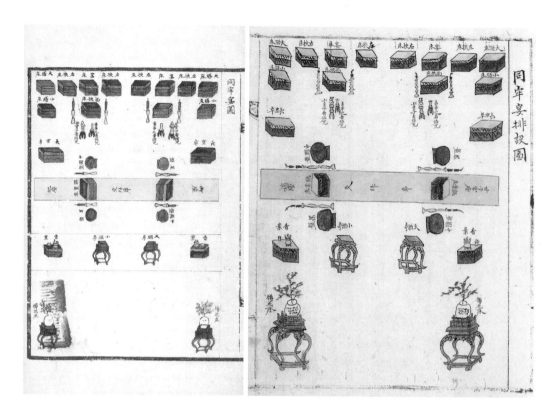

도14 『순조순원왕후가례도감의궤』에 수록된 동뢰연도 서울대학교 규장각 한국학연구원 소장.

도15 『순종순명황후가례도감의궤』에 수록된 동뢰연배설도 한국학중앙연구원 장서각 소장.

왕실 혼인의 절차에 대해, 크게 왕의 경우와 왕자의 경우를 구분하여 기록하고 있다. 먼저 왕비를 맞이하는 납비의納妃儀인 경우에는 청혼을 하는 납채, 혼인이 이루어진 징표로 예물을 보내는 의식인 납징, 길일을 선택하는 고기, 왕비를 책봉하는 의식인 책비, 사자를 보내 왕비를 맞아들이는 봉영奉迎, 혼인 후에 함께 술잔을 나누고 잔치를 베푸는 의식인 동뢰同牢의 여섯 가지 의식이 있었다. 도14, 도15 왕세자빈을 맞이하는 납빈의納嬪儀인 경우에는 봉영 대신에 왕세자가 친히 왕세자빈을 맞이하러 가는 친영의 의식이 기록되어 있는 점이 납비의와 차이가 있었다. 그러나 현존하는 가례도감의궤에는 왕과 왕세자의 가례인 경우 모두 납채, 납징, 고기, 책비, 친영, 동뢰의 의식이 규정되어 『국조오례의』의 납비의 규정과는 일정한 차이를 보이고 있다. 이것은 조선 중기 이후 『주자가례』에 준한 의식이 정착되면서 왕의 혼인에서도 '친영'의 의식이 실제로 행해지고 있던 상황을 반영하고 있다.

다시 한 번 정리하면 조선시대 왕실 혼인에서 준수된 여섯 가지 예법 즉 육례는 국왕이 혼인을 청하는 의식인 납채, 성혼의 징표로 예물을 보내는 납징(납폐), 책비와 친영의 날짜를 잡는 고기, 왕비로 책봉하는 의식인 책비, 국왕이 별궁으로 가서 신부를 모셔오는 의식인 친영, 국왕과 왕비가 함께 궁궐에서 잔치를 베푸는 의식인 동뢰였다.

친영은 이 육례 중에서도 최고의 행사로 오늘날 예식장에서 행해지는 결혼식에 해당한다. 가례도감의궤의 의주질儀註秩은 각 의식마다 요구되는 내용을 모아둔 것이다. 따라서 의주질에 기록된 내용은 왕실 혼례의 구체적인 의식 절차를 복원하는 데 중요한 자료가 된다. 의주질에 의거하여 육례의 주요한 절차를 살펴보면 다음과 같다.

육례의 첫번째 절차인 납채 때 왕비 집에서 납채를 받는 의식은 왕이 교문敎文을 내리고 이에 답문答文을 올리는 것으로 요약된다.

교문敎文

모관 아무에게 교시한다. 왕은 이렇게 이르셨다. 천지가 열리면서 인류가 생겨났고, 이에 부부에게 미쳐 사직과 종묘를 받들도록 하였다. 경상에게 의논하니 모두 합당하다 이르므로, 옛 법도를 따라 이제 모관某官 모某와 모관 모로 하여금 예를 갖추어 납채를 하게 하였다. 이를 교시하니 잘 알리라 여긴다. 모년某年 월 일

답문答文

모관 신 모는 머리를 조아려 삼가 상언합니다. 삼가 시행눈딕 형모희얼 장의홍륜…… 하신 주상 전하께서 아름다운 명으로 혼처를 찾으심에

도16 「순조순원왕후가례도감의궤」 친영 반차도 중 왕의 가마

도17 「순조순원왕후가례도감의궤」 친영 반차도 중 왕비의 가마

변변치 못한 가문이 대상에 들어 신의 딸이 간택이 되었습니다. 제대로 교육도 받지 못한 처지에 삼가 옛 법도를 따라 엄숙히 전교를 받들었으므로 신은 감격하여 몸 둘 바를 모르겠습니다. 삼가 전문을 받들어 아룁니다. 모년某年 월 일 모관 신 아무개는 삼가 아룁니다.

납징과 고기의 교문과 답문도 형식이 같았다. 이어 의궤에 의거하여 육례 중에서 가장 비중이 컸던 친영의식의 구체적인 과정을 살펴보면 다음과 같다.도16, 도17

- 하루 전에 전설사典設司는 전하의 큰 막차幕次를 왕비의 집 내문內門 밖에 설치하고 또 작은 막차를 내문 안에 설치하는데 모두 길 동쪽에 남쪽을 향하게 한다. 근시近侍 및 시위侍衛를 담당하는 막차는 중문 밖에 설치한다.
- 찬자贊者는 미리 전안상奠雁床을 정청正廳 북벽에 남향하여 설치하고, 욕석褥席을 전안상 앞에 북향하여 설치한다.
- 그날 전하는 면복冕服을 갖추고 연輦을 타고 홍화문 밖으로 나오는데 장축자掌畜者가 기러기를 잡고 말을 타고 앞서간다.
- 어가御駕가 왕비의 집 대문 밖에 이르면 주인主人은 조복朝服을 입고 나와 길 왼쪽에 서서 국궁鞠躬하고 지영祗迎(공손히 맞아들임)한다.
- 어가가 대문 밖에 이르면 좌통례左通禮[6]는 꿇어앉아 '규圭[7]를 놓으십시오'(釋圭) 하고 청하고, 전하는 규를 내려놓는다. 근시近侍가 꿇어앉아 규를 받는다.
- 좌통례가 꿇어앉아 '연에서 내려 여에 오르십시오'(降輦乘輿) 하고 청하면, 전하는 연에서 내려 여에 탄 후 좌통례·우통례가 인도를 받아 큰 막차로 들어간다.
- 예를 행할 때에 이르면 좌통례가 큰 막차 앞에 이르러 무릎을 꿇고 '나가십시오' 하고 청하고, 전하는 막차를 나간다.
- 좌통례가 꿇어앉아 '규를 잡으십시오' 하고 청하면, 근시가 무릎을

6_ 통례원의 정3품 당상관으로, 의식의 진행 및 의식에서 왕이 행하게 될 의례를 왕에게 직접 전달하는 일을 담당한다. 왕은 좌통례의 인도에 따라 장소를 이동하거나 의식에서 구체적인 행동을 한다.

7_ 규는 왕실의 주요 의식 때 왕·왕비·왕세자·왕세자빈 등이 손에 쥐는 서옥瑞玉으로, 의식이 진행됨을 상징적으로 보여주는 물건이다. 위는 뾰족한 아래는 네모지게 만든 길쭉한 판으로서 왕과 왕세자는 청옥靑玉, 왕비와 왕세자빈은 백옥으로 하며, 신분에 따라 길이와 넓이를 달리했다. 왕과 왕비는 9촌, 왕세자와 빈은 7촌으로 했으며, 오른손으로 아래를 쥐고 왼손으로는 위를 쥐었다(참조, 『한국복식문화사전』).

끓고 규를 올리고 전하는 규를 잡는다.

- 주인이 전하를 인도하여 들어간다. 장축자는 기러기를 상전尙傳(내시부의 정4품 벼슬, 왕명을 전달하는 역할을 맡았다)에게 주고, 상전은 전해 받아 받들고 내문에 이르러 상궁에게 전해준다. 상궁은 전해 받아 받들고 따라 들어간다.

- 전하는 정면 계단으로 정청에 오른다(여관女官이 산선繖扇을 받들고 계단 아래에 늘어선다).

- 전하가 동쪽 벽 욕위褥位 남쪽 끝에 이른 후, 부무(傅姆)[8]가 왕비를 인도하면 상궁이 앞에서 인도하여 방房을 나와 서쪽 벽 욕위褥位 남쪽 끝에 나아간다.

- 상궁이 부복하고 꿇어앉아 '읍揖하소서' 하고 청하면 왕비가 자리에 나아가고 전하가 읍하고 왕비는 자리에 나아간다.

- 전하와 왕비는 약간 물러나 각자 욕위로 나아간다.

- 주인이 조복을 갖추고 전하의 뒤로 조금 물러나고, 주모主母는 예의를 갖추고 왕비의 뒤로 조금 물러난다.

- 상궁이 기러기를 받들고 무릎을 꿇어 전하의 오른쪽에 바친다.

- 상궁이 부복하고 꿇어앉아 '규를 놓으십시오'라고 청하면 전하는 규를 놓고 여관女官은 꿇어앉아 규를 받는다.

- 상궁은 부복하고 꿇어앉아 '전안례奠雁禮를 행하십시오' 하고 청한다.

- 전하는 기러기를 받아 북벽 안상案上에 올려놓는다.

- 상궁이 부복하고 꿇어앉아 '규를 잡으십시오' 하고 청한다.

- 여관이 꿇어앉아 규를 올리면 전하가 규를 잡는다.

- 주인이 내려와서 계단 아래에 북향하여 선다.

- 상궁이 전하를 인도하여 조금 물러나 남향하여 선다.

- 주인이 사배를 마치면 상궁이 부복하고 꿇어앉아 '예를 마쳤습니다' 라고 아뢴다.

- 상궁이 전하를 인도하여 계단을 내려와 작은 막차로 들어가는데, 여관은 산선繖扇으로 시위한다.

8_ 한자는 '부모'傅姆이나 '부무'로 읽음.

- 주인이 동쪽 계단으로 올라가고, 상궁은 왕비를 인도하여 나가 서쪽 계단에 이르면, 부무가 왼쪽에 서고 보모保姆가 오른쪽에 서며 주모主母는 뒤에 선다.
- 주인이 조금 나아가 서쪽을 향해 경계하기를, '경계하고 공경하여 밤낮으로 시부모의 명을 어기지 마십시오' 한다.
- 주인이 물러나 서쪽을 향하여 서고, 주모가 왕비의 오른쪽에 나아가 띠에 수건을 채워주면서 경계하기를 '힘쓰고 공경하여 밤낮으로 명을 거스르지 마십시오' 한다.
- 왕비가 훈계 듣는 것을 마치면 궁인宮人이 여轝를 올린다.
- 상궁이 부복하고 꿇어앉아 '여에 오르십시오' 하고 청하면 왕비는 여를 타고 내려간다. 시위는 평상시 의식과 같이 한다.
- 내문內門 안에 이르면 상궁이 부복하고 꿇어앉아 '여에서 내리십시오' 하고 청하고 왕비가 여에서 내려 잠시 머무른다.
- 상궁이 부복하고 꿇어앉아 '막차에서 나오십시오' 하고 청하면 전하가 막차에서 나온다.
- 상궁이 부복하고 꿇어앉아 왕비에게 연으로 나아가기를 청하는 읍을 할 것을 청하면, 전하는 읍을 하고 왕비는 연으로 나아간다.
- 주인이 전하를 인도하여 나가 궁으로 돌아오기를 갈 때의 의식과 같이 한다.
- 상궁이 부복하고 꿇어앉아 '연에 오르십시오' 하고 청하면 왕비가 연에 오르고 무姆가 경景을 씌워준다.

9_ 의궤의 주에 의하면 '경의 제도는 대개 명의明衣(죽은 사람을 염습할 때 먼저 입히는 옷)와 같은 것으로 이를 걸침으로써 길을 갈 때에 먼지를 막아 옷이 선명하게 하려 함이다'라고 기록하고 있다.

위의 기록에서 보듯이 친영의식에는 여러 절차가 요구되었다. 의식의 진행에 참여하는 사람들에게는 각각의 역할이 있었는데, 왕과 관련된 의식에는 좌통례 등 의식을 집행하는 관청인 통례원의 관리들이 주로 참여한 반면, 왕비에 관련된 의식에서는 상궁 등 여성이 집사자로 의식을 진행하고 있음이 나타난다.

4 음악과 의장

혼례식의 음악　　　왕실의 혼례는 경사스러운 일에 속했지만 용악用樂, 즉 음악을 쓰는 법은 여타 가례와 달랐다. 즉 음악을 연주하지 않고 악대만을 갖추어 놓는, 진이 부작陳而不作의 원칙을 따랐다. 소리를 밖으로 내는 것을 제한한 까닭에 음악을 연주하지 않았고, 왕실의 권위와 상징을 중요하게 여겼기 때문에 악대를 갖추어 놓은 것이다.

음악을 연주하지 않은 것은 『예기』「증자문」曾子問의 '며느리를 얻는 집에서 3일 동안 음악을 듣지 않는 것은 어버이의 뒤를 잇는 것을 생각해서이다'라는 공자의 말을 따른 것이다.[10] 혼례라는 것은 두 성姓이 합하여 위로는 종묘를 섬기고 아래로는 후세를 잇는다는 의미를 지니므로[11] 여타의 경사와는 그 성격이 구분되는 것으로 간주했다. 그에 따라 음악을 사용하는 것도 제한하였다. 따라서 혼례에서의 음악은 어떠한 절차에서 어떠한 음악을 연주했는지에 초점을 맞추기보다는 어떠한 악기 편성에 의한 악대를 갖추어 놓는지에 초점을 맞출 필요가 있다. 육례 즉 납채, 납징, 고기, 책비, 친영, 동뢰의 여섯 절차에는 각각 어떠한 악대가 동원되었을까? 성종 대의 『국조오례의』를 기준으로 살펴보자.

10_ 『예기』「증자문」曾子問 제칠第七, "孔子曰, 取婦之家, 三日不擧樂, 思嗣親也."

11_ 『예기』「혼의」昏義 "昏者, 將合二姓之好, 上以事宗廟, 而下繼後世也."

91

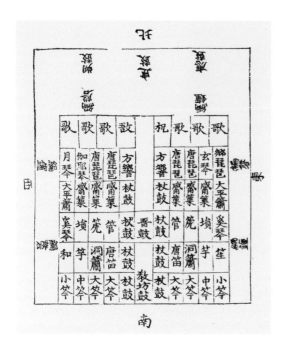

도18 성종 대 『국조오례서례』의 전
정헌가 도설

먼저 육례의 첫번째 단계로서 왕비가
될 신부 집에 청혼서를 보내는 납채 절차
의 음악이다. 국왕이 누구의 딸을 왕비로
삼는다는 교서를 반포하고 신부의 집에 교
서를 전달하는 납채 때에는 장악원이 전정
헌가殿庭軒架를 전정의 남쪽 가까이에 북향
하여 설치해 놓는다. 음악 연주를 할 때
휘麾를 들어 올리거나 눕혀서 음악의 시작
과 끝을 알리는 협률랑協律郎도 제 자리를
찾아 선다. 연주를 하는 것은 아니지만 연
주를 하기 위한 모든 준비는 갖춘다. 이때
편성되는 전정헌가의 악대에는 현악기, 관
악기, 타악기와 노래가 고루 편성된다. 제
후국의 악대인 헌현軒懸이므로 동쪽과 서쪽, 북쪽의 세 방향에 각각
편종, 편경이 편성된다. 악대의 북쪽부터 살펴보면 건고建鼓를 중앙
에 두고 그 좌우에 각각 삭고朔鼓와 응고應鼓가 1열을 이루어 편성
된다. 악대의 제1단에는 동쪽과 서쪽에 축과 어를, 그 좌우로 노래
하는 이(歌人) 여섯 명을 배치한다. 제2단은 모두 현악기로만 배치
하는데, 향비파 1, 당비파 4, 가야금 1, 현금 1, 방향 2, 월금 1대가
편성된다. 제3단은 관악기와 타악기가 배치되는데, 태평소 2대가
좌우 끝에, 피리 6, 장구 2대가 편성된다. 제4단의 중앙에는 진고晉
鼓를 배치하고 그 좌우로 장고 2, 관 2, 지 2, 훈 2, 해금 2대가 배
치된다. 제5단은 장고 2, 당적 2, 통소 2, 두 2, 생 1, 화 1대가, 제
6단은 중앙에 교방고를 배치하고 그 좌우로 장고 2, 대금 4, 중금
2, 소금 1의 악기를 배치한다.도18

이처럼 납채례를 행할 때 동원되는 악기는 장악원에서 연주되고
있는 대부분의 악기를 포함하고 있다. 그 종류는 축, 어, 훈, 지,
생, 우, 화 등의 아악기를 비롯하여 장고와 해금, 당적 등의 당악

기, 현금과 가야금, 향비파, 대금, 중금, 소금 등의 향악기를 모두 아우른다. 건고·응고·삭고·편종·편경·축·어·노래·현금·가야금· 향비파·당비파·월금·방향·태평소·피리·장고·진고·관·지·훈·해금·당적·통소·생·우·화·교방고·대금·중금·소금 등 총 31종 69대의 악기가 69인의 악공과 함께 전정에 배치된다. 이는 성종 대의 악서 『악학궤범』에 소개되어 있는, 당시 조선이 보유하고 있던 67종의 악기 중에 절반 정도가 동원된 것이다.

전정헌가의 악대 편성에 포함되지 않은 악기들은 제사를 지낼 때 쓰는 영고, 노고, 뇌고 등의 악기와 간, 척 등의 의물儀物이므로 납채의례를 행할 때 배열하는 악대는 대규모 편성을 갖춘 것이다. 이들 악기가 비록 소리를 내어 연주를 하는 것은 아니지만 6단에 걸쳐 배치된 악기의 위용만으로도 왕실의 권위를 충분히 느끼게 한다. 신부의 집으로 갈 왕의 교서는 채색을 한 운반용 가마인 채여彩輿에 실려 가는데, 이때 고취鼓吹악대가 채여의 앞을 인도한다. 왕의 교서가 실려 있기 때문이다. 물론 연주는 하지 않는다.

전정헌가와 고취악대는 납채례 외에도 납징, 고기, 책비, 친영, 동뢰의 육례를 행하는 모든 절차에 동원되며, 마찬가지로 악대는 갖추어 놓되 연주를 하지 않는 진이부작의 방식이다.[12] 따라서 왕실의 혼례의식에서는 『예기』「증자문」의 내용에 따라 악대 배치만을 할 뿐 연주는 하지 않는 것을 원칙으로 한다.

왕비를 궁 밖에서 맞아들이는 납비의納妃儀의 상황과 다르게 왕비를 책봉하는 경우가 있다. 예를 들면 왕족인 남편이 왕위에 오르게 되어 왕비로 책봉되는 경우, 혹은 이미 내명부에 소속되어 있던 여성이 사망한 왕비 혹은 폐위된 왕비의 자리에 새 왕비로 책봉되는 경우이다. 이 경우 왕비를 책봉하기 위한 책비의冊妃儀를 거행한다. 책비의에서는 납비의에서 행하는 육례의 하나인 '책비'와는 달리 악대가 동원되고 음악도 연주한다. 혼례를 행하는 과정에서 이루어지는 '책비'의례와 그 성격이 다르기 때문이다.

12_ 『국조오례의』의 「가례」 조에 기록된 '납비의納妃儀의 의주 기록을 따라가 보면 '고기'와 '봉영', '동뢰'의 절차에서는 전정헌가와 고취를 배치하지 않는 것처럼 보인다. 이는 오례서에서의 기록 방식 때문에 올 수 있는 오해이다. 예컨대 '여상의'如常儀, 즉 '평상시의 의례와 같이'라는 의미가 되므로 악대 배치의 내용을 일일이 다시 기록해 놓지 않았다 하더라도 실제는 배치되는 것으로 읽어야 하기 때문이다. 따라서 육례의 여섯 절차인 납채, 납징, 고기, 책비, 친영(봉영), 동뢰 때에는 모두 전정헌가를 궁에 배치하고 이동 시에 고취악대를 배치하른 것으로 이해해야 한다.

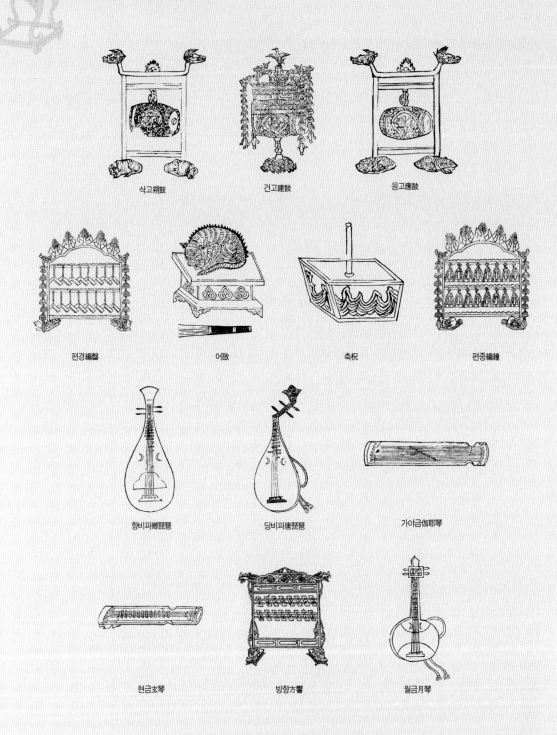

납채례 때 진설되는 31종의 악기들

삭고朔鼓

건고建鼓

응고應鼓

편경編磬

어敔

축祝

편종編鐘

향비파鄕琵琶

당비파唐琵琶

가야금伽耶琴

현금玄琴

방향方響

월금月琴

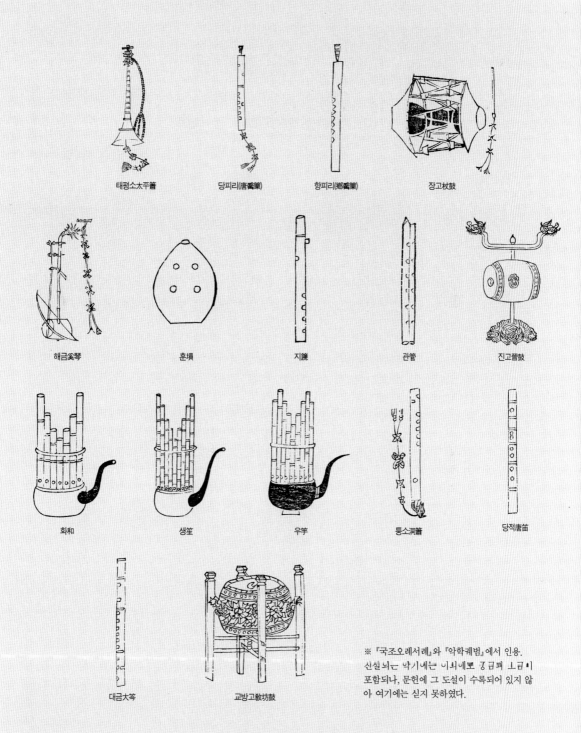

태평소太平簫   당피리(唐觱篥)   향피리(鄕觱篥)   장고杖鼓

해금奚琴   훈壎   지篪   관管   진고晉鼓

화和   생笙   우竽   통소洞簫   당적唐笛

대금大笒   교방고敎坊鼓

※ 『국조오례서례』와 『악학궤범』에서 인용.
신설되는 악기에는 □비에로 갱금皮 그금이
포함되나, 문헌에 그 도설이 수록되어 있지 않
아 여기에는 싣지 못하였다.

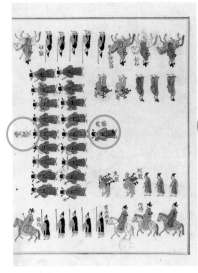
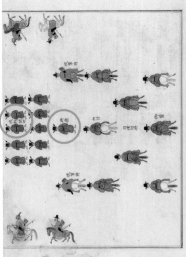
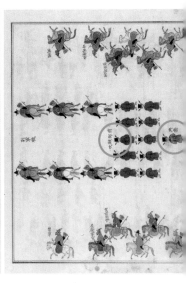

도19 **악공고취**樂工鼓吹 **18인과 그 뒤를 따르는 전악** 『영조정순왕후가례도감의궤』 반차도 중 11면.

도20 **후부고취 10인과 그 뒤를 따르는 전악** 『영조정순왕후가례도감의궤』 반차도 중 29면.

도21 **전부고취 10인과 그 뒤를 따르는 전악** 『영조정순왕후가례도감의궤』 반차도 중 32면.

혼례 반차도의 악대

육례를 치르는 과정 가운데 왕이 직접 궁을 나와 왕비가 거처하는 곳으로 가서 직접 맞이해 돌아오는 친영의 절차가 있다. 이때에 동원되는 악대는 고취鼓吹로서 이동하기에 편한 악기를 주로 편성하게 된다. 왕실의 혼례에서 악대는 연주를 하지 않고 위용만을 갖추는 방식으로 동원된다. 영조와 정순왕후 혼례 때의 친영 반차도에 나타나는 악대 배치를 보면 조선 후기 왕실 혼례 반차도의 모습을 살필 수 있다.

반차도의 앞부분인 전사대前射隊에는 여러 의장기를 든 병사들이 이어지는데, 훈련대장의 바로 앞에는 행렬의 출발과 정지를 알리기 위한 북 2명, 징 2명의 군사가 배치된다. 북은 출발을 알리는 것이고, 징은 정지를 알리기 위한 것으로 앞쪽이 북, 뒤쪽이 징의 순이다. 훈련대장의 뒤에 중군中軍을 따르는 신호군사 역시 고수 2명, 징수 2명을 두는데, 이때에는 왼쪽에 고수, 오른쪽에 징수를 배치한다. 금군별장의 뒤로 둑기와 교룡기를 시작으로 각종 의장기가 등장하는데, 황룡기의 좌우에 역시 고수와 징수 2인씩이 배치된다. 고수는 왼쪽, 징수는 오른쪽이다. 또 천하태평기의 왼쪽에는 고수 2인, 오른쪽에는 징수 2인이 위치한다. 여러 군사들의 사이에 고수와 징수를 배치하는 것은 긴 행렬의 진행을 위해서이다.

별감과 가후금군駕後禁軍들이 주변에 배치되고 총 16인이 메고 가는 왕의 가마 앞뒤로는 고취악대가 따른다. 가마의 앞부분은 전부고취前部鼓吹, 뒷부분은 후부고취後部鼓吹이다. 성종 대의 『악학궤범』에 의하면 전부고취 악대는 피리 6, 대금 6, 당비파 6, 퉁소 6, 당적 4, 장고 6, 방향 1, 박 1, 담지 6, 맨손 8인의 악공 50인이 동원되고, 후부고취에도 동일한 인원이 동원되는 것으로 기록되어 있으나 영조 대의 반차도 그림은 이와 다르다. 전부고취 악대가 10인, 후부고취 악대가 10인이 따르는데 각 악대마다 정6품관의 전악典樂 1인씩이 배치되었음을 알 수 있다.도19~21

왕비의 가마에는 전부고취만이 따른다. 왕을 위한 고취는 전부와 후부에 모두 배치되지만 왕비의 경우 전부고취만이 있는데 전악 1인, 악공 18명의 인원이 동원된다. 왕비의 가마가 이어지는데, 별감의 호위를 받는 왕의 가마와 달리 나인과 상궁, 시녀의 호위를 받는다. 12명이 멘다.

반차도

'반차'란 '지위와 임무에 따라 나누어짐'이란 뜻으로, 행사의 도상圖上 연습을 위해 미리 작성하였다. 미리 그린 반차도를 보고 위치와 임무를 숙지한 후 행렬에 참여하게 하여 잘못을 최대한 예방하였다. 『영조정순왕후가례도감의궤』에도 당시 친영일은 6월 22일이었지만 친영의 모습을

도22 『영조정순왕후가례도감의궤』 반차도에 보이는 좌우 측면과 뒷면 방향의 인물 묘사

담은 반차도는 6월 14일에 이미 제작되어 국왕에게 바쳐진 것으로 기록되어 있다. 반차도에 나타난 행렬의 모습은 뒷모습을 그린 것, 조감법으로 묘사한 것, 측면만을 그린 인물도 등 다양하다.^{도22} 반차도는 당대를 대표하는 화원들이 그렸다. 화원들은 다양한 각도에서 인물들을 묘사하여 딱딱해지기 쉬운 행렬에 보다 생동감 넘치는 모습을 연출하였다. 반차도에는 삼록三綠, 이청二靑, 삼청三靑 등 광물이나 식물에서 채취한 천연의 물감을 사용하였다. 반차도의 그림이 수백 년 지난 오늘날까지 변색되지 않고 특유의 색감을 내는 것에는 천연 물감의 사용이 큰 역할을 했다. 반차도의 인물들은 각 직급별로 비슷한 모양을 하고 있는데, 미리 목판으로 찍은 다음에 채색을 하는 경우가 많았기 때문이다. 즉 인물·말·의장기·의장물·가마 등을 목판으로 새겨서 지면 위에 같은 자세로 반복되는 포즈를 도장 찍듯이 찍고 난 뒤 그 안에 채색을 하는 목판채색법을 주로 사용하고 있다. 유송옥은 목판채색법은 『영조정순왕후가례도감의궤』부터 『순종순종비가례도감의궤』에 이르는 후반기 가례도감의궤 반차도에 주로 나타난다고 지적하고 있다.[13]

13_ 유송옥, 『조선왕조 궁중의궤 복식』, 수학사, 1991.

왕실의 결혼 장면을 그린 반차도는 모두 왕이 친히 왕비를 맞이하러 가는 의식인 친영의 모습을 담고 있다. 친영을 축제의 가장 핵심으로 여겼기 때문이다. 반차도에 의거하여 친영 행렬의 모습을 살펴보면 다음과 같다.

친영 행렬은 크게는 선도 행렬, 어가 행렬, 왕비 행렬, 수행 행렬로 나눌 수 있다. 친영 행렬의 앞부분에는 왕의 행차를 앞에서 인도하는 선상군병先廂軍兵과 둑纛(쇠꼬리로 장식한 큰 깃발), 교룡기蛟龍旗(교룡을 그린 깃발, 교룡은 상상속의 큰 용) 등 왕을 상징하는 의장물이 나타난다.^{도23~26} 이어 어가 행렬을 앞에서 선도하는 화려하고 장엄한 행렬, 어가 행렬 및 수행 행렬이 보인다. 왕비 행렬의 앞에는 왕비의 책봉에 관계된 교명문敎命文, 금보金寶, 옥책玉冊, 명복命服 등을 실은 가마가 등장하고 이어 왕비의 가마, 왕비를 따르는 궁녀, 내

제2부 왕실 혼례식의 구성 요소

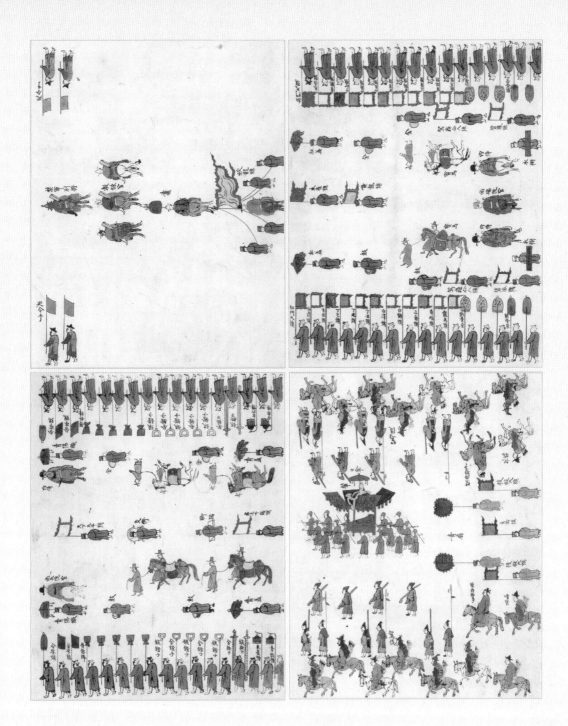

도23~26 「영조정순왕후가례도감의궤」 반차도에 보이는 각종 깃발

도27~30 『영조정순왕후가례도감의궤』 반차도에 그려진 교명요여, 옥책요여, 금보채여, 명복채여.

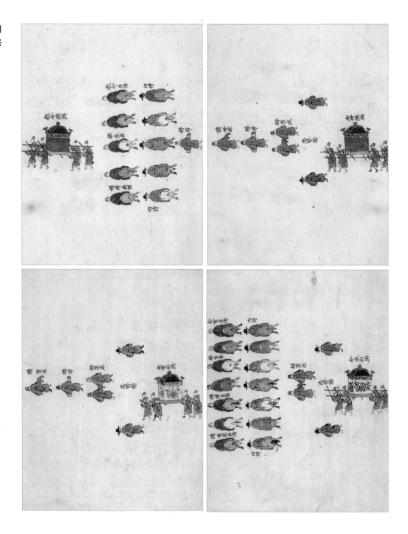

관들의 모습이 나타난다. 후반부는 행차를 마무리하는 부분으로 후미에서 국왕을 경호하는 후사대後射隊 등의 행렬이 따르고 있다.^{도27~30} 반차도에는 혼례식에 참여한 사람들의 복식을 비롯하여, 가마, 의장기 등 각종 기물들의 모습이 생생하게 그려져 있다. 도제조 등 책임자급이 말을 탄 모습과 함께 전악典樂, 상궁, 나인, 별감 등 각 직급별 사람들의 위치와 착용한 물품들을 확인할 수 있다. 말의 경우에도 흑색·갈색·흰색 등 색깔별 말을 타고 있는 것이 주목되며, 행렬의 앞뒤에서 경호하고 있는 전사대와 후사대의 복장이 차이가 나는 것도 확인할 수 있다.

　반차도를 통해 당시의 혼례식 현장 속으로 안내받는 듯한 느낌을 가질 수가 있는 것은 반차도의 가장 큰 매력이다. 현재 남아 있는 혼례식에 관한 반차도 중에서 가장 오래된 것인 『소현세자가례도감의궤』와 『인조장렬왕후가례도감의궤』의 반차도는 8면으로 그렸으나 후대로 가면서 반차도의 면수는 점차 늘어난다. 숙종과 인현왕후의 혼례식은 18면으로 그렸으며, 영조와 정순왕후의 혼례식은 50면, 헌종과 효현왕후의 혼례식은 68면, 철종과 철인왕후의 혼례식은 92면으로 그렸다. 19세기에 들어와 혼례식의 반차도 면수가 대폭 늘어나는 것은 왕실의 행사가 사치하게 흐르는 것과도 관련이 있다.

혼례식의 규모는 가례도감의궤의 말미에 그려진 반차도의 면수를 통해 가장 간단하게 파악할 수 있다. 17세기에는 8면 내지 12면의 비교적 간단한 묘사로 비妃와 빈嬪의 행렬을 표현하였으나, 18세기에는 대부분 왕, 왕세자, 비와 빈의 행렬을 모두 묘사하여 반차도의 면수가 전반적으로 증가하였다. 1759년 영조 혼례식의 가례 반차도가 50면으로 제작된 것을 비롯하여 19세기 헌종과 효현왕후孝顯王后의 가례 때 68면으로 늘어났으며, 철종과 철인왕후의 가례 때는 92면으로 가장 길고 화려한 행렬을 묘사하고 있다.

제 3 부

조선 왕실의 시기별 혼례식

王室婚禮

1 조선 왕실 혼례식의 개관

『조선왕조실록』의 기록에 의하면 조선 전기부터 왕실의 혼인을 위하여 '가례도감'嘉禮都監이 설치되고 이때의 상황을 기록한 '가례도감의궤'가 편찬된 것을 확인할 수 있다. 그러나 조선 전기의 의궤 중 현재 전해지는 것은 없다. 따라서 조선 전기 왕실 혼례식의 정황은 실록 등에서 단편적으로 산견되는 자료를 통해 대략적인 모습을 살펴볼 수 있을 뿐이다. 조선시대 왕실 혼례식에서 또 하나 주목되는 것은 적장자로서 왕위를 계승하는 사례가 드물기 때문에, 왕세자의 신분으로서 세자빈을 맞이하는 경우가 비교적 적다는 것이다.

조선 전기에는 왕자의 난이나 계유정난과 같은 왕실의 정변뿐만 아니라, 예종이나 성종의 즉위에서 볼 수 있듯이 후계자 계승에 많은 변수들이 있었다. 세종의 아들인 문종의 경우를 가장 전형적인 경우로 볼 수 있는데 문종은 두 명의 세자빈을 폐위시키고, 세번째 맞은 세자빈은 아들 단종을 낳다가 사망하는 비운을 맞이하였다. 따라서 조선 전기 왕실 혼례식의 주요 사례는 문종이 세자빈을 맞이하는 경우를 중심으로 살펴보고자 한다.

16세기 왕실 혼례식의 경우에도 왕실의 후계자 계승을 둘러싸고

많은 변수들이 있었다. 중종반정이나 왕실 방계에서 즉위한 선조의 사례에서 보듯이, 왕세자의 신분으로 후계자 수업을 받고 왕세자빈을 맞이한 후 왕위에 오르는 전형적인 사례가 오히려 이례적이었다. 특히 16세기에는 『주자가례』朱子家禮가 급격히 확산되는 분위기가 형성되어 왕실 혼례에서 뿐만 아니라 민간에서도 친영의식이 강화되어 가는 점을 주요한 특징으로 지적할 수 있다.

조선 후기에 들어오면 왕실 혼례식도 그 틀을 잡아가고, 이를 대부분 의궤의 기록으로 남겼다. 그만큼 혼례식이 정형화되어 갔지만, 시기별로 혼례식의 변화상도 나타났다. 현재 전해지는 '가례도감의궤' 중 최초의 것은 1627년(인조 5) 12월 27일 소현세자昭顯世子(1612~1645)가 강석기姜碩期(1580~1643)의 딸(강빈姜嬪)과 혼인한 의식을 정리한 『소현세자가례도감의궤』이며, 순종과 순종의 계비인 순정황후純貞皇后의 혼례식을 정리한 1906년(고종 33)의 『순종순정황후가례도감의궤』가 가장 나중의 것이다. 280년간 20건의 가례가 의궤로 정리되어 있는 셈이다. 가례도감의궤는 크게 1책으로 제작된 것과 2책으로 제작된 것으로 구분할 수 있다. 영조 때 『국혼정례』國

의궤 명칭	제작 연도	책수	반차도 면수	소장처
소현세자가례도감의궤(昭顯世子嘉禮都監儀軌)	1627년(인조 5)	1책	8면	규장각, 장서각
인조장렬왕후가례도감의궤(仁祖莊烈王后嘉禮都監儀軌)	1638년(인조 16)	1책	8면	규장각
현종명성왕후가례도감의궤(顯宗明聖王后嘉禮都監儀軌)	1651년(효종 2)	1책	12면	규장각, 장서각, 국립중앙박물관
숙종인경왕후가례도감의궤(肅宗仁敬王后嘉禮都監儀軌)	1671년(현종 12)	1책	12면	규장각, 장서각, 국립중앙박물관
숙종인현왕후가례도감의궤(肅宗仁顯王后嘉禮都監儀軌)	1681년(숙종 7)	1책	19면	규장각, 장서각, 국립중앙박물관
경종단의왕후가례도감의궤(景宗端懿王后嘉禮都監儀軌)	1696년(숙종 22)	1책	12면	규장각, 장서각, 국립중앙박물관
숙종인원왕후가례도감의궤(肅宗仁元王后嘉禮都監儀軌)	1702년(숙종 28)	1책	18면	규장각, 장서각, 국립중앙박물관
경종선의왕후가례도감의궤(景宗宣懿王后嘉禮都監儀軌)	1718년(숙종 44)	1책	12면	규장각, 장서각, 국립중앙박물관
진종효순왕후가례도감의궤(眞宗孝純王后嘉禮都監儀軌)	1727년(영조 3)	1책	12면	규장각, 국립중앙박물관
장조헌경왕후가례도감의궤(莊祖獻敬王后嘉禮都監儀軌)	1744년(영조 20)	1책	12면	규장각, 장서각, 국립중앙박물관
영조정순왕후가례도감의궤(英祖貞純王后嘉禮都監儀軌)	1759년(영조 35)	2책	50면	규장각, 장서각, 국립중앙박물관
정조효의왕후가례청의궤(正祖孝懿王后嘉禮廳儀軌)	1762년(영조 38)	2책	16면	규장각, 장서각
순조순원왕후가례도감의궤(純祖純元王后嘉禮都監儀軌)	1802년(순조 2)	2책	52면	규장각, 장서각, 국립중앙박물관
문조신정왕후가례도감의궤(文祖神貞王后嘉禮都監儀軌)	1819년(순조 19)	2책	52면	규장각, 장서각, 국립중앙박물관
헌종효현왕후가례도감의궤(憲宗孝顯王后嘉禮都監儀軌)	1837년(헌종 3)	2책	68면	규장각, 장서각, 국립중앙박물관
헌종효정왕후가례도감의궤(憲宗孝定王后嘉禮都監儀軌)	1844년(헌종 10)	1책	80면	규장각, 장서각
철종철인왕후가례도감의궤(哲宗哲仁王后嘉禮都監儀軌)	1851년(철종 2)	2책	92면	규장각, 장서각
고종명성황후가례도감의궤(高宗明成皇后嘉禮都監儀軌)	1866년(고종 3)	2책	82면	규장각, 장서각
순종순명황후가례도감의궤(純宗純明皇后嘉禮都監儀軌)	1882년(고종 19)	2책	70면	규장각, 장서각
순종순정효황후가례도감의궤(純宗純貞孝皇后嘉禮都監儀軌)	1906년(고종 33)	2책	46면	규장각

〈표3-1〉 가례도감의궤 목록

婚定例(1749년)와 『상방정례』尚方定例(1752년)가 만들어진 후 의식 절차가 보다 정밀해지고 체계화되었으며, 이에 따라 의궤의 내용도 한층 상세해지고 분량도 늘어나게 되었다.[도1, 도2] 『영조정순왕후가례도감의궤』英祖貞純王后嘉禮都監儀軌 이후 2책으로 만들어지는 것이 일반화되는 것은 이러한 사정이 반영된 것으로 볼 수 있다.

의궤의 제작 양상을 통해서도 왕실 혼례식과 그 문화를 일부 접할 수가 있다. 즉 『소현세자가례도감의궤』에서부터 사도세자思悼世子(1735~1762)와 『장조헌경왕후가례도감의궤』莊祖獻敬王后嘉禮都監儀軌까지는 1책으로 구성되었으며, 『영조정순왕후가례도감의궤』부터는 혼인 행사의 전 과정을 보다 체계적으로 정리하여 2책으로 제작하였다. 이들 책은 특히 반차도의 내용에서 차이를 보인다. 1책으로 구성된 의궤의 반차도는 행렬이 8면에서 18면에 걸쳐 그려질 정도로 규모가 소략하고 왕비의 가마만이 그려진 데 비하여, 2책으로 구성된 의궤의 반차도에는 왕과 왕비의 가마가 함께 그려지면서 46면에서 92면에 이르는 긴 행렬이 화면을 채우고 있다. 그만큼 조선 후기로 오면서 가례 행사의 규모가 커지고, 행사의 내용이 보다 체계적으로 정리되고 있다는 사실을 확인할 수 있다.

2 15세기 왕실 혼례식

15세기 왕실 혼례식에 대해서는 이 시기 작성된 의궤가 없기 때문에 구체적인 면모를 파악하기는 힘들다. 다만 실록 등에 산견되는 자료들이 있어서 이를 토대로 왕실 혼례식을 접할 수 있다. 실록에 기록된 최초의 왕실 혼례식은 태종의 장자인 양녕대군讓寧大君(1394~1462)의 혼례이다. 태조, 정종, 태종의 혼례식은 모두 조선이 건국되기 전에 이루어졌고, 조선 건국 후 세자로서 처음 혼례식을 올린 인물이 양녕대군이다. 『태종실록』의 기록을 보자.

세자가 전 총제撫制 김한로金漢老(1367~?)의 집에 친영하였다. 임금이 비가 왔으므로 임시로 임헌초계臨軒醮戒(왕세자의 혼례 때 왕이 동쪽 계단까지 나와 장가드는 왕세자에게 '너의 배필을 맞아들여 종사를 계승하고 궁인을 엄격히 거느리도록 하라'고 경계하는 의식)를 면제하였다. 을시乙時에 세자가 공복公服 차림으로 연輦을 타고, 내시 한 사람으로 하여금 기러기를 가지고 앞에서 인도하게 하고, 서연관書筵官·숙위사宿衛司가 모두 공복 차림으로 따랐다. 김한로의 집에 이르러 연에서 내려 악차幄次에 들어갔다가, 정시丁時에 빈嬪을 맞아 돌아왔다. 처음에 임금이 세자의 배필을 택할 때에, 의안대군宜安大君(1382~1398) 이화李和(태조의 막내

아들 방석芳碩)와 지신사知申事 황희黃喜(1363~1452)를 보내어, 종묘에
나아가 시책蓍策을 뽑아서 김한로의 딸로 정하였다고 한다.[1]

1_ 『태종실록』 태종 7년 7월 13일.

위의 기록에 의거하면 1407년(태종 7) 14살의 세자가 김한로의
딸을 세자빈으로 맞이한 정황이 나타난다. 김한로의 집에 직접 가
서 친영례를 행하였다. 그런데 성종 대에 조선 전기 의례를 총 정
리한 『국조오례의』에는 친영 대신에 사자가 왕비나 왕세자빈을 모
셔오는 봉영奉迎의식이 기록되어 있어서 친영의식이 정착되는 데에
많은 진통이 따랐음을 보여주고 있다.

1427년 문종이 왕세자의 신분으로 김오문金五文의 딸을 세자빈
으로 맞이하는 과정은 『세종실록』에 육례의 일부 절차와 함께 자세
히 기록되어 있다. 2월 8일에는 '이른 새벽에 임금이 장차 세자빈
을 맞이하려고 하여 면복冕服 차림으로 근정전勤政殿에 나아가니, 문
무의 여러 신하들이 시위(侍)하기를 의식대로 하였다. 판부사判府事
최윤덕崔潤德(1376~1445)과 호조참판 성엄成揜에게 명하여 정사正使
와 부사副使로 삼아, 상호군上護軍 김오문의 집에 납채하니, 판돈녕
부사判敦寧府事 김구덕金九德이 그 아들 오문五文과 함께 공복을 갖추
고 예궐하여 사은謝恩하였다'라고 하여 육례의 첫번째 의례인 납채
례를 행했음이 나타나 있으며, 2월 9일에는 '판부사 최윤덕과 병조
참판 성엄에게 명하여 상호군 김오문의 집에 납폐하게 하였다'는
기록이 있다.

납채·납폐례에 이어, 1427년 4월 9일에는 김씨를 휘빈徽嬪으로
책빈冊嬪하는 의식을 올렸다. 그러나 문종과 휘빈 김씨의 인연은 2
년 만에 끝을 맺었다. 투기 등이 문제가 되어 1429년 7월 18일 휘
빈 김씨는 사제私第로 쫓겨났고, 7월 19일 종묘에 이 사실을 고했
다. 휘빈이 폐빈이 된 후 세종은 왕세자의 세자빈 간택을 서둘렀
고, 3개월 후 봉여奉礪의 딸을 세자빈으로 간택하였으니 세사와의
혼례식이 추진되었다. 그런데 당시에 세종이 세자의 혼례식을 위해

신하들과 주고받은 대화에서 세자빈 간택의 주요 기준이 제시되고 있음이 주목된다.

"이제 동궁을 위하여 배필을 간택할 때이니 마땅히 처녀를 잘 뽑아야 하겠다. 세계世系와 부덕婦德은 본래부터 중요하나, 혹시 인물이 아름답지 않다면 또한 불가할 것이다. 나는 부모 된 마음에서 친히 간택하고자 하나 옛 예법에 없어서 실행할 수가 없으므로, 처녀들을 창덕궁昌德宮에 모이게 하고 내관으로 하여금 시녀와 효령대군孝寧大君(1396~1486)과 더불어 뽑게 하면 어떻겠는가?" 하니, 신하들이 모두 "좋습니다." 하였으나, 허조許稠(1369~1439)만 유독 "불가하옵니다. 만약에 한 곳에 모이게 하여 가려 뽑는다면 오로지 얼굴 모양만을 취하고 덕을 보고 뽑지 않게 될 것입니다." 하였다. 임금이 말하기를, "잠깐 본 나머지 어찌 곧 그 덕을 알 수 있으리오. 이미 덕으로서 뽑을 수 없다면 또한 용모로서 뽑지 않을 수 있겠는가. 마땅히 처녀의 집을 찾아 돌아다니면서 좋다고 생각되는 자를 미리 뽑아서, 다시 창덕궁에 모아 놓고 뽑는 것이 좋겠다." 하니, 모두가 "좋습니다." 하였다.[2]

2_ 『세종실록』 세종 11년 8월 4일.

위의 기록에서는 가문이나 부덕과 함께 용모가 왕비 후보의 중요한 기준이었음이 명확히 드러난다. 15세기 왕실 혼례에서 간택의 기준을 알 수가 있는 것이다. 순빈 봉씨가 세자빈으로 간택되는 과정 또한 실록에 자세히 기록되어 있는데, 납채례와 책빈례 등의 주요 의례는 경복궁 근정전에서 거행되었음이 나타난다. 그러나 결과적으로 세자빈 간택은 실패로 끝났다고 볼 수 있다. 당시 세자빈으로 간택된 순빈 봉씨는 레즈비언으로 드러나 폐위되기에 이르렀기 때문이다.

세종 대에는 세자를 비롯한 왕자, 왕녀의 혼례에 친영례가 도입되었지만 국왕의 혼례는 그렇지가 않았다. 이러한 사실은 1454년(단종 20)에 완성된 『세종실록』의 오례五禮, '가례의식'嘉禮儀式에 반영되어 있는데, 국왕이 왕비를 맞이하는 「납비의」納妃儀에서는 국왕의 명령을 받은 사자가 왕비를 친영하는 '명사봉영'命使奉迎이지만, 왕세자가 왕세자빈을 맞이하는 「왕세자납빈의」王世子納嬪儀와 왕자, 왕녀의 혼인을 다룬 「왕자혼례」王子昏禮, 「왕녀하가의」王女下嫁儀에서는 친영례가 규정되어 있음이 보인다. 그리고 이것은 『국조오례의』에도 반영되어 『국조오례의』에서는 국왕의 혼례에서는 봉영례奉迎禮를 거행하고, 왕세자·왕자·왕녀의 혼례에서는 친영례를 거행하도록 규정하고 있다.[3] 결국 15세기에는 왕실 혼례식에서 친영의식이 완전히 정착되지 못했음을 알 수 있는데, 그만큼 주자성리학의 이념이 깊숙이 반영되지 않았던 시대상을 보여주고 있다.

3_ 김문식, 「조선왕실의 친영례 연구」 『조선왕실의 嘉禮』, 한국학 중앙연구원, 2008, pp.110~112.

3 조선 중·후기 왕실 혼례식

조선 중기에 해당하는 16~17세기에는 성리학의 이념이 왕실이나 양반, 서민의 생활 곳곳에 흡수된 관계로『주자가례』에 의거한 친영의식의 정착이 가장 큰 특징으로 지적된다. 친영이 정착되기까지 여러 차례의 진통이 계속된 것은 16세기 실록 등의 자료나 문집의 일부 자료에서도 확인된다. 왕실 혼례의 육례에는 포함되지 않지만 친영 이전에 시행된 간택에 대해서도 여러 차례 논쟁이 있었다.

　『중종실록』의 다음 기록에는 세종의 주도로 친영의식이 적극 권장되었으나 현실적으로는 제대로 지켜지지 않았다는 것과, 무엇보다 왕실에서 모범을 보여야 한다는 분위기가 나타나 있다.

　석강에 나아갔다. 시강관 윤은필尹殷弼이 아뢰기를, …… 혼인에 있어서 친영이 지극히 중대한 것이나 폐지된 지 이미 오래되니, 만일 혼인이 바르지 못하면 사람의 도리가 폐지되는 것입니다. 세종께서 혼례를 바로잡으려고 하시어 '왕자가 실행하면 아랫사람이 본받게 된다'고 하셨으니 지금 만약 위에서 실행하시면 사대부와 서인庶人이 저절로 하게 될 것입니다.[4]

4_『중종실록』중종 7년(1512) 11월 22일.

위의 기록은 왕실에서 먼저 모범을 보여야 친영의식이 사대부와 서인에게까지 확산될 수 있음을 건의한 내용으로 볼 수 있다.

그러나 친영례가 정착되기까지에는 일정한 시간이 소요되었다. 친영례가 제대로 시행되지 못한 것은 고려시대에 이어 조선 중기까지 남귀여가혼 또는 서류부가혼婿留婦家婚(혼례식을 올린 후 사위가 신부의 집에서 일정 기간 사는 풍속)이 관행적으로 이루어졌기 때문이다. 서류부가혼의 풍속은 외가와의 친밀성을 깊게 하였다. 실제 조선 후기까지도 대부분의 관리들은 외가에서 태어나 장성할 때까지 그곳에 머물렀다. 이러한 사례는 흔하지 않게 찾아볼 수 있는데, 율곡栗谷 이이李珥(1536~1584)가 외가인 강릉의 오죽헌에서 태어난 것이 대표적인 경우이다. 물론 오늘날에도 임신을 하면 친정에 가서 애기를 낳고 돌아오는 경우가 있지만, 조선 전기와 같이 장성할 때까지 외가에 머무르는 것은 보편적이지가 않다.

서류부가혼의 풍습으로 말미암아 조선 전기까지는 자연히 어머니와 외가를 중시하게 되고 외가 쪽 친척들과 친분이 두터웠다. 16세기까지 남귀여가혼이 일반적이어서 대부분의 사대부들이 처가살이를 한 정황은 여러 연구에 밝혀져 있다. 오희문吳希文(1539~1613)이 『쇄미록』瑣尾錄에서 외종형을 골육으로 영동을 고향(故園)으로 표현한 것이나, 장인에 대한 제사를 잊지 않고 지내는 모습에서 외가에 대한 깊은 정을 확인할 수가 있다.[5] 그러나 조선 중기 이후 『주자가례』가 널리 보급되고 왕실에서도 친영례를 항규恒規로 삼으면서 친영의식이 정착되어 갔다.

중종은 특히 남귀여가혼의 문제점을 지적하고 친영의식을 행하기 위해 노력하였다. 중종은 "혼인은 만세의 시작인데, 남자가 여자의 집으로 장가들러 가는 것은 천도天道가 역행하는 것이니, 어찌 옳겠는가?"라고 하면서 당시 관행적으로 행해지고 있던 남귀여가혼 풍속의 문제점을 강하게 지적하였다. 이러한 중종이 마침 계비를 맞이하는 상황을 맞이하였고, 자신의 혼례에 친영례를 도입하

5_ 『쇄미록』, 「임진남행일록」.

6_ 『중종실록』 중종 12년 7월 19일.

면서 평소의 언행을 실천하였다. 1517년(중종 12) 중종은 면복冕服을 갖추고 별궁인 태평관太平館으로 나아가 계비 문정왕후文定王后(1501~1565)를 친영하였다.[6] 중종 대 이후 왕실뿐만 아니라 민간에서도 친영의식이 정착되면서 친가 중심의 가족관계가 형성되었다. 친영의식이 정착되면서 친가와의 관계가 강화되고, 외가 쪽과의 친분이 점차 약화되었다고 볼 수 있다.

17세기 이후 왕실 혼례식은 점차 체계를 잡아 나갔다. 친영의 공간인 별궁도 태평관, 어의궁於義宮, 운현궁雲峴宮, 안국동으로 공간의 변화가 있었지만, 별궁에서 미리 왕비 수업을 받게 하는 것도 제도적으로 완전히 정착되었다. 17세기 이후 혼례식은 『소현세자가례도감의궤』를 시작으로 혼례식 전 과정이 의궤의 기록으로 남아 있어서 각 시기별 왕실 혼례식의 특징도 상세히 살펴볼 수 있는데, 왕·왕세자·왕세손 등 지위별로 혼례식의 규모가 차이가 나는 점도 확인할 수 있다. 전반적으로 왕실 혼례식은 후대로 갈수록 그 규모가 체계화되고 행사 참여자의 활동도 자리를 잡아가고 있다. 의궤의 분량이나 반차도의 규모도 커진다. 18세기 왕실 혼례식은 국왕의 가례인 영조와 정순왕후貞純王后(1745~1805)의 가례에서 정점을 맞는다. 이 혼례식은 의궤의 기록도 충실하고, 영조가 사치를 방지한 면모가 강조되어 있는 점이 주목된다. 그러나 19세기 이후 세도정치기에 들어서면서 왕실 혼례식은 보다 화려해지는 국면을 맞고, 사치와 화려함도 극성해지는 양상을 보인다.

4 의궤를 통해 본 왕대별 혼례식

조선 초기부터 의궤가 편찬되었던 것으로 추정되나, 현존하는 의궤 중 가장 오래된 것은 선조 대에 편찬된 의인왕후懿仁王后(1555~1600)의 장례식과 관련된 의궤이다.도3, 도4 혼례식의 경우도 현존하는 의궤 중 가장 오래된 것은 인조 대인 1627년에 거행된 소현세자와 세자빈 강씨의 혼례식 관련 의궤이다. 이후 왕실의 혼례식은 대부분 의궤의 기록으로 정리되었다.

혼례식의 규모는 우선 가례도감의궤의 말미에 그려진 반차도의 면수를 통해 가장 간단하게 파악할 수 있다. 17세기에는 8면 내지 12면의 비교적 간단한 묘사로 비妃와 빈嬪의 행렬을 묘사하였으나, 18세기에는 대부분 왕, 왕세자, 비와 빈의 행렬을 모두 묘사하여 반차도의 면수가 전반적으로 증가하였다. 1759년 영조 혼례식의 가례 반차도가 50면으로 제작된 것을 비롯하여 19세기 헌종과 효현왕후孝顯王后(1828~1843)의 가례 때 68면으로 늘어났으며, 철종과 철인왕후의 가례 때는 92면으로 가장 길고 화려한 행렬을 묘사하고 있다. 그러나 1906년에 거행된 황태자 가례 때의 반차도는 46면으로 줄어든 것을 볼 수 있다. 또한 시대와 상관없이 혼례식이 왕의 행사인가, 왕세자의 행사인가에 따라 반차도의 면수는 차이를

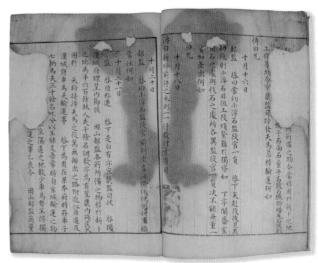

도3, 4_『의인왕후산릉도감의궤』 표지와 불에 탄 본문 서울대학교 규장각 한국학연구원 소장.

7_ 이성미, 『가례도감의궤와 미술사』, 소와당, 2008, pp.28~30.

8_ 왕대별 혼례식에 관한 서술에는 한영우, 『조선왕조의궤』(2005, 일지사)와 서울대학교규장각, 『규장각소장의궤종합목록』(2002)이 많이 참고가 되었다.

보이고 있다.[7]

이번 장에서는 규장각 소장 의궤를 중심으로 하고 한국학중앙연구원 장서각과 최근 반환된 국립중앙박물관 소장 외규장각 의궤의 기록을 바탕으로, 역대 왕별로 혼례식을 거행한 사례들과 주요 특징들을 정리해 보기로 한다. 특히 2011년에 돌아온 외규장각 의궤 중에는 영조와 정순왕후의 혼례식을 기록한 『영조정순왕후가례도감의궤』도 포함되어 있는데, 어람용 의궤인 만큼 혼례식의 모습을 그린 반차도는 매우 생생하게 표현되어 있다. 또한 혼례식의 구체적인 과정을 살펴보기 위하여 실록과 『승정원일기』承政院日記 같은 연대기 자료도 적극 활용하였다.[8]

인조 대의 혼례식   인조 대에는 왕세자인 소현세자의 혼례식이 있었고, 정비인 인열왕후仁烈王后(1594~1635)가 사망한 후 인조가 장렬왕후莊烈王后(1624~1688)를 계비로 맞이하는 혼례식도 있었다. 인조 대의 혼례식에서 주목되는 것은 별궁 공간의 변화이다. 1627년의 소현세자 혼례식에서 별궁으로 활용된 공간은 태평관이었지만, 1638년 인조 본인의 혼례식에서는 어의궁이 별궁으로 활용되었다. 소현세자의 혼례식을 기록한 『소현세자가례도감의궤』는 현존하는 혼례식 관련 의궤 중 가장 오래된 것이라는 점이 주목된다.

소현세자와 세자빈 강씨의 혼례식

인조의 장남인 소현세자(1612~1645)는 16세이던 1627년 12월 우의정 강석기姜碩期(1580~1643)의 딸을 세자빈으로 맞이하여 가례를 거행했다. 14세 되던 인조 3년(1625) 세자로 책봉된 후 2년 만에 혼례식을 올린 것이다. 그러나 세자와 강씨와의 가례에는 우여곡절이 많았다.

처음에는 윤의립尹毅立(1568~1643)의 딸을 간택했으나, 그의 서족庶族 조카 윤인발尹仁發이 이괄李适의 난에 가담하여 처형당한 것을 이유로 김자점金自點(1588~1651) 등 대신들이 반발하여 무산되었다. 9월 29일 서인계 명문가인 강석기의 딸을 다시 세자빈으로 삼간택하여 빈청에 알리고 대신들의 의견을 물었다. 왕실의 혼사라 하더라도 대신들의 동의를 얻는 과정이 있었음을 알 수 있다. 대신들의 동의를 얻은 후 신부는 별궁으로 활용된 태평관에 거처하면서 세자빈 수업을 받기 시작했다. 별궁에는 10폭짜리 연꽃 병풍이 사용되었다.

혼례식은 태평관과 경덕궁敬德宮 숭정전崇政殿에서 거행되었다. 10월 28일 인조는 경덕궁 숭정전에 나아가 납채례를 거행했다. 우의정 김류金瑬(1571~1648)가 정사, 이홍주李弘胄(1562~1638)가 부사가 되어 왕의 교명을 신부 집에 전달했다. 납징례는 11월 20일에 역시 숭정전에서 거행되었고, 고기례는 다음 날 숭정전에서 거행되었다. 12월 1일에는 세자의 가례를 미리 종묘에 고하고, 12월 4일 왕이 숭정전에 나아가 신부를 세자빈으로 책봉하는 책빈례를 거행했다. 왕세자가 친히 별궁인 태평관에 가서 왕세자빈을 궁궐로 모시고 오는 친영례와, 세자빈을 궁궐로 데리고 와서 술과 음식을 나

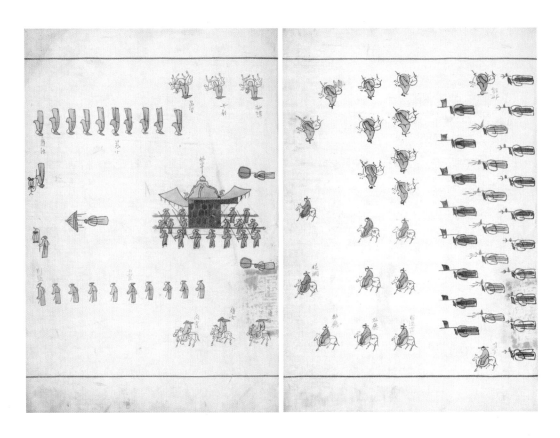

누는 동뢰연은 12월 27일에 숭정전에서 거행되었다. 태평관은 명종과 문정왕후, 선조와 인목왕후의 혼례에도 별궁으로 활용되었는데, 의궤의 기록상으로는 소현세자의 혼례식에서 처음으로 태평관이 별궁으로 활용되었음이 나타난다.

소현세자와 세자빈의 혼례식은 『소현세자가례도감의궤』로 정리되었다. 의궤의 말미에는 세자빈이 친영례를 하기 위해 가마를 타고 태평관으로 가는 반차도가 8면에 걸쳐 실려 있다. 왕의 가마는 그리지 않고 왕비의 가마만 그려져 있는 것이 특징인데, 가례도감의궤 중 초기에 제작된 의궤는 대부분 왕비 가마만이 그려져 있다. 또한 가례에 관한 초기 반차도인 만큼 그림의 수준이 별로 높지 않으며, 등장인물은 430여 명이다. 이징李澄 등 5인의 화원과 2인의 회장장繪粧匠이 그렸다. 이 반차도는 세필로 인물과 말을 그린 후에

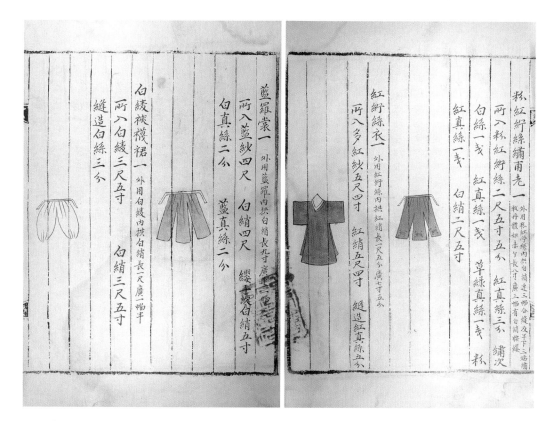

그 안을 여러 가지 색으로 채색한 구륵전채법鉤勒塡彩法으로 그린 것으로 보고 있다.도5, 도6

도7 『장렬왕후국장도감의궤』 중 의복도설 부분 서울대학교 규장각 한국학연구원 소장.

인조와 계비 장렬왕후의 혼례식

인조는 정비인 인열왕후 한씨가 사망하자, 1638년 조창원趙昌遠(1583~1646)의 딸을 계비(장렬왕후)로 맞이하였다. 장렬왕후는 15세의 어린 나이에 44세인 인조의 계비로 들어왔다. 이후 장렬왕후는 효종과 현종, 숙종이 재위할 때까지 살아 오랫동안 왕실의 최고 어른으로 지냈다. 현종에서 숙종 대에 이르는 시기는 예송논쟁이 치열하게 전개된 시기였고, 1659년의 기해예송과 1674년 갑인예송에서 장렬왕후의 상복을 몇 년으로 할 것인가가 정치적 쟁점이 되었다. 장렬왕후는 서인과 남인의 정치적 대립을 가속화시킨 상징적인 인

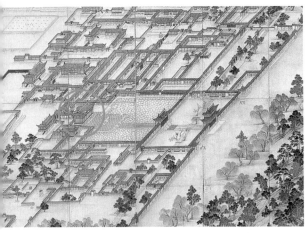
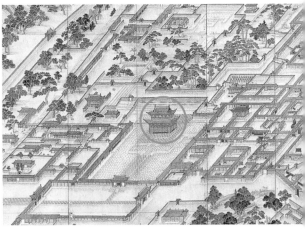

도8 《동궐도》에 그려진 창경궁 명정전

도9 《동궐도》에 그려진 창덕궁 인정전

물로 자리했으며, 1688년 승하했다.도7

　『인조실록』에는 인조와 장렬왕후의 혼례식이 구체적으로 기록되어 있다. 1638(인조 16)년 10월 5일(갑오)에 가례도감을 설치하였고, 납채·납징·고기·책빈례는 모두 창경궁昌慶宮 명정전明政殿에서 거행되었다.도8 친영례는 12월 3일에 어의동 별궁에서 치렀는데, 소현세자의 혼례식에서 태평관이 별궁으로 활용된 점을 고려하면 이때부터 별궁의 장소가 태평관에서 어의궁으로 바뀌었음을 알 수 있다. 어의궁은 이후 조선 왕실의 혼례식이 가장 많이 거행되는 공간이 되었다. 행사가 끝난 후에 인조와 장렬왕후의 혼례식은 『인조장렬왕후가례도감의궤』로 정리되었다. 의궤의 말미에는 8면에 걸쳐 친영 반차도가 그려져 있다. 왕의 혼례식임에도 불구하고 반차도가 소략한 것은 초기 가례도감의궤에 공통적으로 나타나는 현상이다.

효종 대의 혼례식　　효종 대에는 세자인 현종과 세자빈〔명성왕후 明聖王后(1642~1683)〕의 혼례식이 있었다. 1651년(효종 2) 11월 효종은 세자(후의 현종)의 부인으로 청풍 김씨 명문가 출신인 김우명金佑明(1619~1675)의 딸을 맞이하였다. 현종은 봉림대군이 심양에 인질로 가 있던 시절에 태어난 왕세자로 조선의

왕 중에서 유일하게 청나라에서 태어났다. 1651
년 8월 11세의 세자에 대한 책봉이 끝나고 난
후 바로 세자의 가례를 준비했는데, 7월 27일에
삼간택을 하여 영의정 김육金堉(1580~1658)의 손
녀이자 김우명의 딸을 이미 최종 후보로 간택한
상황이었다. 10세의 세자빈은 훗날 현종의 왕비
인 명성왕후가 되었는데, 명성왕후는 세자빈,
왕비, 왕대비의 3단계 과정을 거치는 조선의 유
일한 왕비로 남아 있다.[9]

세자와 세자빈의 혼례식은 9월 28일 납채례
가 창덕궁 인정전仁政殿에서 거행되고, 예물을
보내는 납징례는 10월 17일에 역시 인정전에서
거행되었다.[59] 다음에 혼인 날짜를 알리는 고기
례는 10월 27일에, 세자빈을 책봉하는 책빈례는
11월 21일에 인정전에서 거행되었다. 다음 날인
11월 22일에 어의궁에서 친영례가 거행되고, 이
날 인정전에서 세자와 세자빈이 음식을 함께 나
누는 동뢰연이 거행되었다. 명성왕후의 혼례식에서 특히 주목되는
것은 국왕이 거듭 명성왕후가 김육의 후손임을 강조한 것이다. 그
만큼 김육의 후광이 세자빈의 간택에 영향력이 있었음을 의미한다.
인조반정에 성공한 후 서인들은 무실국혼無失國婚을 중요한 슬로건
으로 삼았는데, 서인 명문가 출신의 세자빈 책봉은 이 논리에도 딱
들어맞는 것이었다.[도10]

세자 현종과 세자빈의 혼례식은 『현종명성왕후가례도감의궤』로
정리되었다. 의궤의 말미에는 12쪽에 달하는 친영 반차도가 들어
있는데, 소현세자 혼례식 때의 친영 행렬이 8면에 그려진 것과 비
교해 보면, 친영 행렬의 규모가 커진 것을 알 수 있나.

도10 〈김육초상〉 작자미상, 1650년
경, 비단에 채색, 175×98.5cm,
실학박물관 소장.

9_조선의 왕비 중 세자빈, 왕비,
왕대비의 과정을 모두 거치는 인
물은 명성왕후 김씨가 유일하다.
그만큼 조선왕조의 왕위 계승에
많은 변수가 존재했음을 반증하는
것이다.

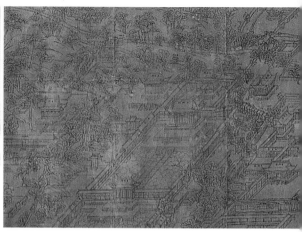

현종 대의 혼례식　현종 대에도 효종 대와 유사하게 세자인 숙종의 혼례식이 거행되었다. 현종이나 숙종은 왕의 장자였던 만큼 조선 왕실에서는 오랜만에 연이어 적장자가 왕위를 이어갈 수 있는 기반을 마련하였고, 이러한 배경 속에서 왕세자의 혼례식은 가장 무난한 형태로 진행되었다. 1661년 현종과 명성왕후 김씨 사이에 태어난 원자(후의 숙종)는 7세가 되던 1667년에 관례를 행한 후 1월 22일 창덕궁 인정전에서 세자로 책봉하는 의식을 거행했다. 1671년 세자의 나이 11세가 되던 해에는 세자빈을 맞이했다.

　세자빈은 삼간택 끝에 1670년 12월 김장생金長生(1548~1631)의 4대손이자 노론에 속하는 김만기金萬基(1633~1687)의 딸인 인경왕후仁敬王后(1661~1680)로 결정되었다. 간택은 궁에서 대왕대비와 왕대비 등이 처자를 불러 면접하는 형식으로 진행되었다. 간택 후 신부는 효종의 사저였던 어의동 별궁으로 가서 세자빈 수업을 받기 시작했다. 납채례는 1671년 3월 8일에 경덕궁 숭정전에서 거행했으며, 납징례는 3월 9일, 고기례는 3월 11일, 책빈례는 3월 22일에 숭정전에서 거행하였다. 친영은 4월 3일 어의동 별궁에서 거행되었으며, 이날 세자빈을 데리고 궁으로 돌아와 경덕궁 숭정전에서 음

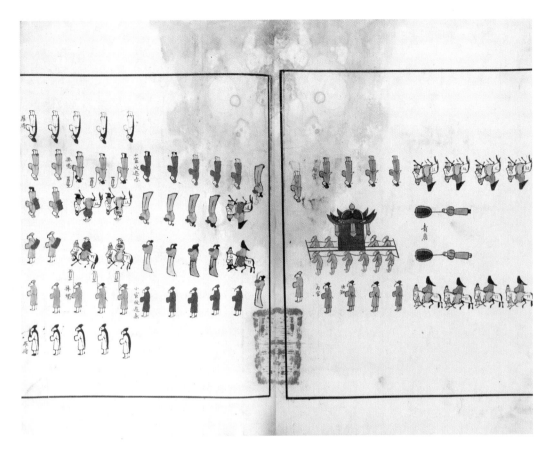

도13 『숙종인경왕후가례도감의궤』
반차도 부분 서울대학교 규장각 한
국학연구원 소장.

식을 함께 나누는 동뢰연 즉 초례를 거행했다. 다음 날 세자빈은
아침에 네 분의 왕실 어른들께 인사를 올리는 조현례를 행했다. 인
조의 계비인 대왕대비 조씨, 효종의 왕비인 왕대비 장씨, 현종의
왕비인 명성왕후 김씨, 그리고 숙종이었다. 인조의 계비인 조대비
까지 생존했던 만큼 왕실의 어른이 무척이나 많은 시점이었다.도11, 도12

　　11세에 가례를 치른 세자빈 김씨는 3년 뒤에 세자가 왕위에 오
르자 14세에 왕비(인경왕후)에 올랐지만, 원자를 낳지 못한 채 1680
년(숙종 6) 12월 26일에 천연두를 앓다가 20세에 요절하고 말았다.
정비 인경왕후의 죽음은 숙종 시대에 희빈 장씨, 인현왕후仁顯王后
(1667~1701), 숙빈 최씨 등 사극에 자주 등상하는 왕비와 후궁을 배
출하는 원인이 되었다.

세자 숙종과 세자빈의 혼례식은 『숙종인경왕후가례도감의궤』로 정리되었다. 의궤의 말미에는 12면의 채색 친영 반차도가 그려져 있다.^{도13}

숙종 대의 혼례식　숙종 대는 숙종이 왕이 되고 왕비인 인경왕후가 승하한 후, 두 번의 왕의 혼례식이 있었다. 제1계비 인현왕후, 제2계비 인원왕후仁元王后(1687~1757)의 혼례식이 그것이다. 또한 숙종 대는 세자인 경종의 혼례식이 두 차례 있었다. 숙종 대에는 긴 재위 기간만큼이나 왕의 혼례식이 2번, 왕세자의 혼례식이 두 번 거행되었다.

숙종과 인현왕후의 혼례식

인경왕후가 1680년(숙종 6) 10월 26일에 타계하고, 1681년 2월 22일에 국장을 끝낸 후 바로 3월부터 계비 간택에 들어갔다. 왕비는 내명부의 궁녀들을 총괄하는 직책을 지니고 있으므로 중궁전을 오래 비울 수 없었을 뿐만 아니라, 아직 후사를 얻지 못하고 있었기 때문이다. 그리하여 대왕대비 조씨와 대비인 명성왕후는 물론이요, 영중추부사領中樞府事 송시열宋時烈(1607~1689), 좌의정 민정중閔鼎重(1628~1692), 우의정 이상진李尙眞(1614~1690) 등 대신들도 계비 간택을 왕에게 요청했다. 3월 12일부터 초간택, 재간택을 거쳐 3월 26일에 삼간택을 궁 안에서 행하여 서인의 핵심 세력이자 병조판서인 민유중閔維重(1630~1687)의 딸을 간택했다. 이분이 바로 뒷날의 인현왕후로서 당시 나이 15세였고, 숙종은 21세였다. 최종 선택권을 가진 대왕대비인 인조의 계비 조대비는 영의정 김수항金壽恒(1629~1689) 등 시원임時原任 대신들을 창덕궁 빈청賓廳(대신들의 회의소)으로 불러 이들의 동의를 얻어냈다.

삼간택 후 육례를 갖추어 혼례식이 진행되었다. 4월 13일에 숙종은 창덕궁 인정전에 나아가 영의정 김수항 등을 정사와 부사로

삼아 어의동 별궁으로 청혼서를 보내는 납채례를 행했다. 당시 신부는 삼간택이 이루어지자 바로 어의동 별궁으로 가서 왕비 수업을 하기 시작했던 것이다. 이어 4월 20일에는 납징례를, 4월 25일에는 고기례를, 5월 2일에는 책비례를 인정전에서 거행했다.

5월 13일에 숙종은 어의동 별궁으로 가서 신부를 데리고 궁으로 돌아오는 친영례를 행했다. 궁으로 돌아온 두 사람은 술과 음식을 나누고 잔치를 하는 동뢰연을 치렀다.

숙종과 인현왕후의 혼례식은 『숙종인현왕후가례도감의궤』로 정리되었다. 의궤의 말미에는 19면의 친영 반차도와 혼례에 쓰인 옥책 등 각종 기물에 대한 채색 도설이 실려 있다. 숙종이 세자의 신분으로 인경왕후와 혼례식을 올릴 때의 친영 반차도가 12면인 것과 비교하여 친영 행렬의 규모가 커졌음을 알 수 있다.^{도14, 도15}

세자 경종과 세자빈(단의왕후)의 혼례식

숙종 대에는 숙종과 장희빈 사이에 출생한 세자(후의 경종)의 혼례식도 이루어졌다. 당시 세자의 생모인 장희빈은 왕비의 자리에서 쫓겨났고, 인현왕후가 복위되었을 때였다. 1696년(숙종 22) 세자의 혼례식은 육례에 따라 진행되었다. 4월 8일에 삼간택하여 심덕부沈德

符(1328~1401)의 후손인 유학幼學 심호沈浩(?~1704)의 딸을 세자빈으로 간택하고 대신들을 궁으로 불러 의견을 물으니 모두 경하한다고 대답했다. 세자빈은 뒷날 경종비로 추증된 단의왕후端懿王后(1686~1718)로서 당시 나이는 11세였다. 세자보다 두 살 연상이다. 단의왕후는 세자빈으로 간택되자 어의동 별궁에 들어가서 세자빈 수업을 받기 시작했다.

5월 6일에 숙종은 인정전에 나아가 혼인을 청하는 납채례를 행하고, 5월 11일에는 신부 집에 예물을 보내는 납징례를 인정전에서 했으며, 이어 5월 13일에는 혼인 날짜를 통보하는 고기례를 역시 인정전에서 거행했다. 5월 15일에는 신부를 세자빈으로 책봉하는 책빈례를 인정전에서 행했다. 5월 19일에 비로소 신랑과 신부가 별궁에서 만나 산 기러기를 놓고 의식을 치르는 친영과, 궁에 돌아와 술과 음식을 함께 나누는 동뢰연이 인정전에서 거행되었다. 왕세자 경종의 혼례식이 끝난 뒤 영의정 남구만南九萬(1629~1711)을 도제조로 하여 『경종단의왕후가례도감의궤』를 편찬하였는데, 말미에는 12면의 친영 반차도가 그려져 있다.도16

숙종과 인원왕후의 혼례식

숙종은 왕으로 재위 중 왕의 신분으로 유일하게 두 번이나 혼인을 하였다. 그리고 그 혼례식의 과정은 각각의 의궤로 남아 있다. 정비인 인경왕후에 이어 1681년 계비였던 인현왕후마저 병으로 사망하자, 숙종은 인현왕후의 장례가 끝난 다음 해인 1702년(숙종 25)에 새로운 계비를 맞이했다. 순안 현령 경주 김씨 김주신金柱臣(1661~1721)의 딸로서 후에 인원왕후仁元王后가 되었다. 당시 숙종의 나이는 42세, 왕비는 16세로서 두번째 계비였던 만큼 왕과 왕비는 16세의 나이 차가 있었다.

혼례식의 과정을 보면, 9월 3일 삼간택이 이루어졌고, 납채(9월 20일), 납징(9월 26일), 고기(10월 1일), 책비 등의 의식이 경덕궁 숭정

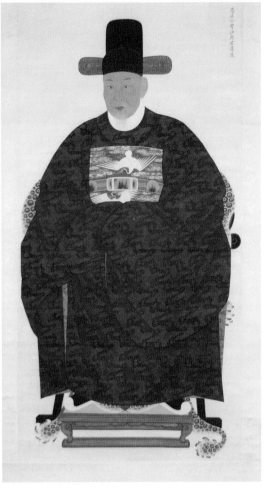

전에서 거행되었다. 친영례는 10월 13일 오전 8시부터 어의동 별궁에서 이루어졌다. 오전 10시에는 궁으로 돌아와 술과 음식을 함께 나누는 동뢰연을 거행했다. 다음 날 아침 8시에 15세가 된 왕세자(경종)와 세자빈의 아침인사를 받았다. 『숙종실록』의 숙종 28년 10월 13일의 기록에는 "묘시卯時에 임금이 어의동 별궁에 나아가서 진시辰時에 친영례를 거행하고, 사시巳時 초에 임금이 대궐로 돌아왔다. 사시 정각에 중궁이 대궐로 들어와서, 동뢰연을 거행하였다. 이때에 날마다 흐리고 비가 내렸는데, 지난밤에는 비가 더욱 심하게

도16 〈남구만초상〉 18세기 초, 비단에 채색, 162×88cm, 국립중앙박물관 소장.

도17 〈이세백초상〉 18세기, 비단에 채색, 경기도박물관 소장.

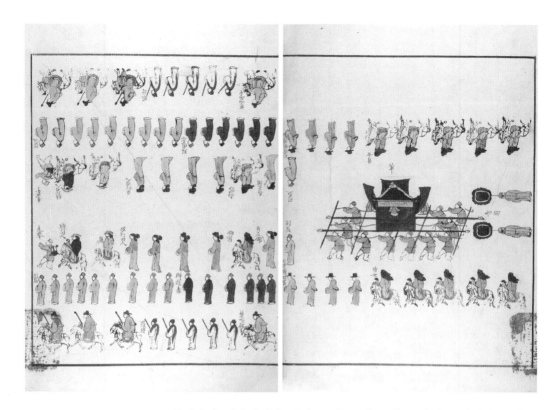

내리다가 새벽녘에야 비가 그치고 예를 이룰 때에는 날씨가 청명하
고 따뜻하니, 백성들이 다 기뻐하면서 축하하였다"고 하여 친영례
와 동뢰연을 행한 구체적인 정황을 기록하고 있다.

혼례식을 치르고 나서 좌의정 이세백李世白(1635~1703)을 도제조
로 하여 가례도감에서 『숙종인원왕후가례도감의궤』를 편찬했다.도17
말미에는 18면의 친영 반차도가 실려 있다.도18

왕세자 연잉군(후의 영조)과 정성왕후의 혼례식

1704년(숙종 30)에는 훗날 영조가 되는 세제 연잉군延礽君과 세제빈
〔후의 정성왕후貞聖王后(1692~1757)〕의 혼례식이 있었다. 그러나 영조가
당시 세제의 지위에 있어서인지 이때의 혼례식이 의궤로 만들어지
지는 않았다. 『숙종실록』 숙종 30년 2월 21일(신묘)의 기록에는

연잉군 이금李昑이 진사 서종제徐宗悌(1656~1719)의 딸에게 장가들었다. 임금이 임창군臨昌君 이혼李焜(?~1724)에게 혼례식을 주관하게 하고, 서종제에게는 직을 제수하라고 명하고, 가례청嘉禮廳의 당상堂上 이하에게 차등 있게 상을 내리고, 도청都廳 김문룡金文龍은 통정대부通政大夫로 승진시켰다. 이 혼인은 사치가 법도를 넘어 비용이 만금萬金을 헤아릴 정도였다.

고 하여, 당시 혼례식의 과정을 간략하게 기록하고 있다. 영조가 세제의 신분에 있을 때라 가례도감 대신에 가례청을 설치한 내용이 나타나 있는데, 가례청은 가례도감보다 격이 한 단계 낮다. 정조가 세손 시절 치른 혼례식에서도 가례도감 대신에 가례청이 설치되었다. 또한 당시 혼례식이 매우 사치스러웠던 점이 나타나 있는데, 훗날 영조는 자신이 국왕으로 있으면서 계비를 맞이한 혼례식에서는 사치 방지를 철저히 강조하였다. 영조는 자신의 왕자 시절 혼례식을 거울 삼아 왕이 된 후의 혼례식은 매우 검소하게 거행하였다.

세자 경종과 세자빈(선의왕후)의 혼례식

숙종 대에는 왕 자신의 두 번의 혼례식뿐만 아니라, 세자인 경종 또한 두 명의 세자빈과 혼례식을 치렀다. 1718년(숙종 44) 2월 세자빈 심씨(단의왕후로 추증)가 타계하자 세자는 같은 해 9월에 병조참지 어유구魚有龜(1675~1740)의 딸을 세자빈으로 맞이하게 되었다. 뒷날의 선의왕후宣懿王后(1705~1730)로서, 당시 세자빈의 나이 14세, 세자는 31세였다. 세자가 나이가 든 만큼 세자와 세자빈의 나이 차가 제법 나는 혼례식이었다.

1718년 8월 8일에 초간택, 8월 10일에 재간택, 윤8월 1일에 삼간택으로 후보자가 결정되었다. 그 후 납채례(윤8월 25일), 납징례(9월 1일), 고기례(9월 4일) 책빈례(9월 13일)를 지냈다. 9월 16일에 어의동 별궁에서 친영이 이루어지고, 이날 신부를 데리고 궁으로 돌아와 대전에서 동뢰연을 거행했다. 다음 날 세자와 세자빈은 왕과 왕비에게 아침인사를 올리고, 9월 28일에는 종묘에 가서 알현했다. 왕실의 혼례식이 있은 후에 이를 종묘에 고하는 묘현례는 숙종 대에 인현왕후가 왕비에 복위된 후 처음 행해졌다가, 이후에는 왕실의 전통으로 자리를 잡아갔다.

혼례식을 치르고 나서 우의정 이건명李健命(1663~1722)을 도제조로 하여 가례도감에서 『경종선의왕후가례도감의궤』를 편찬했다. 말미에는 12면의 친영 반차도가 실려 있다.

영조 대의 혼례식　　영조 대에는 영조 자신의 혼례식이 한 번, 세자의 혼례식이 두 번, 세손 혼례식이 한 번 있었다. 1727년 효장세자孝章世子(1719~1728; 후에 진종으로 추존)와 세자빈 조씨〔효순왕후孝純王后(1715~1751)〕의 혼례식이 있었고, 1744년에는 장헌세자莊獻世子(사도세자)의 혼례식이 있었다. 1759년 영조가 66세 되던 해에 계비 정순왕후를 맞이하는 왕 자신의 혼례식도 있었다. 사도세자와 혜경궁惠慶宮 홍씨洪氏(1735~1815, 후의 헌경왕후獻敬王后)의 혼례식은 『장조헌경왕후가례도감의궤』로 정리되었고, 영조와 정순왕후의 혼례식은 『영조정순왕후가례도감의궤』로 정리되었다. 1762년에는 세손 정조의 혼례식이 있었고, 이 혼례식은 『정조효의왕후가례청의궤』로 정리되었다.

효장세자의 혼례식

1727년(영조 3) 9월 영조의 세자인 효장세자의 혼례식이 있었다. 효장세자는 1719년 영조와 정빈 이씨 사이에서 태어났다. 1724년 영조가 즉위하자 경의군敬義君에 봉해지고 이듬해인 1725년 왕세자에 책봉되었다. 영조는 왕비인 정성왕후와의 사이에서 후사가 없는 상태에서 후궁인 정빈 이씨가 아들을 출생하자 서둘러 왕세자에 책봉하였다. 효장세자는 1727년 9세 때에 4세 연상인 조문명趙文命(1680

~1732)의 딸(후에 효순왕후로 추존)과 혼례식을 올렸으나, 1728년 10세의 나이로 사망하였다. 효장세자는 정조 즉위 후 진종眞宗으로 추존되어 왕의 지위를 얻었다.

효장세자는 7세가 되던 해인 1725년(영조 원년) 3월 20일 세자로 책봉되었으며, 1727년 9월에 세자빈을 맞았다. 세자빈 조씨는 13세로, 세자보다도 4살이나 많았다. 세자 시절의 혼례식에서는 세자빈의 나이가 많은 경우가 많았으나 대개 1~2살 차이로, 효장세자와 세자빈의 나이 차는 큰 편이었다. 세자빈은 8월 28일 삼간택 되었으며, 간택 후 별궁인 어의궁으로 들어갔다. 이후 육례의 절차에 의거하여 9월 20일 납채, 9월 21일 납징, 9월 24일 고기, 9월 27일 책빈, 9월 29일 친영과 동뢰연이 창덕궁 인정전에서 거행되었다. 두 사람의 혼례식은 『진종효순왕후가례도감의궤』로 정리되었는데, 말미에는 12면에 걸쳐 친영 반차도가 그려져 있다.

장헌세자와 세자빈(헌경왕후)의 혼례식

영조는 효장세자를 잃은 후에 영빈 이씨와의 사이에서 1735년에 출생한 사도세자를 세자로 책봉하여 자신의 후사를 잇게 하였다. 1744년 사도세자가 10세 되었을 때 세자빈을 간택하였다. 삼간택 끝에 11월 13일 세자세마世子洗馬(세자 익위사의 정9품 잡직)로 있던 풍산 홍씨 홍봉한洪鳳漢(1713~1778)의 딸을 최종 후보로 선택했다. 이 세자빈이 처음에는 혜경궁으로, 뒤에는 헌경왕후로 추존된 홍씨로서 사도세자와는 동갑이었다. 혜경궁이 초간택, 재간택을 받을 때의 정황은 『한중록』閑中錄에 자세히 기록되어 있다.

납채(1743년 12월 20일), 납징(12월 26일), 고기(12월 29일), 책빈(1744년 1월 9일)의례는 창덕궁 인정전에서 행해졌고, 친영례가 행해진 별궁은 어의궁이었다. 1월 20일 영조는 인정전에 나아가 초계례를 거행하면서, "가서 너의 아내를 맞이하여 나의 송사宗社늘 받들게 아뇌, 엄하게 거느리도록 힘쓰라"고 훈계했다. 이에 세자는 "신 아무개는 삼가 교명을 받들겠습니다"라고 말한 후 네 번 절하고 어의궁으로 가서 산 기러기를 놓고 신부와 친영례를 치렀다. 그런 다음 신부를 데리고 궁으로 돌아와 술과 음식을 나누는 동뢰연을 치렀다. 초례가 끝난 다음 날인 1월 12일 임금은 인정전에 나아가 신하들의 하례를 받고 사면령을 반포하면서 "대신들은 백성을 보호하고 구제할 방도를 강구하라"는 당부를 내렸다. 이로써 세자의 혼례식은 공식적으로 끝을 맺었다.

혼례식을 마친 후 가례도감에서는 『장조헌경왕후가례도감의궤』를 편찬했다. 말미에는 12면의 친영 반차도가 그려져 있다.

66세의 왕 영조와 15세 신부 정순왕후의 혼례식

1757년(영조 33년) 2월 1704년 영조와 혼례식을 치르고 53년간 해로했던 왕비 정성왕후 서씨가 승하하였다. 영조는 고령을 이유로 재혼을 사양했지만 신하들의 강권에 결국은 3년상이 끝난 1759년(영조 35) 6월 15세 신부 정순왕후 김씨를 계비로 맞이했다. 당시 영조의 나이는 66세로, 조선시대 왕실 혼례식에 임하는 인물 중 최고령이었으며, 왕비와의 나이 차 51세도 조선 역대 최고의 기록이었다.

영조는 정성왕후와의 사이에서는 후사가 없었지만 후궁인 정빈이씨는 효장세자를 낳은 바 있고, 영빈 이씨는 장헌세자(사도세자)를 낳았다. 영조의 혼례식이 거행되던 1759년 당시 사도세자는 대리청정을 하면서 후대 왕이 되기 위한 수업을 받고 있었다. 숙종 시절 장희빈의 경우처럼 후궁이 왕비가 되는 사례가 있었지만, 장희빈의 횡포를 경험한 숙종이 후궁이 왕비가 되는 길을 제도적으로 막아버렸기 때문에 영빈 이씨는 왕비가 될 수 없었다. 이러한 상황에서 영조는 66세라는 고령임에도 불구하고 새 왕비를 맞이하게 된 것이다.

영조에게 가례를 처음 권한 것은 대신과 예조당상 등으로서, 이들은 1757년 5월 3일 3년상을 마친 임금에게 곤위坤位를 오래 비워

둘 수 없으니 가례를 정하여 행하라고 청했다. 그러나 왕은 허락하지 않았다. 그 후 5월 6일에 자전인 인원왕후(숙종비)의 3년 상도 끝나고 신주가 종묘에 부묘되었으므로 영조는 3년 상에서 모두 벗어나게 되었고, 5월 7일 드디어 대혼大婚에 관한 방침을 하교했다. 우선 대혼은 자전의 부탁일 뿐 아니라 종사를 위한 일이라는 것을 밝혔다. 그리고 사옹원에서의 동뢰연 이외에는 큰 탁상이나 연상宴床, 여러 가지 반상盤床, 그리고 준화樽花, 상화床花 등을 죄다 제거하라고 지시했다. 혼례식을 간소하게 치르겠다는 방침을 발표한 것이다.

6월 9일에 창경궁 통명전通明殿에서 삼간택을 행하여 유학 김한구金漢耇(1723~1769, 경주 김씨)의 딸을 후보자로 간택했고, 이후 육례가 거행되었다. 6월 13일 진시(오전 8시경)에 영조는 창경궁 명정전에 나아가 납채례를 행했다. 신부에게 청혼을 하는 의식이다. 유척기兪拓基(1691~1767)를 정사, 조운규趙雲逵(1714~1774)를 부사로 삼아 청혼서가 담긴 채여彩輿와 함께 신부 집으로 보냈다. 신부 집에 예물을 전달하는 납징례는 6월 17일에 역시 명정전에서 행해졌다. 영조는 원유관遠遊冠과 강사포絳紗袍 차림으로 명정전에 나와 의식을 치른 후 사신을 신부 집으로 보냈다. 혼사의 날짜를 알리는 고기례는 6월 19일에 이루어졌다. 혼인 날짜는 6월 22로 정했다. 6월 20일에는 신부를 왕비로 책봉하는 책비례를 창경궁 명정전에서 치렀다. 영조가 왕비를 만나 산 기러기를 놓고 인사를 나누는 친영례는 6월 22일 어의동 별궁에서 거행되었다. 영조는 이날 어의궁으로 가서 왕비 수업을 받고 있던 신부와 예를 마치고 왕비를 데리고 궁으로 돌아왔다. 왕비는 창경궁 통명전으로 들어와 영조와 술과 음식을 서로 나누는 동뢰연을 치렀다. 이로써 공식적인 혼례식은 끝났다. 이후 영조는 신하들의 하례를 받고 가례도감 관원들과 장인匠人들에게 차등을 두어 상을 내렸다.

혼례식이 끝난 후인 7월 15일, 영조는 왕비와 함께 종묘에 나아가 묘현례廟見禮를 행하였다. 또한 영조의 생모 숙빈 최씨를 모신

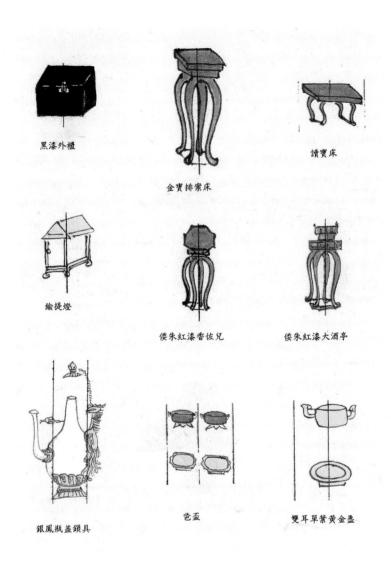

도19 『영조정순왕후가례도감의궤』에 수록된 기명도들 가례에서 사용된 각종 탁자와 술병, 술잔의 그림이다.

黑漆外櫃

金寶排案床

讀寶床

鑰提燈

倭朱紅漆香佐兒

倭朱紅漆大酒亭

銀鳳瓶蓋鎖具

爸盃

雙耳單葉黃金盃

사당인 육상궁毓祥宮에도 행차하여 인사를 올렸다. 숙빈 최씨가 후궁인 까닭으로 종묘에 신주를 모실 수 없었기 때문에, 영조는 어머니의 신위를 위한 사당인 육상궁을 조성했고 자신의 혼례식을 어머니에게도 고한 것이었다. 혼례식을 마친 후 가례도감에서는 그 과정을 기록하여 2책으로 된 『영조정순왕후가례도감의궤』를 편찬했다. 말미에는 50면에 걸친 친영 반차도가 실려 있는데, 등장하는 말이 약 390필, 참가자가 약 1,118명에 이른다. 영조와 정순왕후의 혼례식에 대해서는 제4부 2장 국왕의 혼례식에서 보다 상세하게 설명하기로 한다.[도19]

세손 정조와 효의왕후의 혼례식

8세에 왕세손으로 책봉된 정조는 2년 뒤인 1762년 10세에 혼례식을 올렸다. 정조의 혼례식이 유일한 왕세손 가례가 된 것은 영조의 이례적인 장수와도 관련이 깊다. 사도세자가 왕세자의 신분에서 혼례식을 치른 후에 비극적인 죽음을 당하였지만 영조는 여전히 조선의 왕이었고, 손자의 혼례식까지 지켜볼 수가 있었다. 정조의 혼례식은 빈도가 높은 왕세자나 왕의 혼례식이 아닌 왕세손의 혼례식이라는 점에서도 의미가 있다.

영조는 세손빈의 간택을 명하면서, 격을 낮추어 혼례식을 진행할 것을 명하였다. 1744년에 이미 왕세자인 사도세자와 혜경궁 홍씨의 혼례식이 있었으므로, 세손의 혼례는 간소하게 치를 것을 명했던 것이다. 왕실 혼례식에는 도제조가 정승급에서 임명되고, 제조 3명은 판서급에서 임명되는 것이 원칙이었지만 세손 혼례식인 만큼 도제조를 없애고 제조 2명만 두었다. 원래 왕실의 혼례식을 주관하는 본부를 '가례도감'이라고 했으나, '가례청'이라 한 것도 왕세손의 혼례식이었기 때문이었다.

1761년 12월 22일에 경희궁 홍정당興政堂에서 삼간택을 행하여 관찰사 김시묵金時默(1722~1772)의 딸을 최종 후보로 선발했다. 이때 세손빈〔후의 효의왕후孝懿王后(1753~1821)〕의 나이 9세였다. 세자와 혜경궁 홍씨가 며느리 간택에 참여했다. 이날 세손빈으로 간택된 신부는 어의궁으로 가서 세손빈 수업을 받기 시작했다. 1761년 12월 26일 경희궁 경현당景賢堂에서 납채례를 시작하여, 납징례(다음해 1월 3일)와 고기례(1월 7일), 그리고 책빈례(1월 8일)를 거쳐 2월 2일에 친영례와 동뢰연이 거행되었다. 친영례는 어의동 별궁에서 거

도20 《서궐도형》에 그려진 경희궁
홍정당(❶), 경현당(❷), 광명전(❸)
일대

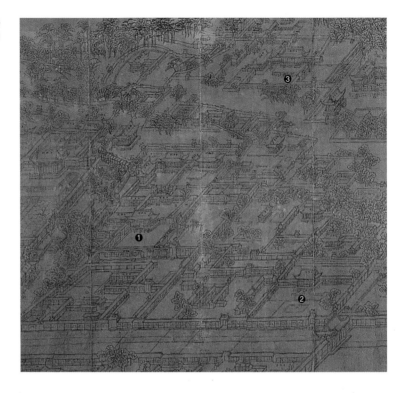

행되었으며, 오후 4시경 경희궁 광명전光明殿으로 가서 술과 음식을
나누는 동뢰연을 올렸다. 그 다음 날 세손빈은 광명전에 가서 영조
와 왕비 정순왕후에게 아침인사를 드리는 조현례를 거행하고, 상휘
당과 홍정당에 가서 장헌세자와 세자빈 혜경궁 홍씨에게 조현례를
행했다. 왕세손인 만큼 왕과 왕비에 이어, 왕세자와 왕세자빈에게
도 인사를 올린 것이다.[도20]

묘현례廟見禮는 혼례식이 행해진 후 6개월이 지난 후에 거행되었
다. 8월 15일 영조는 종묘에 나아가 전알례展謁禮(선조들의 위패에 절을
함)를 행하였는데, 세손빈이 처음으로 묘현례를 행하였다. 묘현례
후에 세손빈이 영조의 생모인 숙빈 최씨를 모신 사당인 육상궁毓祥
宮에 나아가 참배하도록 한 것도 주목되는 점으로, 영조의 생모에
대한 존숭 의식이 잘 나타나 있다.

세손 정조의 혼례식이 끝난 후 가례청에서는 당상 남태제南泰齊

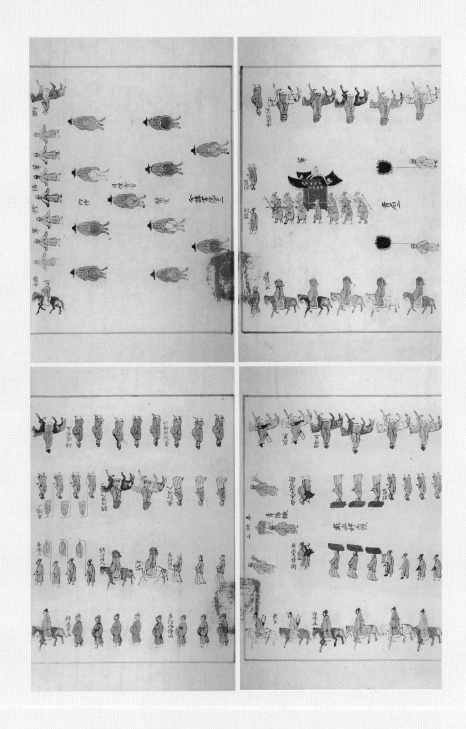

도21~24 『정조효의왕후가례청의궤』 반차도에 그려진 세손빈의 행렬

가 중심이 되어 2책으로 된 『정조효의왕후가례청의궤』를 편찬했다. 의궤의 말미에는 16면의 친영 반차도가 보이는데, 3년 전에 작성된 영조의 혼례식과는 달리 세손빈의 행렬만을 그렸다. 왕세손의 혼례 식인 만큼 반차도 역시 간소화 한 것이다. 세손의 혼례식이 의궤의 기록으로 남아 있는 것은 세손 시절 정조의 혼례식이 유일하다.도21~24

순조 대의 혼례식   순조 대의 혼례식은 순조가 왕이 된 직후에 순원왕후純元王后(1789~1857)를 왕비로 맞이 하는 혼례식과, 세자인 효명세자孝明世子(1809~1830)가 세자빈〔후의 신정왕후神貞王后(1808~1890)〕을 맞이한 혼례식이 있었다.

순조와 순원왕후의 혼례식

순조의 혼례식은 정조가 승하하던 1800년(정조 24)에 재간택까지 이 루어져서 시파時派의 인물로서 안동 김씨 김조순金祖淳(1765~1832)의 딸로 후보자가 정해진 상태였으나, 아직 삼간택과 가례를 올리지 못한 가운데 정조가 승하하였다. 결국 순조는 혼례식을 올리지 못 한 상태에서 왕위에 오르게 되었다. 정조에 대한 3년 상이 끝나고

도25 〈파적도〉《긍재전신첩》에 수록, 김득신, 18세기, 종이에 담채, 22.4 ×27cm, 간송미술관 소장.

정조의 신주가 종묘에 부묘된 1802년(순조 2) 8월 가례가 다시 추진되었다. 1802년 8월 4일 시 임대신時任大臣과 원임대신原任大臣 들은 13세가 된 왕의 가례가 시급 함을 요청했다. 대왕대비인 정순 왕후 김씨는 삼간택의 날짜를 9월 6일로 정하고 가례는 기묘년(1759 년 영조와 정순왕후의 혼례식)의 예를 따르라고 했다. 왕의 혼례식인 만 큼 바로 전인 영조의 사례를 따르

도26 《강산무진도》 **부분** 이인문, 18세기, 비단에 담채, 43.8×856.0cm, 국립중앙박물관 소장.

도록 한 것이다. 9월 6일 삼간택이 행해져 김조순의 딸이 왕비로 다시 확정되었다. 김조순이 정조 대 시파時派의 입장을 지킨 만큼 노론 벽파의 입장에서는 부담스러웠으나, 이미 정조 때 진행된 혼례였기 때문에 김조순의 딸이 왕비가 될 수 있었다. 우여곡절 끝에 안동 김씨 출신 왕비가 탄생한 것은 19세기 세도정치의 서막을 열었다는 점에서도 그 의미가 크다.

순원왕후는 훗날 순조, 헌종, 철종 3대 60년간에 이르는 안동 김씨 중심 세도정치의 중심인물이 되었다. 특히 순원왕후는 왕위 계승과 전혀 관계 없는 위치에 있던 철종을 왕위에 올린 뒤 안동 김씨 출신의 왕비를 맞이하게 하는 등 19세기 중반의 정국을 주도했다.

혼례식은 육례를 갖추어 진행되었다. 납채례는 9월 18일, 납징례는 9월 20일, 책비례는 10월 13일 창덕궁 인정전에서 거행되었다. 친영례는 10월 16일에 어의동 별궁에서 치러졌다. 동뢰연은 창덕궁 내 왕의 침전인 대조전大造殿에서 거행되었다. 다음 날 왕비(중궁전)는 왕대비에게 먼저 아침인사를 드리는 조현례를 치르고, 그 다음 날 대왕대비전에 알현했다.

순조와 순원왕후의 혼례식을 마치고 나서 이 일을 주관한 가례

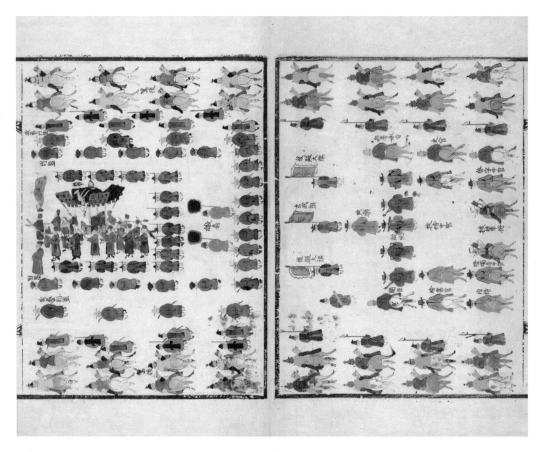

도감은 2책으로 된 『순조순원왕후가례도감의궤』를 편찬했다. 말미에는 52면에 달하는 채색 친영 반차도가 실려 있는데, 당대 일류 화가인 김득신金得臣(1754~1822), 김양신金良臣, 신한평申漢枰(1726~?), 장한종張漢宗(1768~1815), 이수민李壽民(1783~1839), 이인문李寅文(1745~1821) 등이 반차도 제작에 참여했다.도25~27

효명세자와 신정왕후의 혼례식

1819년(순조 19)에는 순조의 아들이자 왕세자인 효명세자의 혼례식이 있었다. 효명세자는 4세에 책봉례를 치르고, 9세에 입학례를 치른 다음 11세 되던 해인 1819년 10월 13일에 풍양 조씨 조만영趙萬永(1776~1846)의 딸을 세자빈으로 맞이했다. 이 세자빈이 바로 훗날 83

세까지 장수하면서 막강한 영향력을 행사했던 신정왕후神貞王后이다.

효명세자는 순조 말년인 1827년부터 대리청정을 하면서 왕실의 권위를 회복하려고 했다. 세자는 4년간 대리청정을 하면서 할아버지인 정조를 닮으려고 노력하였다. 안동 김씨 세도가문 견제, 궁중 정재呈才의 제작 등 왕실의 권위 회복에도 힘을 쏟았다. 효명세자는 순조가 즉위한 후 30주년을 맞아 숙종 대와 영조 대의 전례를 논하고 순조의 진찬進饌을 주관하면서 국왕권의 강화를 추진하였고, 궁중 무용의 창사唱詞를 직접 지을 정도로 문화 면에도 관심을 보였다. 그러나 1830년 22세의 나이로 요절하였다. 아들 헌종이 즉위하자 익종翼宗으로 추존되었다가 고종 대에는 다시 문조익황제文祖翼皇帝로 추존되었다. 왕릉은 현재 동구릉東九陵 경역에 조성되어 있는 수릉綏陵이다.

효명세자의 혼례식에서 초간택은 1819년 5월 6일, 재간택은 5월 19일, 삼간택은 8월 11일에 거행되었다. 간택의 공간은 경희궁 장락전長樂殿이었고, 최종적으로 풍양 조씨 조만영의 딸이 간택되었다. 조만영은 고구마의 전래자인 조엄趙曮(1719~1777)의 손자이자, 이조판서 조진관趙鎭寬(1739~1808)의 아들로서 명문가의 후예였다. 납채례는 9월 20일, 납징례는 9월 29일, 고기례는 10월 2일, 책빈례는 10월 11일에 거행되었는데, 모두 경희궁 숭정전에서 치렀다. 10월 13일에는 어의동 별궁에서 친영례를 행했다. 동뢰연은 경희궁 광명전에서 거행했다. 다음 날 아침 신랑과 신부는 먼저 왕과 왕비에게 아침인사를 올리는 조현례를 행하고, 그 다음 날 아침에는 왕대비전에 인사를 올렸다. 경희궁 숭정전의 조현례에서 순조는 "온 백성이 세자의 경사에 힘입어 예찬禮讚하는 노래가 사경四境에 드높았고, 동궁이 빈을 맞이하는 의식을 거행함에 백 채의 수레로 예를 갖추었다"고 하여 세자의 혼례식을 성대히 거행했음을 선언하였다.

혼례식이 끝나고 가례도감에서는 2책으로 된 『효명세자·신정왕후가례도감의궤』를 편찬했다. 말미에는 52면에 달하는 채색 친영 반차도가 실려 있다. 세자의 가례에 관한 반차도이지만 영조, 순조의 가례에 못지않게 행렬의 규모가 크다. 그만큼 오랜만에 거행된 적장자 왕세자의 혼례식에 대한 왕실의 기대가 컸음을 보여주고 있다. 반차도는 이수민李壽民, 이윤민李潤民, 유운홍劉運弘(1797~1859) 등 당대의 화원들이 그렸다.

헌종 대의 혼례식　　순조의 아들인 효명세자가 요절한 후 순조의 손자가 되는 헌종이 8세의 어린 나이로 왕위에 올랐다. 따라서 헌종은 왕세자 때 혼례식을 거행하지 않았고, 왕이 된 후 두 번의 혼례식을 치렀다. 정비인 효현왕후, 계비인 효정왕후孝定王后(1831~1903)와의 혼례식이다.

헌종과 효현왕후의 혼례식

헌종은 8세에 관례冠禮를 거행하고 바로 왕위에 올랐으므로 아직 결혼을 하지 않은 상태였다. 그러나 1837년(헌종 3)에 이르러 나이 11세가 되었으므로 가례를 치르고 왕비를 맞이했다. 혼례식은 1837년 1월 2일에 영돈녕과 시원임 대신들이 대왕대비에게 왕의 가례를 요청한 데서부터 시작되었다.

　　1837년 1월 7일 선왕인 순조의 신주를 부묘祔廟하는 의식이 끝나자, 순원왕후는 1월 10일 왕의 혼례를 속히 거행할 것을 명하였다. 이날 전국의 나이 9세에서 13세에 이르는 처자들에게는 금혼령을 내렸다. 1월 14일에 대왕대비는 간택할 때 처자들이 세저細苧(가는 모시옷)를 입으라고 명했는데, 아마도 간택된 규수들의 몸매를 보기 위한 것으로 여겨진다. 초간택은 2월 6일에 거행되어 승지 김조근金祖根(1793~1844)의 딸을 비롯한 7명이 뽑혔다. 2월 18일에 재간택을 하여 3명을 뽑았다. 그리고 2월 26일 삼간택을 하여 김조근의 딸을 최종적으로 선택했다. 삼간택은 창경궁 통명전에서 거행되었다. 김조근은 김상헌金尙憲(1570~1652)의 후손으로 안동 김씨 명문가

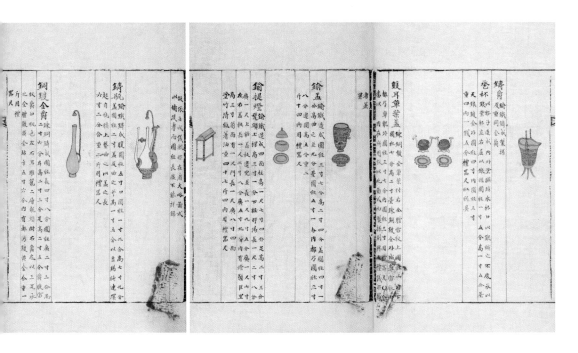

의 후광을 입고 있었다. 안동 김씨 세도 가문의 위상을 강화하려는 순원왕후의 의지가 크게 반영된 혼사였다.

납채는 3월 6일, 납징은 3월 12일, 고기는 3월 13일, 책비는 3월 18일에 거행되었다. 이 모든 의례는 창덕궁 인정전에서 거행되었으며, 친영례는 3월 20일 어의동 별궁에서 거행되었다. 다음 날 왕비는 시어머니인 왕대비 조씨에게 먼저 인사를 올리는 조현례를 행하고, 그 다음 날에는 할머니인 대왕대비 순원왕후 김씨에게 인사를 드리는 조현례를 행했다.

헌종과 효현왕후의 혼례식은 2책으로 된 『헌종효현왕후가례도감의궤』로 정리되었다. 현존하는 20건의 가례도감의궤 가운데 체제가 잘 정비되어 있고 화려하다. 말미의 친영 반차도는 68면에 걸쳐 그려져 있는데, 왕의 혼례식이라는 점과 19세기에 들어와 친영의 규모가 커지는 시대 상황이 반영되어 있다. 의궤 제작에 참여한 화원들은 21명으로, 이한철李漢喆(1808~?), 이재관李在寬(1783~1837) 등이 참여하였다. 도28, 도29

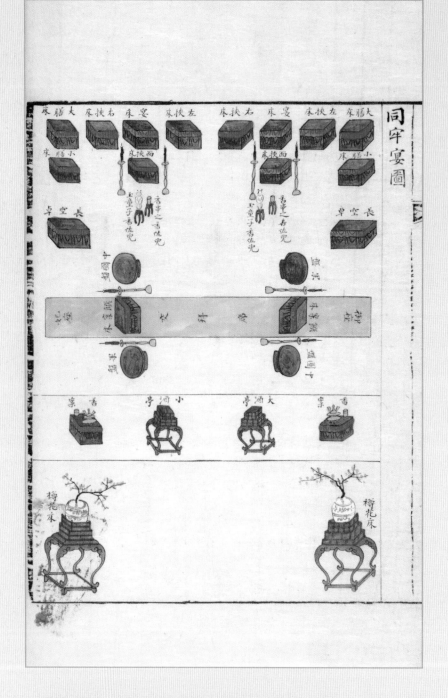

헌종과 계비 효정왕후의 혼례식

1843년(헌종 9) 8월 효현왕후 김씨가 16세를 일기로 승하하였다. 왕이 계비를 맞이하는 경우 정비의 삼년상을 치른 다음에 거행하는 것이 관례였으나, 왕실의 최고 어른인 순원왕후 김씨는 헌종이 후사를 얻지 못했다는 이유로 효현왕후의 장례식을 12월 2일에 치르고 나서 바로 왕비 간택에 들어갔다. 삼년상이라는 원칙이 왕실이 처한 여건에 따라 변통이 될 수 있음을 보여주는 사례이다.

1844년(헌종 10) 4월부터 새 왕비를 간택하는 절차를 밟기 시작하여 4월 22일에 초간택, 4월 26일에 재간택, 9월 10일에는 경희궁 장락전에서 3간택을 했다. 금위대장 남양 홍씨 홍재룡洪在龍(1794~1863)의 딸을 최종 후보로 선택했다. 왕비(효정왕후: 1831~1904)의 나이는 14세였고, 왕의 나이는 18세였다. 10월 6일 납채례를 경희궁 숭정전에서 행하고, 10월 9일의 납징례, 10월 15일의 고기례, 10월 18일의 책비례는 모두 경희궁 숭정전에서 거행했다. 10월 21일 어의동 별궁에서 친영례를 거행했다. 이날 왕비를 경희궁으로 데리고 와서 광명전에서 술과 음식을 함께 나누는 동뢰연을 거행했다. 다음 날 왕비는 왕대비전에서 조현례를 행하고, 그 다음 날에는 대왕대비전에서 조현례를 치렀다.

정조, 효명세자, 헌종의 혼례식이 모두 경희궁에서 거행된 것도 주목되는데, 현재 조선의 궁궐 중에서 가장 복원이 되지 않아 원형이 거의 남아 있지 않은 경희궁의 복원 사업을 적극 추진하여, 조선 후기 왕실의 혼례의식을 재현하는 공간으로 활용하는 방안도 모색할 만하다.

헌종과 효정왕후의 혼례식은 『헌종효정왕후가례도감의궤』 2책으로 정리되었다. 말미에는 80면에 이르는 대형 친영 반차도가 실려 있다. 80면의 방대한 반차도는 최대 규모의 행렬을 보여주는 것으로서, 혼례식 장면을 화려하게 표현했음을 알 수 있다. 본 의궤 이외에도 헌종과 효정왕후의 혼례식은 8폭의 《헌종효정왕후가례병

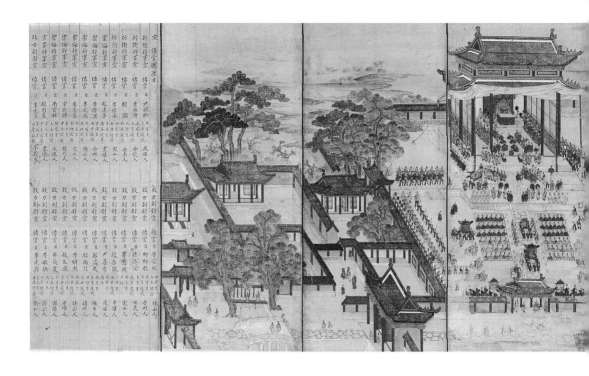

도30 《헌종효정왕후가례병풍》 비단에 채색, 각 폭 115.7×51.8cm, 동아대학교박물관 소장.

풍》으로 제작되었다. 이 병풍은 현재 동아대학교박물관에 소장되어 있는데, 가례에 관한 유일한 병풍이다. 이 병풍은 경희궁 숭정전에서의 책비의례를 그린 것으로 보이는데 조선 후기 왕실 혼례식의 현장 상황을 파악하는 데 매우 중요한 자료이다. 헌종은 어린 시절 왕위에 올라 정치적으로나 문화적으로 별다른 업적을 보이지는 않았지만 두 번의 혼례식을 정리한 의궤와 가례 병풍에서는 가장 화려한 왕의 모습을 보여주었다.도30

철종 대의 혼례식　　철종은 조선의 왕 중에서 본인의 의지가 가장 없는 상태에서 왕이 된 인물로 손꼽힌다. 조부인 은언군恩彦君(1755~1801)이 신유박해에 연루되어 처형을 당한 후 철종은 강화도에서 왕족의 신분을 잊고 평민으로 살아가고 있었다. 그러한 상황에서 19세 되던 1849년 6월 6일 갑자기 궁궐로 들어오라는 순원왕후의 명을 받는다. 안동 김씨 세도정치가 절

146　　　　　　제3부　조선 왕실의 시기별 혼례식

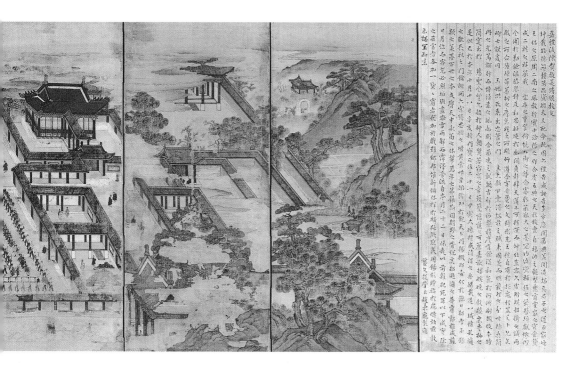

정에 이르던 시절, 순원왕후는 세도정치에 가장 걸림돌이 되지 않을 만한 허약한 왕족을 왕으로 추대한 것이다.

철종은 왕이 되었으나 아직 결혼을 하지 않은 상태였고, 헌종의 국상이 끝나기 전에는 혼례식을 올릴 수 없었다. 1851년(철종 2) 8월 6일에 헌종의 신주를 종묘에 부묘하여 국상을 마친 다음 달인 윤8월에 가서야 철종의 가례가 본격적으로 준비되기 시작했다. 이보다 앞서 1851년 1월 10일에 대왕대비인 순원왕후는 전국의 14세에서 18세까지의 처자들에게 금혼령을 내렸다. 철종의 나이가 19세였으므로 10대 초반의 처녀에게 금혼령을 내리는 관례를 깨고 철종의 나이에 맞춘 것이다.

신부의 초간택은 1851년 윤8월 3일에, 재간택은 8월 13일에, 삼간택은 8월 24일에 거행되어 안동 김씨 김문근金汶根(1801~1863)의 딸이 최종 후보로 선택되었다. 철종 비인 철인왕후哲仁王后(1837~1878)는 15세에 왕비가 되어 1878년(고종 15)에 42세로 승하했다. 대

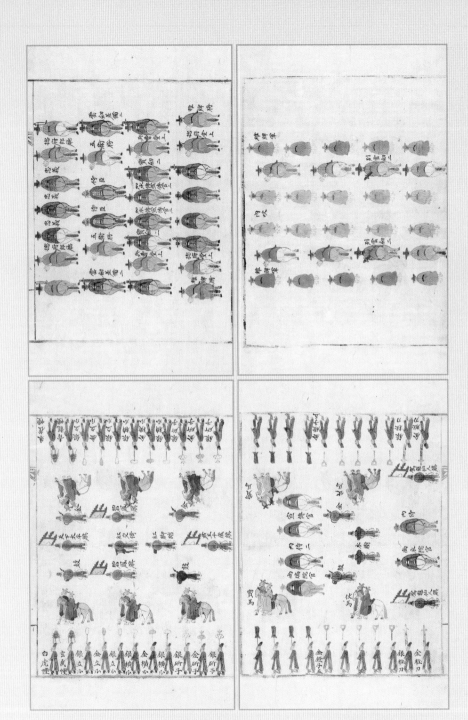

도31~34 「철종철인왕후가례도감의궤」 반차도의 인물 행렬

왕대비 순원왕후는 자기 집안에서 며느리를 구해 안동 김씨 세도정치의 위상을 보다 공고히 하였다. 결국 19세기에는 순원왕후에 이어, 헌종 비 효현왕후 김씨, 그리고 철인왕후까지 안동 김씨 출신이 연이어 왕비가 되는 상황을 맞이하였다.

8월 24일에 왕비가 간택되자 왕비는 어의동 별궁으로 들어가 왕비 수업을 받기 시작하고, 육례를 갖추어 혼사가 진행되었다. 9월 19일 창덕궁 희정당熙政堂에서 납채례를 거행했으며, 납징례는 9월 21일, 고기례는 9월 24일, 책비례는 9월 25일 모두 창덕궁 인정전에서 거행되었다. 친영과 동뢰연은 9월 27일에 거행되었다. 친영 후 창덕궁 대조전에서 동뢰연을 치렀다.

철종과 철인왕후의 혼례식이 끝난 뒤 도제조 좌의정 김흥근金興根(1788~1842)이 중심이 되어 『철종철인왕후가례도감의궤』 2책을 편찬했다. 상권의 말미에는 92면의 채색 친영 반차도가 실려 있는데, 이것은 지금 남아 있는 총 20종 가례도감의궤의 친영 반차도 가운데 가장 길고 화려한 것이 특징이다. 전보다 인물 묘사가 커지고 세부 사항을 자세하게 그렸다. 19세기에 들어와 가례도감의궤의 기록뿐만 아니라 친영 반차도 제작의 규모가 커지고 있음을 볼 수 있는데, 이것은 세도정치기에 왕실에서 화려함과 사치를 지향한 상황과도 그 맥락을 같이한다.도31~34

고종 대의 혼례식　　　고종 대의 혼례식은 1897년 대한제국을 선포하기 이전의 혼례식으로 제한하여 살펴보고자 한다. 대한제국 선포 후 조선은 황제국이 된 만큼 혼례식에서도 그 변화상이 파악되기 때문이다. 대한제국 이전 시기 고종 대의 혼례식은 국왕 고종과 명성황후明成皇后(1851~1895)의 혼례식과 왕세자 순종의 혼례식이 한 차례 있었다.

고종과 명성황후의 혼례식

고종은 흥선대원군興宣大院君 이하응李昰應(1820~1898)과 신정왕후의 밀약에 의해 12세에 왕위에 올랐다. 고종은 왕이 된 직후에는 가례를 올릴 수 없었다. 철종의 3년 상이 아직 끝나지 않은 상중이었기 때문이다. 그래서 철종의 신주를 종묘에 부묘한 직후 본격적으로 혼례식을 준비하여 1866년(고종 3) 3월에 민치록閔致祿(1799~1858)의 딸인 명성황후 민씨를 왕비로 맞이하였다. 당시 고종의 나이 15세요 왕비의 나이는 16세로, 명성황후가 연상이었다.

가례의 주도권은 형식상 수렴청정을 하던 대왕대비 조씨가 잡고 있었으나 실질적으로는 흥선대원군이 주도하였다. 흥선대원군의 부인인 여흥 민씨 집안의 딸을 간택한 것이나, 흥선대원군이 자신의 사저인 운현궁을 별궁으로 활용한 것은 이러한 분위기를 잘 보여주고 있다. 1866년 1월 1일부터 12세에서 17세에 이르는 전국의 사족 처자들에게 금혼령이 내려졌다. 『승정원일기』에는 '예조가 아뢰기를, 12세부터 17세까지 처자의 혼인을 금하도록 명하셨습니다. 전례에 따라 혼인을 금하도록 서울과 지방에 분부하고 당연히 단자들을 받아들여야 할 것입니다. 서울은 이번 정월 11일까지, 지방의 경우 가까운 도道는 이달 15일, 중간 어름의 도는 이달 20일, 먼 도는 이달 25일까지로 기한을 정해 단자를 받아들여 올려 보내도록 하라고 파발마로 알리겠습니다'라고 하여 처녀단자를 올리는 데 지방별로 시기적 차이를 두었음이 나타난다.

간택은 2월 25일부터 시작되어 이날 오시(12시)에 초간택이 창덕궁 중희당重熙堂에서 거행되었다. 후보 처자들은 분은 발라도 좋으나 얼굴에 붉은색을 칠하지는 말라는 분부에 따라 가볍게 화장하고 간택에 임했다. 처녀들의 피부, 요즈음으로 치면 쌩얼을 보기 위해서였을 것이다. 초간택에서 5명이 선발되어 재간택에 나갔고, 재간택은 2월 29일 손시巽時(오전 9시)에 역시 중희당에서 거행되었는데 민치록의 딸 1명만을 뽑았다. 형식상 삼간택이었지만 실제로는 재

도35, 36 운현궁에서 재연된 고종과 명성황후의 가례 사진 협조: 운현궁

간택에서 왕비 후보를 확정한 것이다. 3월 6일의 삼간택에서 민치록의 딸이 최종 확정되었다.

간택이 된 후 명성황후는 별궁으로 정해진 운현궁으로 가서 왕비 수업을 받기 시작했다. 이로써 1638년 인조가 장렬왕후를 계비로 맞이할 때부터 별궁으로 활용되었던 어의궁은 혼례식의 공간으로는 역사 속에서 사라지게 되었다.

혼례는 육례의 절차를 갖추어 진행되었다. 납채례는 3월 9일 진시(오전 8시)에, 납징례는 3월 11일 오시에 인정전에서 거행했다. 3월 17일 오시에는 고기례를, 3월 20일 오시에는 책비례를 역시 인정전에서 거행하였다. 3월 21일 진시에 고종은 운현궁으로 가서 친영의식을 치른 다음 왕비를 데리고 창덕궁으로 돌아왔다. 창덕궁으로 돌아온 고종과 명성황후는 그날 정시(오후 1시)에 중희당에서 동뢰연을 치렀다. 공식적인 가례는 끝나고, 다음 날 아침 대왕대비인 신정왕후와, 왕대비인 효정왕후, 대비인 철인왕후에게 차례로 인사를 드리는 조현례를 치렀다. 고종의 혼례식에 3명의 할머니가 생존해 있었던 점도 주목이 된다.도35, 도36

고종과 명성황후의 혼례식이 끝난 후 영의정 조두순趙斗淳(1796~1870)을 도제조로 하는 가례도감에서는 『고종명성황후가례도감의

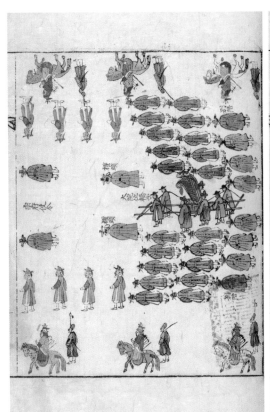
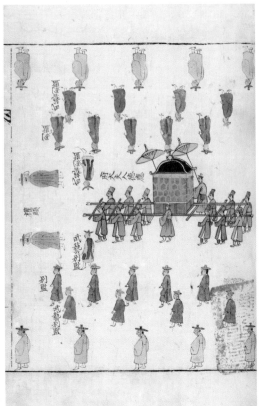

궤』 2책을 편찬했다. 이 책에는 82면에 달하는 화려한 채색 친영
반차도가 실려 있다. 이전의 반차도와 다른 점은 왕의 행렬 끝부분
인 38면에 종부시 사령 2인과 권두權頭(종친부, 의정부, 의빈부, 충훈부의
화위직(한자) 관리의 우두머리) 2인을 앞세우고 대원위大院位 교자轎子가
새롭게 등장하며, 왕비 행렬의 거의 마지막 부분인 78면에는 부대
부인府大夫人 덕응德應(공주나 옹주가 타는 가마)이 등장한다. 친영 반차
도에 보이는 대원군과 그 부인의 가마는 아들인 고종의 혼례식에서
차지하는 대원군의 위상을 상징적으로 보여준다.도37, 38

세자 순종과 순명효황후의 혼례식
1874년 고종과 명성황후와의 사이에서 적장자(순종)가 출생하였다.

고종은 세자가 9세 되던 해인 1882년(고종 19)에 세자의 가례를 결정하였다. 이미 그 전해인 1881년 11월 15일에 금혼령을 내려 7세에서 11세까지의 여자아이들은 혼인을 할 수 없게 하였다. 『고종실록』에는 금혼령의 범위를 7세에서 11세까지로 한 데 비하여, 의궤에는 9세에서 13세까지로 기록되어 있어서 실제 혼례를 진행하는 과정에서 차이가 발생했음을 짐작할 수 있다. 1882년 1월 15일 초간택, 1월 18일 재간택, 1월 26일 삼간택이 행해져서 최종적으로 여흥 민씨 민태호閔台鎬(1834~1884)의 딸을 최종 후보로 낙점했다. 당시 세자빈의 나이는 세자보다 두 살 위인 11세였는데, 뒷날 순명효황후純明孝皇后(1872~1904)가 되었다. 삼간택 과정에서 홍미로운 사실은 순종이 재간택과 삼간택 사이인 1월 20일에 창덕궁 중희당에서 관례를 거행한 것이다. 그만큼 시일이 급했기에 성인이 되는 관례와 혼례식을 같은 기간에 한 것으로 보인다.도39, 40

삼간택이 이루어지자 세자빈은 별궁으로 가서 세자빈 수업을 받기 시작했다. 별궁은 고종 혼례식 때 임시적으로 사용된 운현궁 대신에 안국동 별궁으로 정해졌다. 납채례는 2월 3일에 인정전에서, 납징례는 2월 7일에, 고기례는 2월 9일에, 책빈례는 2월 19일에 인정전에서 거행되었다. 2월 21일에는 인정전에서 초계례를 거행하였다. 초계례가 끝나자 세자는 바로 안국동 별궁에 가서 친영례를 거행하고, 창덕궁 중희당에서 술잔과 음식을 나누는 동뢰연을 거행했다. 가례가 끝나고, 다음 날 아침 세자빈은 대전(왕)과 중궁전(왕비), 그리고 대왕대비 조씨(신정왕후)와 왕대비 홍씨(효정왕후)에게 차례로 인사를 올리는 조현례를 거행하였다.

　　순종의 혼례식을 마치고 나서 좌의정 송근수宋近洙(1818~1902)를 도제조로 하는 가례도감에서는 『순종순명황후가례도감의궤』 2책을 편찬했다. 이 책에는 세자가 세자빈을 데리고 궁으로 오는 70면의 채색 친영 반차도가 실려 있다. 앞부분은 왕세자의 가마이고, 뒷부분은 왕세자빈의 가마이다. 반차도는 박창수朴昌洙 외 5인의 화원과 김태현金台鉉 외 8인의 화사畵師가 그린 것으로 나타나 있다.

황태자 순종의
혼례식
　　1907년 1월 거행된 황태자와 황태자빈의 혼례식은 조선 왕실에서 거행된 유일한 황태자 혼례식이었다. 1904년(광무 8) 황태자비인 순명황후 민씨가 11월 5일에 승하하였다. 황태자비의 장례식을 치른 후인 1906년부터 황태자의 재혼이 논의되었다. 7월 4일에 초간택이 거행되어 영친왕부英親王府 총관 윤택영尹澤榮(1866~1935)의 딸을 비롯하여 7명의 후보를 선발하였다. 9월 22일에는 재간택이 이루어져 윤택영의 딸, 심종찬沈鍾燦의 딸, 성건호成建鎬의 딸이 선발되었다. 삼간택은 12월 31일에 경운궁 중명전重明殿에서 거행되어 해평 윤씨 윤택영의 딸이 최종 후보로 결정되었다. 고종황제는 태자비궁太子妃宮의 크고 작은 규정은 비서감祕書監에서 만들어 들이도록 하였다. 당시 황태자의 신분이었던 순종이 33세였고, 황태자비는 13세였다.

혼례식은 육례를 갖추어 거행되었는데, 대한제국 시기라는 특징이 반영되어 변화가 있었다. 먼저 납길례納吉禮(신랑 집에서 혼인 날을 택하여 신부 집에 알리는 일)가 추가되었다. 납길례는 원래 혼례의 육례에 포함되었으나, 『주자가례』에는 문명問名과 납길, 청기請期를 제거하였다. 또한 황제가 의식에 참여하지 않고 황태자와 대신들이 황제를 대신하여 집행하는 권정례權停禮를 따랐다. 보통 가례는 봄이나 가을에 거행하는 것이 상례인데, 이번의 경우는 추운 겨울에 거행되었기 때문에 황제의 건강을 고려하여 의식 참가를 면제한 것이다.

혼례식을 거행한 장소는 고종이 1897년 대한제국을 선포한 후에 집무했던 궁궐인 경운궁이었다. 광무 11년(1907) 1월 8일(음력 1906년 11월 24일)에 청혼서를 보내는 납채례와 문명問名의식이 거행되었는데, 정사 조병호趙秉鎬(의정대신), 부사 김병익金炳翼(특진관)이 문서를 신부 집에 전달하고 이 사실을 대신이 황제에게 보고했다. 1월 11일(음력 11월 27일) 납길례가 거행되었고, 다음 날 예물을 보내는 납징례, 1월 23일(음력 12월 10일)에 혼인 날짜를 알리는 고기례, 1월 24일(음력 12월 11일) 윤씨를 황태자비로 책봉하는 책비례가 경운궁 중화전에서 거행되었다. 혼례식의 주관자가 황태자인 것이 주목되는데, 이날 신부를 데리고 궁으로 돌아오는 봉영례가 거행되고, 함녕전에서 신랑과 신부가 음식을 나누는 동뢰연이 거행되었다. 내전에 가서 고종황제에게 인사를 올리는 조현례도 행하였다.

순종의 혼례식에서는 육례에 포함되었던 친영례 대신에 봉영례를 도입한 것도 주목되는데, 원래 봉영례는 조선 전기 의례의 완성서인 『국조오례의』의 가례嘉禮에 규정되어 있었다. 즉 왕비를 맞이하는 납비의納妃儀인 경우에는 납채, 납징, 고기, 책비 다음에, 사자使者를 보내 왕비를 맞아들이는 봉영의식이 있었다. 세자빈을 맞이하는 납빈의納嬪儀인 경우에는 봉영 대신에 왕세자가 친히 왕세자빈을 맞이하러 가는 친영의식이 기록되어 있는 것이 납비의納妃儀의 차이가 있었다. 왕의 혼례식에 봉영례가 언급된 것은 최초의 사례

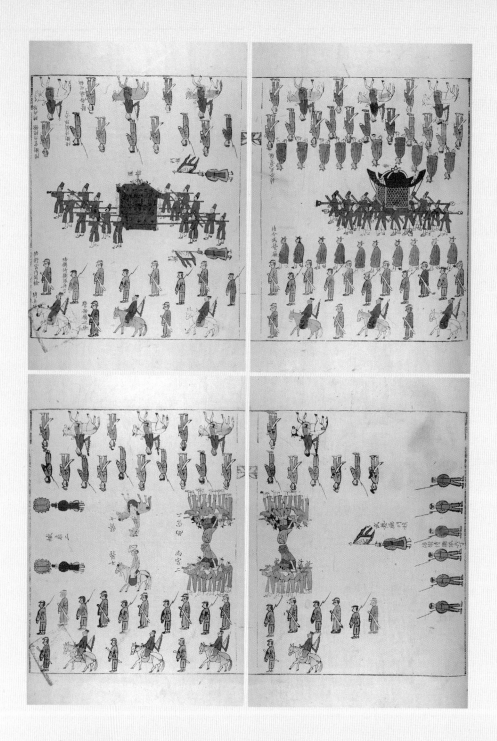

도41~44 「순종순정효황후가례도감의궤」 반차도 부분 서울대학교 규장각 한국학연구원 소장.

이다.

혼례식이 끝나고 나서 사흘 뒤인 1월 27일에 황제는 중화전에 나아가 신하들의 축하를 받고, 대사령을 반포했다. 혼례식이 끝난 뒤 가례도감에서는 2책으로 된 『순종순정효황후가례도감의궤』를 편찬하였다. 이 책에는 46면에 걸친 친영 반차도가 실려 있다. 제일 앞에 순검巡檢과 당서경무관當暑警務官이 후면도로 그려져 있는데 양복을 입고 있다. 대대장·중대장·소대장·병정 등 군인들은 모두 양복을 입은 모습이지만, 다른 관리와 내시·의녀 등 행사 참여자들의 모습은 전과 같은 복장이다. 일본식 제복을 입고 날카로운 칼을 든 군인들의 등장은 전반적으로 삼엄한 분위기를 보여준다.^{도41~44}

조선 왕실의 혼례식을 지위별로 분석하려면 왕의 가례, 왕세자의 가례, 왕세손의 가례 등으로 구분하여 볼 수 있다.

혼례식이 10대 초반에 이루어지는 만큼 왕세자의 가례가 가장 보편적이었으며, 정비 사망 후에 계비를 맞이하면서

거행된 현직 왕의 결혼식이 몇 차례 있었다. 왕과 왕세자, 왕세손의 가례는 당연히 그 지위에 따른 차이가 있었다.

조선 후기 왕의 혼례식은 의궤 이외에 『국조오례의』, 『국조속오례의』, 『일성록』, 『승정원일기』 등의 기록에도 자세히

정리되어 있어서 왕의 혼례식을 구체적으로 파악하는 데 도움이 된다.

조선 왕실의 지위별 혼례식

王室婚禮

1 왕, 왕세자, 왕세손의 혼례식

조선 왕실의 혼례식을 지위별로 분석하려면 왕의 가례, 왕세자의 가례, 왕세손의 가례 등으로 구분하여 볼 수 있다. 혼례식이 10대 초반에 이루어지는 만큼 왕세자의 가례가 가장 보편적이었으며, 정비 사망 후에 계비를 맞이하면서 거행된 현직 왕의 결혼식이 몇 차례 있었다. 왕과 왕세자, 왕세손의 가례는 당연히 그 지위에 따른 차이가 있었다.

왕실 최고의 지위에 있는 왕의 혼례식은 정비의 사망 등으로 조선시대 몇 차례에 걸쳐 이루어졌다. 특히 19세기에는 어린 왕이 즉위하거나, 정치적인 이유 때문에 왕의 결혼식이 자주 있는 특별한 경우도 있었다. 19세기 순조, 철종, 고종의 혼례식은 모두 왕의 혼례식이었다. 조선 후기 왕의 혼례식은 의궤 이외에 『국조오례의』, 『국조속오례의』, 『일성록』日省錄, 『승정원일기』 등의 기록에도 자세히 정리되어 있어서 왕의 혼례식을 구체적으로 파악하는 데 유익하다. 『승정원일기』에는 혼례식 때 왕의 동선이 잘 나타나 있어서 혼례식의 재현 행사 등에 특히 도움이 된다.도1, 도2 왕의 혼례식에서는 왕과 왕비가 나이 차이가 나는 조선 왕실 혼례문화의 특징도 나타난다.

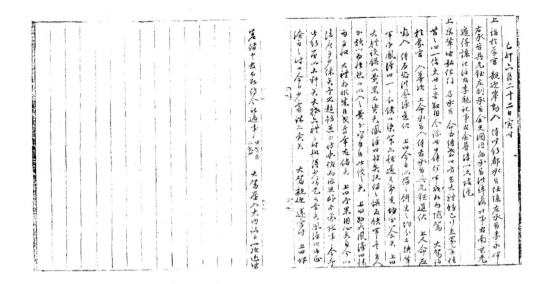

　왕실의 혼례식이 11~13세 전후에 이루어진 만큼 가장 일반적
인 형태가 왕세자빈의 혼례식이었다. 왕세자의 경우 왕이 되기 위
해서는 책봉, 관례, 입학, 혼례의 의식을 행하였다. 요즈음으로 보
면 모두 성인식에 해당하는 의식들이었다.

　정조의 경우처럼 왕세손의 혼례식도 있었다. 왕세손의 혼례식은
왕이나 왕세자 혼례식에 비하면 격이 떨어지고 반차도의 규모도 작
아진다. 정조의 왕세손 시절 혼례식을 정리한『정조효의왕후가례청
의궤』를 왕이나 왕세자의 혼례 시 의궤와 비교하면 그 차이가 확실
하다. 가례도감 대신에 가례청이란 명칭을 쓴 것이나, 총책임자에
해당하는 도제조 대신 제조를 책임자로 임명한 것, 삼방이 아닌 이
방만을 구성하여 혼례식을 준비한 것, 반차도가 18면으로 비교적
소략하게 그려져 있고 왕세손빈의 가마만을 그렸다는 것은 이러한
정황을 보여주는 대표적인 사례이다. 의궤의 본문 내용에서도 복식
이나 물품 조달, 참여 인원의 수 등에서 대부분의 가례와는 달리
규모가 축소된 것을 쉽게 확인할 수 있다.

　더욱이 영조가 1742년『국혼정례』를 정하면서 혼례에서의 사치

방지를 특별히 강조했고 1759년에 있었던 자신의 혼례식에서도 이를 적극 실천했던 만큼, 2년 만에 이루어진 왕세손의 가례에서도 이러한 원칙을 철저히 지켜나갈 수밖에 없었다. 왕세손의 가례라는 점과 국왕 영조의 사치 방지 의지가 함께하면서 정조의 세손 시절 혼례식은 가장 규모가 작은 형태로 치러졌던 것이다. 이외에 혼례식에 사용된 구체적인 물목이나 반차도의 면수 등은 지위별로 큰 차이를 보이므로 이를 중점적으로 비교할 수도 있다.

　　제4부에서는 왕의 혼례식은 『영조정순왕후가례도감의궤』를, 왕세자의 혼례식은 『소현세자가례도감의궤』를, 왕세손의 혼례식은 『정조효의왕후가례청의궤』를 대표 자료로 하여 왕·왕세자·왕세손 혼례식의 모습과 주요한 특징들을 살펴보고자 한다.

2 국왕의 혼례식

조선시대 왕실 혼례식의 기본적인 예법이나 구체적인 과정에 대해서는 앞에서 언급하였으므로, 본 장에서는 왕의 지위에 있을 때 혼례식을 올린 영조와 정순왕후 혼례식의 구체적인 과정을 살펴보고자 한다. 혼례의 대상이 된 인물 분석, 혼례식의 구체적인 절차, 그리고 친영 행렬을 담은 반차도를 중심으로 왕의 혼례식의 규모와 동원된 사람들의 면모 및 역할, 가마의 구성, 의장과 각종 행사 물품 등에 대해 알아보고자 한다.

혼례식의 두 주인공, 영조와 정순왕후 1759년 66세의 영조는 15세의 계비 정순왕후를 맞이하였다. 영조는 조선의 국왕 중에서 최장수 집권한 왕으로 알려져 있다. 균역법, 탕평책 등을 떠올리게 하는 그의 치세 52년간은 조선 후기 정치·문화의 부흥기였다.[도3] 영조는 1694년 아버지 숙종과 무수리 출신인 어머니 숙빈 최씨 사이에서 숙종의 둘째 아들로 출생하였다. '무수리'란 원래 몽고의 궁중어에서 유래한 말로 '궁중에서 일하는 소녀'라는 뜻이며, 궁중에서 허드렛일에 종사하던 어린 계집종을 일컫는 말이있다. 영조의 생모는 7세에 궁중에 들어가 허드렛일을 맡는 무수리로

도4, 5 **사충서원 전경과 묘정비**
Ⓒ김윤만
사충서원은 경종 때 영조의 세자
책봉을 주장하다가 소론의 반격을
받아 처형을 당한 노론 4대신을
배향한 곳이다. 영조 때도 정국의
변화에 따라 철폐와 건립이 반복
되었으며, 현재는 경기도 하남시
에 소재하고 있다.

궁중 생활을 시작했을 만큼 신분이 미천한 인물이었으나, 결국에는
당시의 국왕인 숙종의 눈에 들어 후궁의 위치에 올랐고 결국 왕자
까지 낳기에 이르렀다고 한다.

최씨가 숙종의 눈에 띈 것은 그의 첫 부인인 인정왕후 김씨가
20세로 요절한 후, 생전의 중전을 기려 때마다 제사를 지내는 것을
알았기 때문이었다. 결국 최나인의 갸륵한 마음에 감동하여 정이
끌렸던 숙종은 그녀를 후궁으로 맞아 1694년 마침내 왕자인 연잉
군(후의 영조)을 낳기에 이른다.

영조는 숙종 사후 왕위 계승의 폭풍에 휘말렸다. 1721년 노론의
지지에 힘입어 왕세제로 책봉되었으나, 1721년 장희빈의 아들이었
던 경종이 소론의 적극적인 후원으로 국왕으로 즉위한 후 영조를
지지했던 노론 인사들이 대거 처형되면서, 그의 위치 또한 불안정
해졌다. 특히 영조의 측근으로 있으면서 '노론사대신'으로 불렸던
김창집金昌集(1648~1722), 이이명李頤命(1658~1722), 이건명李健命(1663
~1722), 조태채趙泰采(1660~1722)의 죽음은 이후의 정국에 파란을 몰
고 오는 기폭제가 되었다.도4, 도5 그러나 다행히도 노론의 지원을 얻
은 영조가 1724년 경종의 뒤를 이어 국왕으로 즉위하여 노론이 정
국의 주도권을 장악하게 되면서 영조는 위기를 넘길 수 있었다.

영조는 당쟁의 여파로 국왕에 올랐지만 누구보다 당쟁의 폐해를

도3 《영조어진》 조석진·채용신 필,
1900년 이모, 비단에 채색, 203×
83cm, 국립고궁박물관 소장.

도6 「해동지도」 중 「송도지도」 채색
필사본, 47.5×60.0cm, 서울대학교
규장각 한국학연구원 소장.

뼈저리게 인식하고 국정의 기본 방향을 모든 당파가 고르게 정치에 참여하는 탕평정치로 잡았다. 1727년 탕평교서를 반포한 것은 이러한 의지의 표현이었다. 탕평책의 추진으로 정치적 안정을 꾀한 영조는 각종 문화, 학술사업과 경제개혁에도 온 힘을 쏟았다. 1750년에는 백성들의 여론을 직접 수렴한 후 균역법을 실시하여 백성들에게 최고의 부담으로 다가왔던 군역의 부담을 덜어주었으며, 『해동지도』海東地圖, 『속오례의』續五禮儀, 『속대전』續大典, 『동국문헌비고』東國文獻備考 등을 편찬·간행하여 조선 후기 학술·문화운동의 단초를 마련하였다.도6

영조는 1704년 달성 서씨인 진사 서종제徐宗悌의 딸과 혼인하였다. 영조는 당시 숙종의 제4왕자인 연잉군의 위치에 있었으며, 연잉군과 혼인한 정성왕후는 달성군 부인에 봉해졌다. 당시 『숙종실록』의 기록에 '이 혼인은 사치가 법도를 넘어 비용이 만금萬金을 헤아릴 정도였다'고 표현하여 이 혼인이 대단히 호화로웠음을 짐작할 수 있다. 영조가 자신이 국왕으로 있으면서 계비로 맞이한 정순왕후와의 결혼식에서 철저히 사치를 방지하라고 강조한 것은 이때의

경험이 크게 영향을 미쳤던 것으로 보인다.

1721년 경종이 몸이 약하고 후사가 없어 연잉군이 세제에 책봉
되자 서씨는 세제빈에 봉해졌으며, 1724년 영조가 즉위하자 왕비
에 올라 정성왕후가 되었다. 그러나 불행하게도 영조와의 사이에
후사가 없이 1757년 사망했다. 무덤은 경기도 고양시 용두동에 있
는 홍릉弘陵이다. 영조는 1757년 왕비 정성왕후가 사망하자, 1759
년 계비로 경주 김씨 김한구金漢耉의 딸을 왕비로 맞아들였다. 66세
의 영조에게 15세의 신부가 계비로 들어온 것이다. 이 신부가 곧
정순왕후이다. 51세의 나이 차가 무척이나 커보였지만 어린 계비
또한 야심찬 인물이었음은 후대의 역사가 보여주고 있다. 정순왕후
는 조선 후기 정치·문화의 르네상스를 주도한 영조와 정조의 죽음
후에 전개되는 조선 후기 세도정치의 쟁점에 서게 된다. 영조는 정
순왕후와 만년의 삶 17년을 함께 보내다가 1776년 3월 5일 경희궁
에서 83세의 나이로 승하하였다. 그리고 그해 7월 27일 조선 건국
의 시조 태조가 모셔진 건원릉 서쪽의 두번째 산줄기에 모셔졌다.

영조의 계비 정순왕후 김씨는 1745년 충청도 서산에서 출생하
여 왕비가 되기까지 이곳에서 살았다.도7 정순왕후는 15세의 꽃다운
나이에 영조에게 시집와서 청춘의 대부분을 노년의 국왕 뒷바라지

에 바쳤지만 불행인지 다행인지 영조와의 사이에는 소생이 없었다. 영조가 83세에 사망했으니, 17년간의 젊음을 자식에 대한 애정 없이 오로지 노년의 국왕에게 바친 셈이었다.

정순왕후는 특히 자식인 사도세자 내외와는 무척이나 사이가 좋지 않았다. 장성한 왕자가 대권을 계승하려는 현실에서 갑자기 나타난 나이 어린 왕비의 존재가 꽤나 부담스러웠던 것으로 보인다. 태조가 계비 강씨를 맞아들이고 급기야 그의 아들을 후계자로 지명하려 했을 때, 전왕의 아들인 이방원(태종)이 왕자의 난을 일으켜 이복동생을 죽이고 왕비 강씨와도 끝까지 화합할 수 없었던 것은 대표적인 사례이다.

시집올 당시 정순왕후는 영조의 아들인 사도세자나 며느리인 혜경궁보다 10살이나 아래였다. 사도세자는 영조의 후궁인 영빈 이씨의 아들로 1736년 2세가 되던 해에 왕세자(사도세자)로 책봉되고 15세에 대리기무를 맡는 등 정치에도 남다른 능력을 보였으나, 부왕인 영조와의 갈등 때문에 뒤주에 갇혀 죽은 비운의 인물이다. 사도세자는 그의 아들인 정조가 왕이 된 직후에 남다른 효심을 보였고, 그의 부인 혜경궁 홍씨가 『한중록』을 저술함으로써 일반 사람들에게도 그 비참한 죽음이 많이 알려졌다.

영조가 죽고 정조가 즉위하자, 겨우 31살에 불과했던 정순왕후가 곧바로 왕실의 최고 어른이 되었다. 그러나 사도세자의 충격적인 죽음은 정조와 정순왕후 간에 화합할 수 없는 갈등을 내재하게 하였다. 특히 정순왕후는 아버지 김한구와 그녀의 형제들인 김귀주 金龜柱(1740~1786), 김관주 金觀柱(1743~1806)의 사주를 받아 나경언 羅景彦(?~1762)이라는 인물이 사도세자의 부도덕과 비행을 상소하게 하는 데 일조하였다. 이처럼 정순왕후의 친족들은 영조 대에 노론 벽파의 핵심인물로 활약하면서 사도세자의 죽음을 동정하는 시파와는 정치적으로 크게 대립하였다. 이러한 정순왕후의 정치노선은 시파의 입장에 서 있었던 정조와 거리를 둘 수밖에 없는 요인이 되었다.

정순왕후가 혼례를 올려 입궐한 지 2년 뒤인 1761년에 이른바 사도세자의 평안도 여행 사건이 일어났다. 이 사건은 후에 사도세자를 비극적인 죽음으로 이르게 한 주요한 원인을 제공한 것으로, 이때 정순왕후의 동생 김귀주는 영조에게 밀봉한 편지를 올려 영조 측근의 탕평파 전체를 공격하였다. 그런데 비밀리에 붙여진 사도세자의 평양행을 김귀주에게 알려준 배후 인물로 정순왕후가 지목되었다. 김귀주는 정조가 즉위한 후에 혜경궁을 무시했다는 이유로 흑산도에 유배되기도 했는데 정순왕후를 축으로 하는 세력과 혜경궁 홍씨와 정조로 이어지는 세력은 정치적으로 크게 대립하였음을 알 수 있다.

정조가 즉위한 이후 정순왕후는 왕실의 최고 어른이라는 입지를 내세워 국정에 점차적으로 개입하려고 하였다. 그러나 정조는 정순왕후의 국정 참여를 그리 달가워하지 않았다. 1800년 정조의 급서急逝는 야심에 찬 여인 정순왕후에게 정치적으로 날개를 달아주는 계기가 되었다. 『순조실록』 즉위년 7월의 기사를 보면, 정순왕후는 스스로 '주상이 나이가 어리니 내가 여주女主로서 조정에 임한다'고 하면서 국왕에 버금가는 권력을 행사할 것임을 시사하였다. 이후 정순왕후는 여군女君 또는 여주로 자처하면서 3년 반 동안 수렴청정을 하며 정조가 구축해 놓은 탕평정치의 기반을 완전히 파괴해 버렸다. 단순히 사학邪學으로만 규정되던 서학(천주교)을 금기시하여 서학을 믿던 사람들을 국가 반역자 집단으로 규정하며 대대적인 탄압을 가했으니 이것이 1801년의 신유박해辛酉迫害이다.

1759년 6월 22일, 15세의 꽃다운 신부가 되어 국왕 영조를 수줍게 바라보았을 이 여인 정순왕후는 순조 즉위 후 왕실의 최고 어른이 되자 여주女主임을 자처하고 정치에 적극 개입하였다. 그녀는 정조의 개혁정치를 지원하던 세력들을 대거 제거하면서 경색 정국을 이끌어가는 중심에 위치했다. 그러나 1804년(순조 4) 순조의 친

정체제가 이루어지자 수렴청정을 마치고 왕실의 최고 어른이라는 상징적 존재로 되돌아갔다. 권력을 잃은 허망함이 죽음을 재촉했는지 1805년 1월 창덕궁 경복전에서 승하하였으며, 그해 6월 20일 영조의 무덤인 원릉 옆에 모셔졌다. 정비인 정성왕후가 국왕인 영조보다 먼저 사망하면서 후대의 영조를 위해 무덤의 옆자리를 남겨놓았지만 영조는 사망 후에 따로 동구릉 경역에 자리한 원릉에 묻혔다. 그리고 남겨진 그 빈자리에는 계비 정순왕후가 30년 만에 돌아왔다. 현재 원릉에는 영조와 정순왕후가 쌍릉의 형태로 모셔져 있다.도8 50년을 해로했지만, 홀로 서오릉 경역 내의 홍릉弘陵에 묻힌 영조의 정비 정성왕후의 심정은 어떠할까?

혼례식의
주요 절차와 내용

영조는 숙종의 제4왕자로서 연잉군으로 있을 때인 1704년(숙종 30) 달성 서씨 서종제의 딸인 정성왕후와 혼례를 올렸으며, 1757년 정성왕후가 사망하자 이해 6월에 경주 김씨인 김한구의 딸을 계비로 맞았으니 이가 곧 정순왕후이다. 1759년 6월 2일에 6인을 초간택하였고, 6월 4일에 유학 김한구, 현감 김노, 유학 윤득행尹得行의 딸을 재간택하였으며, 6월 9일에 김한구의 딸을 삼간택하였다. 혼례일은 일관日官이

정하도록 하여 6월 22일로 확정하였다.

『영조정순왕후가례도감의궤』에 의거하여 영조 대에 육례를 행한 구체적인 일정을 정리하면 다음과 같다.

왕실 혼인의 절차 (영조 대의 일정)

간택: 신부 후보 중에서 신부감을 선택함. 대개 3차에 걸친 간택의 과정을 거침. 1차: 6~10명, 2차: 3명, 3차: 1명 선발(유학 김한구의 딸)함 (삼간택: 6월 9일).

육례의 절차

납채: 간택한 왕비에게 혼인의 징표인 교명문을 보내고 왕비가 이를 받아들이는 의식(6월 13일, 창경궁 명정전).

납징(납폐): 혼인 성립의 징표로 폐물을 보내는 의식(6월 17일).

고기: 혼인 날짜를 잡는 의식(6월 19일, 창경궁 명정전).

책비(책빈): 왕비 또는 세자빈을 책봉하는 의식. 왕비가 혼례복인 적의를 입고 책명을 받는 자리로 나간다(6월 20일, 창경궁 명정전).

친영: 국왕이 별궁에 있는 왕비를 직접 맞이하러 가는 의식(6월 22일, 어의궁).

동뢰: 국왕이 왕비를 대궐로 모셔와 함께 절하고 술을 주고받는 의식(6월 22일, 창경궁 통명전).

『영조정순왕후가례도감의궤』에는 혼례식과 관련된 문서들이 기록되어 있다. 이들 문서를 보면 혼례식에서 중점을 두었던 사항들을 알 수가 있다.

먼저 계사啓辭는 날짜별로 국왕 영조가 지시한 사항과 신하늘이 건의한 사항을 모아놓은 것으로, 1759년 5월 6일부터 6월 20일까지 혼례식의 주요 상황을 기록하고 있다. 날짜별로 주요 내용을 정리하면 다음과 같다.

5월 7일: 호조판서가 『가례정례』를 가지고 입시하도록 함. 가례 길일은 6월 그믐쯤으로 함. 영조가 사치를 방지하겠다는 의지를 피력함.

5월 8일: 초간택은 6월 2일 묘시, 재간택은 6월 4일 묘시, 삼간택은 6월 9일 묘시가 길하다고 하여 이 일시로 정하도록 함.

5월 9일: 도감에서 거행할 물목의 내용을 올림.

5월 11일: 상방의 의대감에는 일체 무늬를 놓지 말고 광직으로 대신 거행하도록 함. 납채, 납징, 고기, 책비는 모두 명정전에서 친행하고 삼간택은 통명전에서 하도록 함.

5월 12일: 삼간택한 뒤에 사용할 유옥교有屋轎는 영빈방暎嬪房의 유옥교를 사용하도록 함.

5월 15일: 가례 시의 별궁기명別宮器皿 중에 은기銀器 5종은 상방尙方에서 만들도록 함.

5월 17일: 형조에서 의장차비儀仗差備와 가의녀假醫女를 뽑아 올린 것을 아룀.

5월 20일: 가례 내습의內習儀(궁궐에서 행하는 예행연습)는 단 한 번만 행할 것을 분부. 동뢰연 처소는 통명전으로 함.

5월 24일: 교명과 교서는 옥책의 예에 의거하여 요여腰輿에 싣고, 명복속백함命服束帛函은 금보金寶의 예에 의거하여 채여彩輿에 싣기로 함.
삼간택 일에 별궁에 이를 때에, 병조·도총부의 관리와 군사 40명은 입직하여 순경巡更과 잡인을 막도록 함.

5월 25일: 먼저 별궁에서 친영습의親迎習儀를 행하고, 이어서 궁궐 안에서 동뢰습의同牢習儀를 행하도록 함.

5월 26일: 교명문과 옥책문을 제술할 사람의 명단을 올림.
교명문 제술관: 호조참판 김양택, (예비) 한성부판윤 이정보.
옥책문 제술관: 광주부 유수 정휘량, (예비) 사직 홍계희.

6월 1일: 삼간택 후 별궁에 이를 때, 담배군擔陪軍(각종 행사 때 연이나 여를 메는 사람)은 사복시 군인이 청의와 청건 차림으로 맡도록 함.

6월 5일: 가례에 사용할 연여와 의장을 만들었음을 보고함.

6월 8일: 삼간택 후 3일 재에 올리는 별궁예물別宮禮物을 별단으로 올림.

6월 9일: 김한구의 딸로 최종 왕비를 정함을 알림.

날씨가 매우 뜨거우니 별궁에 이른 후 군병들은 해엄解嚴(경계나 단속을 풀다)할 것을 교련관에게 분부함. 친영 길일을 일관에게 물어본 즉 6월 22일이 길일이라 함.

6월 11일: 납채, 납징, 고기의 교문에 보인寶印을 찍어 들이게 함.

6월 13일: 납징 하루 전의 본방 예물을 별단에 써서 들임.

6월 14일: 각방의 공역이 완료되어 각종 공장들을 모두 돌려보냄을 보고함.

가례 시 반차도를 정례대로 그려 국왕께서 보시도록 봉입함.

6월 18일: 영조가 백성을 위해 검소하게 하려는 뜻을 거듭 밝힘.

감선減膳(음식상을 줄임)과 내외반상內外飯床(내빈과 외빈에게 올리는 밥상)을 제할 것을 명함.

친영 시 삼엄은 인시로 하고, 동뢰례는 진시에 거행할 것을 명함.

6월 20일: 교명은 요여에 봉안하고, 옥책은 채여에 봉안하며 보寶는 말에 실어 연 앞에 세우도록 함.

예관질禮關秩은 예조에서 가례도감에 문서를 보낸 것으로, 5월 29일의 기록에는 혼례식의 주요 절차 때 거행할 일을 보고한 내용이 나온다. 이에 의거하면 왕의 혼례식 때의 구체적인 의례와 참여자의 복장 등을 확인할 수가 있다.

첫째, 기일 전에 길일을 택하여 사직과 종묘에 고하는 것을 예문에 의거한다.

둘째, 납채 및 고기일에 전하는 면복을 갖추고 명정전에 어거한다. 종친과 문무백관 4품 이상은 조복을 갖추고, 5품 이하는 흑단령으로 한다. 사자 또한 조복을 갖추고, 집사관과 주인, 빈자는 공복을 갖추고 예를 행한다.

셋째, 납징 때에 전하殿下는 원유관과 강사포를 갖추고 명정전에 어거한다. 종친과 문무백관 4품 이상은 조복을 갖추고, 5품 이하는 흑단령으로 한다. 사자 또한 조복을 갖추고, 집사관과 주인, 빈자는 공복을 갖추고 예를 행한다.

넷째, 정사와 부사 이하 여러 집사들과 주인 및 빈자가 입을 공복을 도감에서 준비하도록 한다.

다섯째, 납채 및 친영 시에 산 기러기를 묶는 등의 일은 각 해당 관서에서 거행하고 도감이 검칙한다.

여섯째, 비씨妃氏(왕비로 간택된 처녀를 높여 부르는 말)의 집에서 납채를 받는 날 사용할 음식과 비단 및 납징, 고기 등의 날에 사용할 음식 등의 일은 도감이 알아서 거행한다.

일곱째, 교명敎命, 책보冊寶, 명복命服은 도감에서 전례에 의거하여 하루 전에 대내에 들여서 어람한 후 봉출하여 의주대로 예를 거행한다.

여덟째, 책비일에 전하는 원유관과 강사포를 갖추고 명정전에 어거한다. 종친과 문무백관 4품 이상은 조복을 갖추고, 5품 이하는 흑단령으로 한다. 사자 또한 조복을 갖추고, 집사관과 주인, 빈자는 공복을 갖추고 예를 행한다. 헌현, 노부 반장, 채여, 고취, 세장을 진열하는 일은 모두 납채 시와 같이 한다.

아홉째, 왕비가 책보冊寶를 받을 때는 적의翟衣를 갖추고 수식首飾을 얹은 차림으로 부무(傅姆)의 도움을 받으면서 나온다.

열째, 비씨妃氏의 집에 교명, 책보, 명복을 올릴 적에 보조하여 들어줄 내시는 내시부에서 차출하여 정하도록 하고, 책보를 받을 여관 집사는 대내에서 뽑아 정하도록 한다.

위의 기록에 의하면 교명, 책보, 명복은 도감에서 전례에 의거하

도9 『영조정순왕후가례도감의궤』 중 행사에 사용된 물품 목록 가운데 의대衣襨 부분

여 하루 전에 대내에 들인다는 것, 왕비가 책보를 받을 때 적의를 입는다는 것 등 혼례식의 구체적인 상황을 알 수가 있다.

품목질稟目秩은 하급 관청에서 상급 관청으로 품의한 문서로, 이 부분에는 혼례식에 필요한 각종 물품들이 정리되어 있다. 의궤의 5월 7일 기록에는 도제조, 당상 낭청이 출근하여 업무를 볼 적에 필요한 물건을 배정하고 있다. 대청에 펴는 지의地衣와 등매登每, 차장遮帳, 인장印章 1과顆, 인판印板 2부, 인주印朱, 말갈기로 만든 녁자(仿了, 도장을 찍을 때 밑에 대는 받침), 요강要江 1, 대야大也 1, 사타구沙唾口(사기로 만든 타구)와 우산雨傘 각 2, 자연紫硯 4면, 연갑硯匣과 연적硯滴 각 2, 황필黃筆과 진묵眞墨 각 2개를 올리는 것과 다모茶母가 사용할 물품으로 당보아唐甫兒(중국산 보시기), 당대접唐大貼(중국산 대접) 각 2개, 질동이(陶東海), 소라所羅 각 1개, 질통(擔桶), 목표자木瓢子(나무를 파서 만든 바가지), 과표자果瓢子(박으로 만든 바가지), 사발沙鉢, 휘건揮巾, 수건手巾, 놋새옹(鍮沙用) 각 1개까지 자세히 기록하고 있다.도9 이외

175

1_ 신병주, 『66세의 영조, 15세 신부를 맞이하다』, 효형출판, 2001, pp.205~208.

에도 의궤의 기록에는 왕의 혼례식 때 병조, 도총부 등에서 수행해야 할 경호 계획까지 자세히 기록하고 있다.[1]

반차도를 통해 본 친영 행렬

『영조정순왕후가례도감의궤』의 친영 반차도는 혼례식 현장의 생생한 모습을 담고 있다. 반차도는 행사 당일에 그린 것은 아니었다. 행사 전에 참여 인원과 물품을 미리 그려서 실제 행사 때 최대한 오류를 줄이는 기능을 하였다. 반차도는 오늘날 국가 행사나 군대의 작전 때 미리 실시하는 도상 연습과도 같은 성격을 띤다고 할 수 있는 것이다. 『영조정순왕후가례도감의궤』에도 당시 친영일은 6월 22일이었지만 친영의 모습을 담은 반차도는 6월 14일 이미 제작되어 국왕에게 바쳐진 것으로 기록되어 있다.

반차도에는 국왕이 별궁에 있는 왕비를 맞이하러 가는 친영 때의 모습이 담겨 있다. 친영을 가례의 하이라이트라고 여겼기 때문이다. '반차'班次는 '나누어진 소임에 따라 차례로 행진하는 것'을 일컫는 말로서 '반차도'는 행사의 절차를 그림으로 표시한 것이라 할 수 있다. 반차도에는 국왕의 대가大駕 앞을 호위하는 선상先廂과 전사대前射隊를 비롯하여 주인공인 왕비와 국왕의 가마, 이들을 후미에서 호위하는 후상後廂, 후사대後射隊 등과 행사에 참여한 고위관료, 호위병력, 궁중의 상궁, 내시를 비롯하여 행렬의 분위기를 고취하는 악대, 행렬의 분위기를 잡는 뇌군(헌병) 등 각종 신분의 인물들이 자신의 임무와 역할에 따라 위치를 정하여 행진한다. 이들 중에는 말을 탄 인물의 모습도 보이고 걸어가는 인물의 모습도 나타난다. 여성들의 모습도 상당한 비중을 차지한다. 말을 탄 상궁을 비롯하여 침선비 등 궁궐의 하위직 여성들 모습까지 다양하다.

반차도에 나타난 행렬의 모습은 뒷모습을 그린 것, 조감법으로 묘사한 것, 측면만을 그린 인물도 등 다양하다. 다양한 각도에서 인물들을 묘사한 표현에서 자칫 딱딱해지기 쉬운 행렬의 모습에 악

도10~13 『영조정순왕후가례도감의궤』 반차도 중 어가의 선도 행렬

제4부 조선 왕실의 지위별 혼례식

센트를 주어 보다 생동감 있는 모습을 연출한 화
원들의 센스를 느낄 수 있다. 반차도에 나타난 인
물은 각 신분에 따라 착용하고 있는 의상이 서로
다른 것이 이채롭다. 다양한 색깔의 옷차림새와
너울을 쓴 여인의 모습이나 각종의 군복을 착용한
기병, 보병들의 모습은 당시의 복식 연구에도 귀
중하고 생생한 자료가 된다. 반차도의 각 면은
45.8×33cm이며 50면으로 구성되었으니, 총 길이
는 1,650cm에 달한다. 보행 인물이 797명, 기행
인물이 391명으로 총 1,188명이 화면에 나타난다.

영조가 정순왕후를 맞이하러 가는 혼례식의 구
체적인 모습을 따라가 보면서, 왕실 행차의 주요
구성을 살펴보면 다음과 같다.

어가御駕의 선도 행렬

반차도의 맨 앞에는 사령使令을 앞세우고, 당부관
當部官이 말을 타고 가는 모습이 나타난다. 당부관
은 조선시대 오부의 담당 관리를 말하는 것으로,
혼인 행사가 거행되는 부部의 담당 관리가 차출되
었다.

조선시대에는 1394년(태조 3)에 한성을 동부·서
부·남부·북부·중부의 5부로 나누고 그 부 내의
소송·도로·방화·택지 등의 일을 관장하게 하였는
데, 오늘날로 치면 구청과 같은 부서였다. 5부의
하부 행정단위로는 방坊이 있었는데, 중부 8방, 동
부 12방, 남부 11방, 서부 8방, 북부 10방의 49방
이 있었다. 방은 지금의 동洞으로 볼 수 있다. 별
궁인 어의궁이 동부의 연화방에 위치한 것으로 보

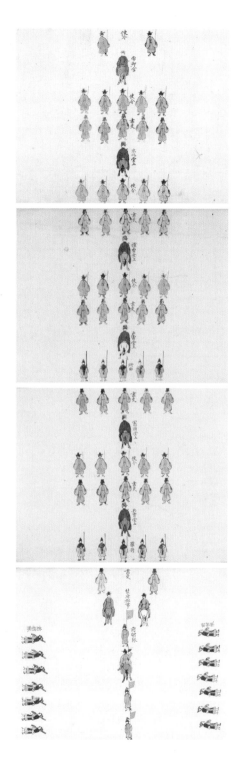

아, 당부관은 동부의 책임 관리로 오늘날 구청장급에 해당한다. 당부관을 선두로 하여 다음으로는 사령과 서리 각 5명씩을 앞세운 경조당상, 예조당상, 호조당상의 말을 탄 모습이 선을 보인다. 경조는 한성부의 별칭이고, 당상관은 정3품 당상 이상의 관리가 해당되므로 한성부의 판윤(오늘날 서울시장)이나 좌윤·우윤(서울부시장)이 구청장 다음에 나타난다고 볼 수 있다. 이어 예조와 호조의 판서, 참판급의 인물이 뒤따르고 그 다음에 소유所由(사헌부의 이속)와 서리書吏 5명씩을 앞세운 사헌부 당상이 나타난다. 사헌부 당상 다음으로는 사령과 서리 각 5명씩을 앞세운 병조당상이, 다음에는 나장羅將 5명과 서리 2명을 앞세운 금부도사禁府都事가 얼굴을 내민다. 현재의 직책으로 보면 구청장−서울시장(또는 부시장)−문화부장관(또는 차관)−재정경제부장관(또는 차관)−감사원장−국방부장관(또는 차관)−검찰총장이 먼저 모습을 드러낸 것이다.도10~13

행사에 직접 관련이 있는 부서의 장들이 먼저 모습을 드러낸 다음에는 전사대, 대기수大旗手, 취기수吹旗手가 행렬에 나타난다. 이들의 행렬 뒤로는 본격적인 호위 병력의 모습이 보인다. 중앙에 훈련대장을 선두에 두고 교련관 5명이 말 탄 모습으로 있으며, 그 다음에 낭청 1명이 말 탄 모습이다. 이어 말을 탄 중군中軍이 앞에 가고 뒤이어 교련관 3명(기행)이 따르는 모습이 보이며, 대기수 1명, 북과 금을 치는 사람 각 2명과 말을 탄 기고수차지旗鼓手次知(기수와 고수를 지휘하는 인물)의 모습이 나타난다. 훈련대장에서 기고수차지로 이어지는 이들 인물은 화면의 중앙에 위치하고 있으며, 이들과 함께 좌우측에는 오늘날 헌병에 해당하는 뇌자牢子 좌우 각 2명을 선두로 하여, 순령수巡令手(대장의 명령·전달·호위를 맡고 순시기 또는 영기를 드는 군사) 각 2명, 대기수 각 4명, 취기구 각 3명, 뇌자 각 3명, 순령수 각 2명의 모습이 줄줄이 뒤를 따르고 있다.

어가가 가까워졌음을 상징적으로 보여주는 것이 둑纛과 교룡기이다. 둑은 어가나 군대의 행렬 앞에 세우는 대장 깃발로 큰 창에

도14~17 『영조정순왕후가례도감의궤』 반차도 중 주요 깃발 행렬 부분

제4부 조선 왕실의 지위별 혼례식

소의 꼬리를 달았다. 말을 탄 장교 한 사람이 이를 받들고 간다. 현재 뚝섬이 '둑도'鹿島에서 유래한 것도, 뚝섬에 어가나 군대 행렬이 빈번히 이루어졌기 때문이다. 둑 다음에는 교룡기가 따른다. 교룡기는 어가행렬에서 둑 다음에 서는 큰 기로, 누런 바탕의 기면에 용틀임과 구름을 채색으로 그리고, 그 가장자리에는 화염火焰을 상징하는 붉은 헝겊이 달려 있다. 깃대의 머리에는 세 갈래의 창날이 있고 그 밑에 붉은 삭모槊毛가 달렸다. 둑과 교룡기의 등장 이후 행렬의 숫자가 훨씬 늘어나고 그 모습도 보다 화려해짐은 화면에서도 금방 드러난다.

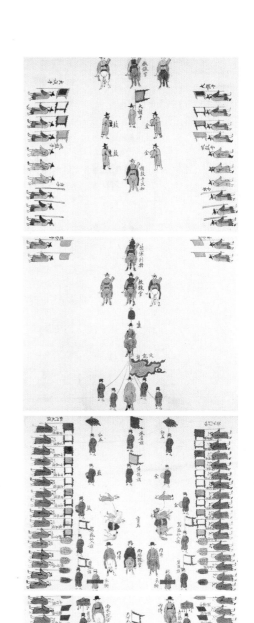

행렬의 모습이 본격화되면서 이제까지 중앙과 좌우로 크게 3분되던 모습이 중앙에 등장하는 인물들이 보다 복잡하게 구성됨으로써 그림에 나타난 인물이나 의장의 모습도 조금씩 작게 그려지게 된다. 교룡기 다음의 중앙에는 주작기와 황룡기를 든 사람이 나타나며 이들 기수 좌우에는 홍개紅蓋를 든 2명의 사람과 금을 두드리고 북을 치는 사람 1명이 서 있다. 이어 보마寶馬 2필(갈색 1필, 흰색 1필)이 따르고 상서원 관원을 중앙에 두고 내시 2명이 말 탄 모습으로 좌우에 배치되어 있다. 상서원 관원은 옥새를 비롯한 궁중의 상징적인 물품을 관리하는 임무를 맡았다. 내시의 말 탄 모습도 주목되는데, 내시의 최우두머리인 상선尙膳 내시인 경우 종2품(요즈음의 차관) 직급으로 품계에 따라 발을 날 수 있는 중문한 자격이 되었다. 보마와 상서원 관원, 내시가 가는 좌우측에는 각종의 깃발 행렬이 물결을 이루고 있다. 화면상에 드러난 깃발은 가구선인기駕龜仙人旗, 봉황기鳳凰旗, 홍문대기紅門大旗, 백호기白虎旗, 현무기玄武旗, 정사기丁巳旗, 정미기丁未旗, 정축기丁丑旗, 백택기白澤旗, 백학기白鶴旗, 삼각기三角旗, 용마기龍馬旗 등이다. 깃발 뒤에는 표골타豹骨朶와 웅골타熊骨朶를 들고 가는 사람들의 모습이 보인다. 표골타는 붉은 칠을 한 봉에 머리를 둥글게 하여 표범 가죽을 씌운 의장이며, 웅골타는 표골타와 모양이 같은데, 다만 표범 가죽 대신에 곰 가죽을 씌운 것이다. 각각의 깃발과 표골타, 웅골타는 1인이 쥐고 있는데 이들은 모두 홍의紅衣에 피모자皮帽子(가죽모자)를 착용하였다.도14~17

　행렬의 양끝 가장자리에는 역시 깃발과 각종 의장물을 든 사람들의 물결로 넘치는데, 영자기令字旗, 금자기金字旗, 가서봉哥舒棒, 은등자銀鐙子, 금등자金鐙子, 금장도金粧刀, 은장도銀粧刀, 주작당朱雀幢, 청룡당靑龍幢, 금립과金立瓜, 은립과銀立瓜, 금횡과金橫瓜, 은횡과銀橫瓜, 금작자金斫子, 은작자銀斫子, 뇌牢, 정절旌節, 정旌, 금월부金鉞斧, 은월부銀鉞斧, 봉선鳳扇, 작선雀扇, 용선龍扇 등 각종 의장물이 행사의 화려함을 돋보이게 하고 있다. 이들 의장물은 국가와 왕실의 존엄성과 신성함을 상징하고 있다.

　행사에 필요한 의자나 각답을 손에 든 행렬의 뒤를 이어 중앙에 옥교玉轎(임금이 타는 간단한 가마, 위를 꾸미지 않았음)가 나타나고 그 좌우측에는 부장部將 1명과 월도자비月刀差備 2명이 월도를 높이 쳐 든 상태로 화면에 선을 보인다. 그 뒤에는 사복시 정司僕寺正을 선두로 하여 좌통례 1명, 인의引儀 2명, 우통례가 말을 타고 뒤따른다. 사복시는 궁중의 가마나 말에 관한 일을 맡아보던 관청으로 사복시의 책임자 정正은 정3품 직책이었다. 통례원은 국가의 의식이나 행사를 맡아보던 관청으로 좌통례, 우통례, 인의는 통례원의 관리들이다. 오늘날로 치면 의전 담당관으로 볼 수 있는데 이들은 실제 혼례식의 주요 의례에서 진행하는 역할을 맡았다. 국왕의 의전을 담당한 사복시 정과 통례원 관리의 등장은 어가의 모습이 나타날 것을 예고하고 있다.

국왕 가마의 등장

국왕의 가마인 연輦의 앞에는 혹시 있을 수 있는
사고를 대비해 제작한 빈 가마인 부련副輦이 따른
다. 부련의 좌우측에는 각 10명의 창검군槍劍軍이
창을 높이 들고 행렬을 따라가고 있다. 부련의 뒤
중앙에는 수정장水晶杖, 양산陽繖, 금월부金鉞斧를
든 3명이 나란히 서고 이어 운검자비雲劍差備 2명,
인배引陪 2명이 뒤따른다. 그 뒤를 이어 옥당玉堂
의 관원 4명이 말을 탄 자세로 가고 있고, 그 옆
으로는 어마 2필을 끌고가는 사람의 모습이 보인
다. 옥당은 홍문관의 별칭으로, 홍문관은 궁중의
경서·사적·문서를 관리하고 왕을 자문하는 기능
을 했다. 옥당의 관원 뒤로는 노란색 옷을 입은
내취內吹 8명의 모습이 보이는데 앞에 선 2명은
나발을 든 모습이다. 이들이 부는 나발소리는 행
렬의 흥취를 돋우고 행렬의 발을 맞추는 역할을
했을 것이다. 내취의 좌우에는 별파진別破陣 각 7
명이 포진해 있다.

  내취의 뒤를 이어서는 사금司禁, 무겸武兼, 선전
관宣傳官, 총부낭청摠部郞廳, 병조낭청兵曹郞廳, 오위
장五衛將, 병조당상兵曹堂上, 패운검佩雲劍, 봉보검捧
寶劍 각 2명씩이 말 탄 자세로 뒤따르고, 그 다음에
별군직別軍職 6명이 기행자세로 가고 있다. 별군직
다음으로는 어가의 앞에서 북을 두드리는 전부고
취前部鼓吹 10명과 징익원의 관리인 선악典樂 1명이
서고, 촛불을 손에 든 봉촉捧燭 10명이 뒤따른다.

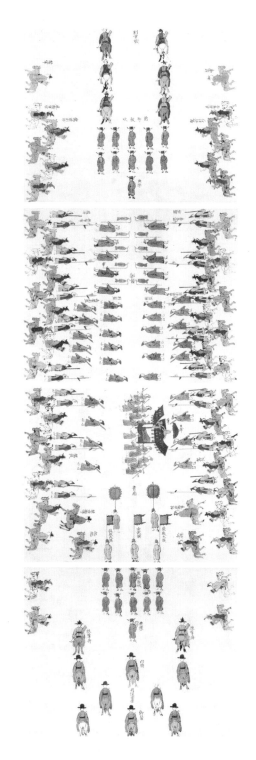

봉촉 뒤에는 별감 12명과 총을 소지한 무예별감 18명이 뒤따른다. 이 부분은 어가를 직접 수행하는 행렬인 만큼 호위병력도 많아지고 갑옷을 입은 병사들이 등장하는 모습이 나타나는 것이 특징이다. 별군직, 전부고취, 봉촉, 별감 등이 중앙의 행렬을 차지하고 있는 가운데 그 좌우에는 국왕의 경호 임무를 맡은 금군禁軍과 특별히 발탁한 군사들인 가전별초駕前別抄, 장교복을 입은 호위군관, 가후별초駕後別抄가 말을 탄 자세로 수행하고 있으며, 협연포수挾輦砲手, 나장羅將 들이 창과 방망이를 들고 가는 모습이 보인다. 이처럼 국왕의 행차 길에는 경호에 관계되는 각종 부대원들이 총출동하고 있는 것이다.

이들 병력의 호위를 받으며 드디어 국왕 영조가 탄 가마가 나타난다. 영조의 가마는 주위에서 그 모습을 볼 수 있도록 개방형의 모습을 띠고 있다. 그러나 국왕의 모습은 화면에 그려 넣지 않았다. 왕실 행사에 왕이나 왕세자의 모습을 그려 넣지 않는 것은 조선시대의 관행이었다. 국왕의 가마 뒤로는 청선靑扇을 받쳐 든 두 사람이 지나가고 이어 후방에 배치하는 깃발인 현무기를 가운데로 하고 양쪽에서 후전대기後殿大旗를 든 사람이 지나간다. 청선과 깃발을 쥔 사람의 좌우측에는 금부도사 2명과 무반직인 파총把摠 1명과 초관哨官 1명이 모습을 드러낸다. 이들의 뒤로는 후부고취後部鼓吹 10명을 비롯하여 협연장挾輦將, 전악典樂, 내시, 사복시에서 말과 수레를 담당한 내승內乘, 어의御醫가 뒤를 따르고 있다. ^{도18~21}

왕비 가마의 등장

후사대의 병력 배치를 마지막으로 국왕 가마의 행렬이 일단 끝이 나면 왕비의 가마 행렬이 뒤를 따른다. 친영은 국왕이 별궁인 어의궁에 가서 이곳에서 왕비 수업을 받고 있던 왕비를 이제 궁궐 안으로 모셔오는 의식이다. 따라서 전반부는 국왕 가마 행렬로, 후반부는 왕비 가마 행렬로 채워지는 것이다.

왕비 가마의 행렬은 전사대 깃발을 앞세운 전사대장의 등장과 함께 시작된다. 전사대장 뒤로는 전사대기를 든 병사들의 모습이 나타나며 이들의 좌우측에는 전사대 병력이 화면을 채운다. 이어 왕비의 가마가 나타나기 전에 왕비의 책봉과 관련된 교명敎命, 옥책玉冊, 금보金寶, 명복命服을 담은 4개의 가마가 먼저 그 모습을 드러낸다. 먼저 왕의 혼인 명령에 해당하는 교명을 담은 교명요여敎命腰輿가 나타나는데, 교명요여 앞에는 교명문을 놓아 둘 욕석과, 배안상을 들고 가는 사람과 충찬위忠贊衛 2명이 모습을 선보인다. 충찬위는 공신의 자손들로 편성된 군대로서 국가의 주요한 행사에는 이들 국가 유공자들의 참여를 유도하였다. 충찬위는 집사의 역할을 하였다. 충찬위 뒤로 8명의 가마꾼이 멘 교명요여가 나타나고, 이들의 뒤에는 교명의 운반을 담당한 교명자비敎命差備 1명과 자리를 담당한 욕석자비褥席差備 2명, 행사를 진행하는 거안자擧案者 2명 및 내시 5명이 말 탄 자세로 따라오고 있다.

교명요여 다음으로는 왕비의 존호를 올릴 때 송덕문頌德文을 옥에 새겨 놓은 간책簡冊인 옥책을 담은 가마가 나타난다. 가마의 앞에는 교명요여 때처럼 옥책을 읽는 독책상讀冊床, 욕석, 배안상을 든 사람과 충찬위 2명의 모습이 선을 보인다. 이어 8명의 가마꾼이 멘 옥책요여가 나타나고 가마의 뒤를 이어 옥책을 담당한 옥책자비 1명과 자리를 담당한 욕석자비 2명, 독책상을 담당한 독책상자비 2명, 행사를 진행하는 거안자 2명과 내시 7명이 말 탄 자세로 따라오고 있다.

다음에는 금보채여가 등장한다. 채여는 채색의 무늬가 있는 가마로 요여보다는 훨씬 화려한 맛이 있다. 금보와 같은 귀한 도장이나 명복과 같은 의복은 화려한 채여에 담았다. 금보채여가 나타나기 전에 먼저 두 사람이 보마寶馬를 끌고 가고 있고, 이어 금보를 읽는 독보상讀寶床, 욕석, 배안상을 는 사람과 충찬위 2명의 모습이 선을 보인다. 이어 8명의 가마꾼이 멘 금보채여가 나타나고 가마의

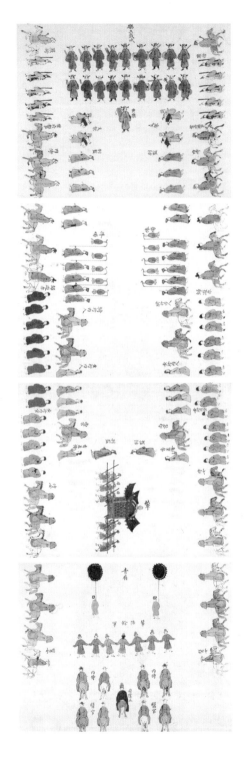

뒤를 이어 옥책을 담당한 금보자비金寶差備 1명과 자리를 담당한 욕석자비 2명, 독보상을 담당한 독보상자비 2명, 행사를 진행하는 거안자 2명과 내시 7명이 말 탄 자세로 따라오고 있다. 이어 배안상과 충찬위 2명이 나타나고 명복채여命服彩輿가 모습을 드러낸다. 명복은 명에 따라 입는 의복을 지칭한다. 명복채여 뒤에는 명복자비命服差備와 행사를 진행하는 거안자 5명과 내시 5명이 말 탄 자세로 따라오고 있다.

왕비의 가마에 앞서 지나가는 4개의 가마에는 왕비의 책봉을 상징적으로 알리는 문서, 도장, 의복이 담겨 있다. 왕비의 책봉을 신성시하는 의미에서 관련된 문서나 도장을 모두 가마에 담았던 것이다. 이들 가마가 먼저 지나가면 좌우측에는 호위병력인 금군, 오위장, 선전관 등이 무장한 상태로 그 모습을 드러낸다. 이어 중앙의 행렬에는 은관자銀灌子, 은우자銀盂子, 은교의銀交倚, 은각답銀脚踏 등 행사에 필요한 물품을 직접 든 사람들의 모습이 나타나며 이들의 옆에는 장마仗馬 2필과 청개, 홍개를 든 사람들이 행렬을 따른다. 또한 좌우측에는 국왕의 가마 행렬과 마찬가지로 각종 의장기를 든 사람들이 긴 행렬을 이룬다. 백택기, 은등자, 금등자, 금장도, 은립과, 금립과, 은횡과, 금횡과, 모절, 은월부, 금월부, 작선, 봉선을 높이 쳐든 사람들은 모두 붉은색 옷을 입고 있다. 의장 행렬의 뒤 중앙에는 봉거捧炬를 밝힌 4명의 인물과 양산을 받쳐 든 사람이 따른다. 양산을 받쳐 든 사람 뒤로는 악공고취樂工鼓吹라고 하여 피리,

가야금, 나팔 등 각종의 악기를 든 사람들의 모습이 나타난다.

봉거와 악공의 좌우측에는 붉은 몽둥이를 든 내시와 나장, 금부도사, 궁중의 어린 내관인 귀유치(歸遊赤內官)와 보행내관의 모습이 나타난다. 이어 촛불을 밝힌 10명의 인물과 너울을 쓴 기행나인(騎行內人) 4명, 수줍게 걷고 있는 보행나인 8명, 너울을 쓴 기행상궁 2명, 향자비香差備 1명, 별감 2명이 모습을 드러낸다. 이들 바로 뒤에 오늘의 주인공인 왕비의 가마가 12명의 가마꾼에 의해 점차 화면의 중앙에 다가선다. 너울을 쓴 말 탄 시녀 12명과 의녀 2명은 좌우측면에서 왕비의 가마를 거의 병렬해서 따라가고 있다. 왕비의 가마 뒤로는 청선을 높이 치켜 든 2명의 인물이 나타나며, 바로 뒤에는 연배여군輦陪餘軍이 손을 맞잡은 모습으로 나타난다. 이들은 12명의 가마꾼과 임무를 교대하기 위한 예비 가마꾼이다. 이어 사복시 정을 가운데 두고 내시 4명과 의관 4명의 말 탄 모습이 나타나며, 긍지 2명, 사관 2명, 병조당상과 낭청, 총부당상과 낭청의의 모습도 보인다. 이들의 좌우측에는 부장部將, 수문장守門將, 내금위內禁衛 등 호위 업무를 맡은 관리들이 행렬을 따르고 있다.도22~25

후미 수행 행렬

왕비의 가마 다음에는 친영 행렬을 전체적으로 수행하는 행렬이 따른다. 행사를 총괄적으로 준비한 가례도감 도청의 도제조(우의정 신만)를 비롯하여, 호조판서 홍봉한, 예조판서 홍상한, 병조판서 조운규 등 제조 3명, 감독관인 감조관 7명의 모습이 나타난다. 행사를 준비하고 관리·감독한 사람들의 실명은 의궤에 모두 기록되어 있다. 이들 행사의 준비자들 뒤로는 동반 9명과 감찰 1명이 행렬의 좌측에서 말을 타고 가는 모습과 서반 9명과 감찰 1명이 행렬의 우측에서 말을 타고 가는 모습이 화면에 나타난다. 이어 화면의 중앙에 후사대기가 모습을 드러내고 말을 탄 후사내상, 깃발을 들고 총으로 무장한 후사대 병력이 뒤를 따른다. 왕비 행렬을 후방

도22~25 『영조정순왕후가례도감의궤』 반차도 중 왕비의 행차 부분

에서 경호하는 후사대 병력은 친영 행렬의 대미를 장식하고 있다.

반차도에 나타난 행렬의 인물들은 화면의 중심을 이루는 왕과 왕비의 가마를 중심으로 하여 후면도, 좌측면도, 우측면도의 다양한 기법으로 그려져 있다. 행렬에 참여하고 있는 각 부서의 인물을 구분할 수 있게 하여 담당 업무를 반차도 상에서도 쉽게 확인할 수 있도록 했을 것이다. 반차도는 최초에 그려질 때 행사의 예행연습, 도상연습의 성격을 띠고 있었다. 결국 이러한 목적을 수행하기 위해 만들어진 반차도라면 각 부서별·담당 업무별로 인물을 쉽게 구분하도록 하는 것이 필요했을 것이고, 이러한 목적을 충족시키기 위하여 다양한 각도에서 인물의 모습을 포착했다.

영조와 정순왕후의 혼례식은 50면에 걸쳐 표현된 친영 반차도를 통하여, 생생하게 현장의 모습을 포착할 수 있다. 그리고 조선시대 국왕 혼례식에 참여한 인원들의 구체적인 역할과 복장까지 파악할 수 있다. 반차도가 오늘날 왕실 혼례식 재현 행사에 필수적으로 활용되는 까닭이기도 하다. 특히 2011년에 한국으로 돌아온 외규장각 의궤 중에는 『영조정순왕후가례도감의궤』가 포함되어 있는데, 어람용으로 제작된 이 의궤의 반차도는 분상용보다 더욱 정밀하고 색감도 뛰어나다. 이 반차도는 궁중문화를 국내외에 알리는 역사와 문화 콘텐츠로 적극 활용할 수가 있다.

3 왕세자의 혼례식

조선 왕실 세자 혼례식의 구체적인 모습을 알 수 있는 자료로는 『소현세자가례도감의궤』를 선택하였다. 현존하는 가례도감의궤 중 최초의 것일 뿐만 아니라, 세자의 혼례식이 수행된 초기 과정을 파악하는 데 유용하다고 판단했기 때문이다.

혼례식의 두 주인공, 소현세자와 소현세자빈 강씨

혼례식의 주인공인 소현세자와 소현세자빈 강씨 모두 비극적인 죽음을 당한 인물이다. 소현세자빈 강씨는 남편인 소현세자가 의문의 죽음을 당한 후에 시아버지인 인조에게 항의하다가 사약을 받았다. 1644년 소현세자와 그의 부인 강씨가 귀국했을 때 인조와 조정의 대신들은 지나치게 냉담했고, 그 후 소현세자는 의문의 죽음을 당했다. 그리고 왕통도 그의 아들이 아닌 동생 봉림대군에게 넘어갔다. 이러한 일련의 사태는 인조와 소현세자가 갈등의 골이 무척이나 깊었음을 보여주고 있다. 야사의 기록에는 '소현세자가 청나라의 물건을 가져와 인조에게 내 놓자 인조가 벼루를 던져 세지기 죽었다'고 할 정도로 이들 부자는 징적에 사나운 판세였나고 볼 수 있다.

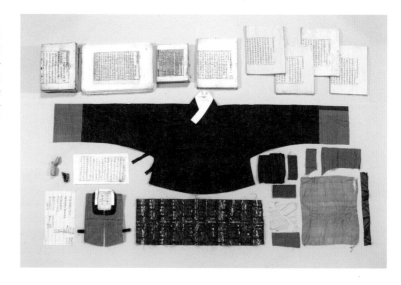

　　소현세자는 청의 문물 수용에 깊은 관심을 보였고, 자신이 왕위
에 오르면 이러한 부분을 적극 실천할 움직임을 보이고 있었다. 그
와 함께 심양에 갔던 부인 강씨는 이곳에서 많은 재물을 모으는 등
나름대로 새 시대에 눈뜬 개방적인 세자빈의 모습을 보였다. 그러
나 귀국 후 소현세자가 의문의 죽음을 당하고 나아가 그녀의 아들
이 왕이 되지 못한 현실에 부딪치자 격렬히 인조에게 저항했다. 죽
음을 각오한 강씨는 머리를 풀어헤치고 인조의 침실로 달려가 하소
연을 늘어놓으며 통곡하는가 하면, 맏며느리로서 국왕에게 올리는
조석문안도 한때 중지해 버렸다. 분노한 인조는 강씨를 유폐시켰고
궁중에서 한 발짝도 움직이지 못하게 하였다. 갈등의 끝은 왕세자
빈의 죽음으로 이어졌다.

　　갈등의 골이 깊었던 어느 날, 인조의 수라상에 오른 전복에 독
이 든 사실이 발견되었다. 강빈은 이것을 사주했다는 혐의를 받고
결국에는 사약을 받고 한 많은 생을 마감하였다. 제주도로 유배를
간 소현세자의 세 아들 중 두 명도 그곳에서 풍토병에 걸려 사망하
는 등 소현세자 일가는 그야말로 참혹한 화를 당했다.도26 『인조실
록』은 강빈의 죽음을 기록하면서, 그녀의 강한 기질이 죽음까지 이

르게 했다는 점을 특히 강조하고 있다.

소현세자빈 강씨를 폐출하여 옛날의 집에서 사사하고 교명教命·죽책竹
冊·인印·장복章服 등을 거두어 불태웠다. 의금부 도사 오이규吳以奎
(1608~1653)가 덮개가 있는 검은 가마에 강씨를 싣고 선인문宣仁門을
통해 나가니, 길 곁에서 바라보는 이들이 담장처럼 둘러섰고 남녀노소
가 분주히 오가며 한탄하였다. 강씨는 성격이 거셌는데, 끝내 불순한
행실로 상의 뜻을 거슬러 오다가 드디어 사사되기에 이르렀다. 그러나
그 죄악이 아직 밝게 드러나지 않았는데 단지 추측만을 가지고서 법을
집행하였기 때문에 안팎의 민심이 수긍하지 않고 모두 조숙의趙淑儀에
게 죄를 돌렸다.[2]

2_ 『인조실록』 권47, 인조 24년 3
월 15일.

위의 기록에서 보듯이 강빈이 사사賜死되면서 그녀가 혼례식 때
징표로 가져온 죽책, 인, 장복이 모두 불태워지는 비운을 당했다.

소현세자
혼례식의 과정

1627년 행해진 소현세자 가례의 과정을 살
펴보면 다음과 같다. 인조의 장남이던 소현
세자는 1625년(인조 3) 14세 때에 세자로 책봉되었다. 인조가 즉위
하자 예조에서는 바로 세자 책봉을 청하였다. 영의정 이원익李元翼
(1547~1634)은 관례는 나중에 해도 무방하지만 책봉례만은 조금이
라도 늦춰서는 안 된다고 하며 서둘 것을 권하였다. 그러나 인조는
'지금 가뭄의 피해가 극심한데, 어찌 어린 자식의 책봉례를 거행할
수 있겠는가'라며 윤허하지 않았다. 그 뒤에도 여러 번 세자 책봉
요청이 있었으나 허락하지 않다가 1625년 정월에 관례와 함께 책
봉의식을 거행하였다.[3] 책봉이 되자 곧이어 혼례식을 거행하도록
하였다. 1625년의 혼례식에서는 윤의립尹毅立의 딸을 간택했다. 그
러나 그의 시족庶族 조기尹仁發이 1624년 이괄의 난에 가담
하여 처형당한 것을 이유로 김자점金自點 등 대신들이 반발하여 무

3_ 김종수, 「1645(인조 23) 왕세자
책봉과 『[孝宗]王世子及嬪宮册禮
都監儀軌』」『규장각소장의궤해제
집』 3, 2005.

산되었다. 당시 신료들의 반대에 대해 인조는 '혼인의 예는 매우 중대한 것으로서 보통 사람이라도 반드시 그 부모가 주관하는 것이며, 여러 사람이 어지럽게 논쟁할 일이 아니다'라면서 단호한 입장을 취했다. 인조는 소현세자의 혼례식을 자신이 주관하고자 하였지만, 신하들의 입장은 달랐다. 국혼은 예로부터 반드시 대신에게 물어본 뒤에 정하였다고 반박하였다. 김자점은 이괄의 난 때부터 자신은 윤의립을 연좌시켜야 한다고 주장했음을 상기시킨 뒤 이런 집안과 혼인할 의사를 두는 것은 춘추대의에 어긋나는 것이라고 강하게 반대하였다.[4]

4_ 『인조실록』 권9, 인조 3년 7월 갑술甲戌.

신료들의 반대가 계속되자, 인조는 앞장서서 반대하는 언관들의 직책을 삭직하였다. 그러자 언로를 막아서는 안 된다는 명분을 들어 더욱 반발하였다. 이에 대해 인조는 '대간을 욕보이는 일이 잘못인 것은 알지만, 임금을 꺾어 욕보이는 죄가 중한 줄은 알지 못한다'고 하며 자신의 뜻을 굽히지 않았다.[5] 신하들의 입장도 여전히 강경하였다. 심지어 김상헌金尙憲 등은 광해군이 패망한 화는 그 근원이 간언을 거절한 데서 나왔다고 지적하며, 반정의 처음에는 물 흐르는 것처럼 간언을 잘 따르시더니, 어찌 3년이 채 지나지 아니하여 대간의 말이 조금만 거슬려도 곧 엄한 분부를 내리시냐고 비판하였다.[6]

5_ 『인조실록』 권9, 인조 3년 7월 병자丙子.

인조와 신하들의 갈등이 심화되는 가운데 세자빈에 대한 재간택을 실시하였고, 가례도감을 설치하였다.[7] 인조는 간택이 잘못되었다고 주장하는 신료들에 대해 '그들은 당여黨與가 있는 줄은 알지만 임금이 있는 것은 알지 못한다'고 하면서 대표적 강경론자인 김자점의 관직을 삭탈하고 한양 밖으로 쫓아냈다. 아울러 여러 근거를 들어 자신의 결정을 관철시키려 하였다. 『예경』禮經에서 여자를 취할 때에 역적 집안의 자식은 취하지 않는다고 했으나 역적 족속 집안의 자식을 취하지 않는다는 말은 없으며, 『대명률』大明律에 역적을 다스림이 매우 엄하나 대공大功 이하의 친속은 연좌율에 들지 않

6_ 『인조실록』 권9, 인조 3년 8월 기해己亥.

7_ 『소현세자가례도감의궤』, 을축乙丑 8월 6일·26일.

는다고 한 것을 근거로 제시하였다. 즉, 윤의립은 연좌에 미치는 친족이 아니며, 더구나 지손支孫과 서얼의 소생은 똑같이 논할 수 없다는 것이었다. 또한 윤의립이 연좌에 들기는 하였으나 여러 대신이 공론에 따라 탄척하였고, 그 뒤에 현직에 출입한 것이 한두 번이 아니었음을 들어 자신의 선택이 잘못되지 않았음을 보였다.[8]

한 달여 동안 벌어진 세자빈 간택으로 인한 인조와 신료들의 논쟁은 인조가 금혼령을 해제하도록 하면서 일단락되었다. 이것은 재간택까지 행한 소현세자의 가례를 모두 취소한다는 것을 의미하였다. 곧 김상용 등의 대신들과 예조에서 다시 간택을 실시하도록 청하였다. 그러나 인조는 세자의 나이가 어리니 천천히 하는 것이 좋겠다는 말로 거절하였다.[9] 1625년(인조 3) 소현세자의 가례 시행은 간택 과정에서 인조와 신료들이 대립하면서 수포로 돌아갔다.

소현세자는 처음 혼례식에서 아픔을 겪은 후인 1627년 16세 되던 해 12월에 우의정 강석기姜碩期의 딸(1611~1646)을 세자빈으로 맞이하여 가례를 거행했다. 사실 세자의 혼례식은 어려운 상황에서 이루어졌다. 1627년(인조 5) 정월, 후금의 침략으로 정묘호란이 발발하자 소현세자는 16세의 나이로 분조分朝를 이끌고 전주로 내려갔다. 그곳에서 세자는 그를 수행한 이원익, 신흠申欽(1566~1628) 등의 도움을 받아 무군사撫軍事를 개설하고 민심을 수습하는 등의 활약을 보였다.[10] 세자의 혼례식은 정묘호란의 여진이 남아 있는 가운데 치러졌다. 정묘호란은 평정되었지만 아직 의주에 청나라 군대가 주둔해 있었으며,[11] 세자의 외조부 한준겸韓浚謙(1557~1627)과 정숙옹주貞淑翁主(?~1627)의 상례를 치르는 등[12] 어려운 형편 속에서도 혼례식을 위한 여러 행사들이 진행되었다.

1627년 6월 25일경에 초간택이 실시되었으며, 다음 날 가례도감의 인원이 구성되었다.[13] 세자빈의 삼간택은 9월 29일에 있었다. 세자빈이 서인계 명문가인 강석기의 딸인 점을 고려하면 인조반정 후 서인 세력의 영향력이 혼례식에도 반영되었음을 짐작할 수 있

8_ 『인조실록』 권9, 인조 3년 8월 계묘癸卯.

9_ 『인조실록』 권10, 인조 3년 9월 정미丁未.

10_ 정묘호란 때에 세자를 보필했던 대표적인 인물은 이원익李元翼과 신흠申欽 등이었다(『인조실록』 권46, 인조 23년 6월 신유辛酉).

11_ 『인조실록』 권16, 인조 5년 7월 을축乙丑.

12_ 정숙옹주는 선조와 인빈 김씨 딸이자 신흠의 큰며느리이다(『인조실록』 권17, 인조 5년 12월 정유丁酉).

13_ 『소현세자가례도감의궤』, 정묘丁卯 6월 25일·26일.

다. 특히 인조반정을 성공시키면서 서인 세력은 '무실국혼'無失國婚
을 슬로건으로 삼았던 만큼 반정 후 처음 있는 세자의 혼례식에서
자파 세력의 딸을 세자빈으로 적극 밀었던 것으로 보인다. 1625년
처음 간택된 윤의립의 딸이 세자빈에서 탈락한 것 역시 반정의 적
대 세력의 딸이 세자빈에 오르는 것을 철저히 경계한 때문으로 풀
이된다. 인조는 국혼을 승지 강석기의 집안으로 정하려 하면서, 대
신들의 뜻은 어떠한지를 물었다.[14] 이는 '국혼은 반드시 대신에게 물
어본 뒤에 정한다'는 형식을 따른 것으로 보인다. 간택된 신부는 별
궁으로 활용된 태평관에 거처하면서 세자빈 수업을 받기 시작했다.

14_『소현세자가례도감의궤』, 정
묘丁卯 9월 29일.

소현세자의 장인이 된 강석기는 서인의 대표적인 산림인 김장생
金長生의 문인이었다. 강석기는 광해군 대에는 금천의 시골집에 물
러가 살면서 벼슬길을 단념하였는데, 인조반정 이후 사론의 추대를
받아 대각을 역임하였다.[15] 일반 사류 사이에서 신망이 두터웠으
며,[16] 좌의정 신흠과 사돈 지간이었다.

15_『인조실록』 권44, 인조 21년 6
월 을해乙亥. 영중추부사領中樞府
事 강석기姜碩期 졸기卒記.

16_ 우인수禹仁秀, 『朝鮮後期 山林
勢力硏究』, 일조각, 1999, p.38·41.

이와 같이 강석기의 딸은 명망 있는 서인 집안 출신으로 초간택
때부터 '세자빈 처녀'로 불렸다.[17] 친영의식을 거행한 뒤에 인조가
내린 다음의 교서에서도 세자빈이 명문가 자손이라는 것이 강조되
었다.

17_『소현세자가례도감의궤』, 정
묘丁卯 6월 25일. 세자빈이 거의
내정되었다는 점은 『한중록』의 기
록에서도 잘 나타난다.

나는 태자를 세움에 먼저 배필을 구하는 것을 급히 여겼다. 선인의 교
훈대로 덕을 기준으로 유순한 이를 힘써 구하였으며, 조정에서 세신世
臣에게 물어서 명문가의 출신을 얻었다. 드디어 지난달 4일 정유丁酉에
병조참지 강석기의 둘째 딸을 세자빈으로 책봉하였고, 27일 경신庚申
에 초계醮戒와 친영의식을 마쳤다. 육례六禮를 이미 갖춤은 만복의 근
원이며 이것은 종사의 큰 복이니, 신민과 함께 경복하기를 원한다.[18]

18_『인조실록』 권17, 인조 5년 12
월 경신庚申.

왕실의 가례는 모든 백성과 함께 기뻐할 수 있는 국가 행사였
다. 인조는 소현세자 가례의 중요성과 공식적인 절차에 따라 명망

가 출신의 세자빈을 맞이한 과정을 비교적 소상히 공표하였으며, 신민의 축하를 받고자 하였다.

　소현세자의 가례는 왕실 혼례인 육례에 의거하여 태평관과 경덕궁 숭정전에서 거행되었다. 10월 28일 인조는 경덕궁 숭정전에 나아가 납채례를 거행했다. 우의정 김류金瑬(1571~1648)가 정사, 이홍주李弘胄(1562~1638)가 부사가 되어 왕의 교명을 신부 집에 전달했다. 납징례는 11월 20일에 역시 숭정전에서 거행되었고, 고기례는 다음 날 숭정전에서 거행되었다. 12월 1일에는 세자의 가례를 미리 종묘에 고하고, 12월 4일 왕이 숭정전에 나아가 신부를 세자빈으로 책봉하는 책빈례를 거행했다. 왕세자가 친히 별궁인 태평관에 가서 왕세자빈을 궁궐로 모시고 오는 친영례와, 세자빈을 궁궐로 데리고 와서 술과 음식을 나누는 동뢰연은, 12월 27일에 숭정전에서 거행되었다.

반차도에 나타난　　소현세자와 세자빈 강씨의 혼례식 과정을
친영 행렬　　　　　정리한 의궤인 『소현세자가례도감의궤』의
말미에는 친영 반차도가 총 8면에 걸쳐 그려져 있다. 소현세자의 혼례식을 마친 후 가례도감에서는 1책 133장의 『소현세자가례도감의궤』를 편찬했는데, 반차도는 말미에 그려져 있다. 세자의 혼례식을 정리한 의궤는 교명敎命, 의대衣襨, 가마를 담당한 일방一房, 의장, 포진, 장막, 병풍 등을 담당한 이방二房, 죽책과 옥인, 그릇 등을 담당한 삼방三房의 의궤를 합친 것이며, 혼례식에 쓰인 죽책竹冊과 옥인玉印 등 각종 의장과 기물을 설명한 채색도설이 실려 있다.도27, 도28 8면의 반차도는 혼례식에 관한 초기 반차도인 만큼 그림의 수준이 별로 높지는 않다. 등장인물은 430여 명으로 미리 도장을 만들어 찍고 그 위에 채색을 하였다.

　반차도는 소현세자가 별궁에 있던 세자빈을 맞이하러 가는 친영례 의식을 담은 것으로, 태평관에서 왕비 수업을 받고 있던 세자빈

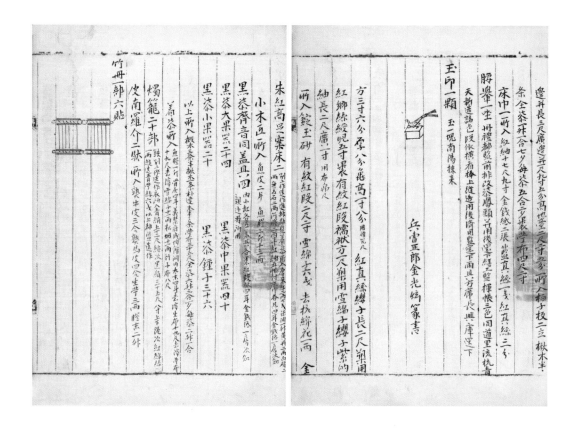

도27, 28 「소현세자가례도감의궤」 중 죽책과 옥인 도설

을 모시고 궁으로 돌아오는 행렬의 모습을 담았다. 이후의 가례도 감의궤 친영 반차도와는 달리 왕세자빈의 가마만이 그려진 것이 특징이다. 그림 자체에 반차도의 구체적인 이름이 나타나 있지 않으나, 반차도와 바로 이어져 있는 「공장질」工匠秩의 기록에, 「세자빈자별궁예태평관시반차도」世子嬪自別宮詣太平館時班次圖라고 적혀 있다. 참석 인물들은 대개 인물 주변에 직책이 명시되어 있으나, 그렇지 않은 경우도 있다. 후대로 갈수록 모든 인원의 옆에 직책을 적어 보다 체계화되는 모습을 보이게 된다.

반차도의 앞에는 왕세자빈의 가마를 인도하는 선도 행렬이 나온다. 5명의 사령使令을 앞세운 말 탄 부관部官을 선두로 하여 깃발과 창을 들고 가는 포살수砲殺手 행렬이 3줄에 걸쳐 그려져 있다. 포살수 행렬의 좌우에는 인로근장引路近仗 5명이 따르고 있다.

도29~32 「소현세자가례도감의궤」 반차도 중 교명여, 죽책여, 옥인여, 명복여 부분

인조의 교명문教命文을 실은 교명여教命輿는 12명의 가마꾼이 메고 있다. 가마꾼은 개별적으로는 완전 측면상이지만 전체를 약간 위에서 바라보는 시점으로 그려서 이들이 가마를 에워싼 위치를 파악할 수 있게 하였다. 가마 주변에는 말을 탄 집사 2명이 가마를 둘러싸고 그 좌우에는 말을 탄 내금위內禁衛 8명과 선전관 6명이 호위하고 있다. 교명여 다음에는 왕세자빈의 책봉문을 실은 죽책여竹册輿를 16명의 가마꾼이 메고 있다. 말을 탄 집사 2명이 가마를 둘러싸고 그 좌우에는 각종 의장을 든 사람들이 배치되어 있다. 죽책여 다음에는 왕세자빈의 옥인玉印을 담은 옥인여玉印輿가 나온다. 옥인여는 14명의 가마꾼이 메고 있으며, 말을 탄 집사執事 2명이 가마 주변을 둘러싸고 있다. 그 좌우에는 말을 탄 금도부장禁道部將을 선두로 하여 군사 14명이 옥인여를 호위하고 있다. 옥인여 다음에는 왕세자빈의 명복命服을 실은 명복여命服輿가 나타난다. 명복여는 14명의 가마꾼이 메고 있으며, 말을 탄 집사 2명이 가마를 둘러싸고 있다. 그 좌우에는 오장충찬위烏仗忠贊衛가 배치되어 있다.도29~32 명복여 다음에는 별감 5인과 소환小宦 5인을 앞세운 왕세자빈 강씨의 연輦이 나타난다.

세자빈의 연은 7명이 3줄을 만들어 총 21명이 메고 가고 있다. 연의 좌우에는 너울을 쓴 말 탄 상궁 2명을 비롯하여, 시녀 2명, 유모 2명, 내시 2명, 익위사翊衛司 2명, 가위장假衛將 1명, 병조당상 1명, 병조낭청 1명, 부장 1명이 말을 타고 연을 뒤따르고 있다. 연 중앙의 뒤편에는 말을 탄 2명의 내시와 분병조당상分兵曹堂上 1명, 분병조낭청 1명, 부장 1명이 뒤를 따르는 모습이다.

연을 수행하는 행렬 다음에는 사령 6명과 서리 6명이 모습을 드러내며, 그 다음에 사령을 앞세운 말 탄 도제조 1명과 제조 3명이 따른다. 도제조(좌의정 신흠)와 제조(우찬성 이귀, 겸예조판서 김상용, 호조판서 김신국)는 가례도감의 책임자인 만큼 연 행렬의 후미에서 행사 담당자를 총지휘하고 있는 모습이다. 도제조와 제조 다음에는 가례도감의 실무자들인 도청 1명과 6명의 낭청, 7명의 감조관이 말을 타고 책임자들의 뒤를 따르는 모습을 하고 있다.

반차도의 말미에는 깃발과 창을 갖춘 초관哨官과 파총把摠 등 후사대後射隊 병력이 뒤를 따르고 있다. 이 반차도에는 후사대라는 표기가 없지만 이후 가례도감의궤의 기록에는 뒤에서 호위하는 병력들을 '후사대'라고 표기하고 있다. 『소현세자가례도감의궤』 반차도는 현존하는 가례도감의궤 친영 반차도 가운데 가장 오래된 것으로서, 반차도 전체의 그림 수준은 이후 반차도에 비해 떨어진다. 이 반차도는 8면으로 가장 짧은 형태이지만 430여 명의 인물들이 각종 기물을 들고 있는 모습으로 묘사되어 행사에서의 임무를 잘 나타내고 있다. 또 기본적인 구성 요소가 모두 포함되어 있어서 향후 반차도의 준거로 활용되었을 것으로 짐작된다.

王室婚禮

4 왕세손의 혼례식

혼례식의 주인공,
정조와 효의왕후

1761년(영조 37) 10월부터 1762년 2월까지 왕세손으로 있던 정조는 왕세손빈 김씨(후의 효의왕후孝懿王后)와 혼례식을 올렸다. 그리고 이 혼례식의 과정은 관례에 따라 의궤로 정리되었다. 『정조효의왕후가례청의궤』는 당시 혼례식의 과정에 대한 기록이다. 이 의궤는 현존하는 유일한 왕세손빈 가례의궤라는 점에서 주목이 된다.[19] 정조의 가례가 유일한 왕세손 가례가 된 것은 영조의 이례적인 장수와도 관련이 깊다.[20] 정조의 가례는 빈도가 높은 왕세자나 왕의 가례가 아닌 왕세손의 가례라는 점에서 조선시대 왕실 가례의 격을 비교하는 데도 도움을 줄 수 있다.

정조는 1759년(8세) 2월 계해일에 왕세손에 책봉되고, 윤6월 경자일에 명정전에서 책립을 받았다. 이러한 통과의례를 거친 후 혼례식이 이어졌다. 이 혼례식의 두 주인공 가운데 한 사람인 효의왕후에 대해서는 의외로 별다른 정보가 없는데 왕자를 출산하지 못한 것도 큰 이유이다.

효의왕후는 1753년(영조 29)에 태어났으니 정조보다는 한 살 아래였다. 아버지는 좌찬성에서 영의정으로 증직된 김시묵金時默(1722

19_ 정조가 왕세손으로 가례를 올린 점은 역대 왕들의 혼인을 정리한 부록의 도표에서도 확인할 수 있다. 말미에 정리한 조선 역대 왕의 혼인 연령과 혼인 때의 신분 등을 참조할 것.

20_ 조선시대 역대 왕들의 평균 수명은 47세 정도였다. 따라서 60세 이상 장수한 왕은 태조(74세), 광해군(67세), 숙종(60세), 영조(83세), 고종(68세)에 불과하다. 대략 20세 정도에 자식을 둔다고 볼 때 왕세손의 혼인까지 보려면 최소한 60은 넘어야 했다. 결국 이러한 기준에 부합되면서 왕세손의 혼례를 지켜본 왕은 영조가 유일하며, 정조의 가례는 조선의 유일한 왕세손 가례가 되었다.

~1772)으로 본관은 청풍이다. 청풍 김씨는 현종의 비 명성왕후를 배출할 정도로 조선 후기에 들어와 명문가로 성장한 집안이다. 청풍 김씨는 김육金堉의 아들인 김좌명金左明(1616~1671)과 김우명金佑明(1619~1675)에 이르러 특히 현달하였다. 김우명의 딸 명성왕후는 현종의 왕비가 되었고, 김좌명의 아들 김석주金錫冑(1634~1684)는 숙종 초반 서인의 핵심 인물로 활약했다. 김시묵 역시 김육의 후손이었다. 김시묵의 증조부가 우의정 김석주, 조부가 진사 김도영金道泳, 부친이 병조판서 김성응金聖應(1699~1764)이었다.[21] 부친 김성응이 무과에 급제하여 병조판서에 오른 점이 눈길을 끈다. 김시묵은 특히 영조의 총애를 받아 영조 재위 시절 병조판서, 어영대장, 판의금부사 등의 요직을 맡았다.[22]

김시묵이 선조인 김육의 후광을 받았음을 알 수 있는 대목은 실록에서도 찾을 수 있다. 영조는 당시 주서이던 김시묵에게 그의 할아버지인 고故 상신相臣 김육의 화상 및 갑회첩甲會帖을 모시고 올 것을 명하였다. 그리고 친히 열람을 마치고 이어서 숙묘어제화상찬肅廟御製畫像贊 및 갑회첩 가운데의 칠언사운에 차운하였다.[23] 영조가 김육에 대한 존숭의 뜻이 상당했음을 보여주는 부분으로서, 훗날 세손빈의 간택에서도 김육 집안의 후손이라는 점은 김시묵의 딸인 효의왕후에게 유리하게 작용했음에 틀림이 없다. 김시묵의 졸기卒記에도 김시묵이 명성왕후의 부친인 김우명의 봉사손임을 기록하고 있다.[24]

효의왕후는 1762년 10세의 나이로 당시 왕세손이었던 정조에게 시집을 왔다. 시어머니인 혜경궁 홍씨를 지성으로 모셨으며, 일생을 검소하게 보냈다는 평가를 받았다. 그러나 불행하게도 정조와의 사이에 후사가 없어 정조가 후궁인 수빈 박씨와의 사이에서 낳은 아들이 왕(순조)이 되는 것을 지켜보아야만 했다. 1800년에 순조가 즉위하자 왕대비로 진봉되있나가, 1821년 3월 9일 경복궁 사성선에서 69세로 승하하였다. 그해에 시호가 효의孝懿로 되었고, 1899

21_『만성대동보』萬姓大同譜,「청풍김씨」淸風金氏. 錫冑(右相, 淸城府院君, 李厚源女, 黃一皓女)→道泳(進士, 尹夏明女)→聖應(武兵判, 洪宇寧女)→時默(文 兵判, 淸恩府院君, 洪尙彦女)

22_『영조실록』, 영조 48년 7월 29일.

23_『영조실록』, 영조 25년 4월 13일.

24_『영조실록』, 영조 48년 7월 29일.

년에는 정조가 황제로 추존되자 선황후宣皇后로 추상되었다.도33

　1762년 효의황후는 세손빈으로 간택되었다. 그런데 앞에서도 지적했듯이 김시묵의 딸이 세손빈으로 간택된 되에는 청풍 김씨라는 명가의 후광이 크게 작용한 것으로 보인다.25 사실 왕실 가례에서는 간택이라는 공모의 과정을 거쳤지만 실제 왕비(왕세자빈, 왕세손빈) 후보감은 내정되었던 것이 일반적이다. 효종이 영의정 김육의 손녀를 왕세자빈으로 맞았으며, 숙종비 인경왕후가 왕세자비로 결정되자 그가 김장생의 4대손이라 하며 명문대가 집의 자손이라고 언급한 것이나 인현왕후가 민유중26의 딸이었던 사실 등에서도 알 수 있듯이, 이미 권세가의 딸로 왕비 혹은 왕세자빈 후보를 내정해 놓고 간택을 하였기에 간택은 하나의 허식이 되어갔다.27

25_ 영조는 청풍 김씨와의 혼인을 기사奇事로 표현하기도 했다. 『일성록』, 영조 38년 1월 8일(上曰誠行矣 淸風舊宅又爲結姻 尤爲奇事也).

26_ 송시열의 벗으로 서인―노론을 대표하는 인물이었다.

27_ 변원림, 『조선의 왕후』, 일지사, 2006, pp.18~19 참조. 혜경궁 홍씨가 쓴 『한중록』에서도 간택을 했을 당시 다른 후보와는 달리 자신에게 보였던 특별한 관심에 대해 기록하고 있다〔신병주 저 『66세의 영조 15세 신부를 맞이하다』(효형출판, 2001), pp.141~142 참조〕.

혼례식의 주요 과정

　세손빈의 삼간택은 1761년 12월 22일에 거행되었다. 감사 김시묵의 딸을 간택하였으며, 12월 26일 납채, 1762년 1월 3일 납징, 1월 7일 고기, 1월 8일 책빈, 2월 2일에 친영과 동뢰연이 거행되었다. 왕실 혼인의 여섯 가지 예법인 납채, 납징, 고기, 책빈, 친영, 동뢰의식이 왕세손의 혼례식에도 그대로 적용되었음을 볼 수 있다.

1761년(영조 37) 10월 21일 영조는 세손빈의 간택에 관한 하교를
내렸다.

> 하교하기를, "세손빈 초간택을 마땅히 광명전에서 행하려 하니 단지 익
> 장翼帳을 설시設施하고 큰 차일遮日과 보계補階 등의 일은 그만두도록
> 하라. 갑자년의 칭상稱觴을 떠올리면서[28] 이 궁전에서 어떤 마음으로
> 크게 베풀겠는가? 가례청의 도제조는 없애버리고 당상 2명은 호조판서
> 와 예조판서가 겸하게 하라. 도청都廳은 정식定式에 의하여 대신에게
> 물어 계하啓下하되 낭청 2원은 호조낭관과 예조낭관이 겸하게 하고 감
> 조관監造官 2명은 각사 참하관으로 메우도록 하라." 하였다.[29]

28_ 갑자년의 칭상稱觴이란 1744
년에 행해졌던 사도세자와 혜경궁
의 혼례를 지칭한다. 1744년 10세
의 왕세자 사도세자는 동갑인 홍
봉한의 딸 홍씨(혜경궁)와 혼례식
을 올렸다.

29_『영조실록』, 영조 37년 10월
21일.

영조는 세손빈의 간택을 명하면서 혼례식은 격을 낮추어 진행할
것을 명하였다. 1744년에 이미 왕세자인 사도세자와 혜경궁 홍씨
의 가례가 있었으므로, 세손의 혼례는 간소하게 치를 것을 명했던
것이다.

『영조실록』에는 세손의 가례에 대해 국왕이 하교한 내용이 몇
건 기록되어 있다. 먼저 이 부분을 통해 당시 혼례식의 기본적인
과정을 살펴보고, 이어서 의궤를 통해 구체적인 사항들을 검토해
보고자 한다. 1761년 10월 23일 영조는 왕세손빈의 간택 의식을
정하도록 명하였다.

> 임금이 경현당景賢堂에 나아가 대신과 비국備局(비변사) 당상을 인견하
> 였는데, 선혜청 낭관과 균역청 낭관이 같이 입시하였다. 임금이 입시한
> 여러 신하에게 왕세손빈을 간택하는 의식을 강정講定하도록 명하였다.[30]

30_『영조실록』, 영조 37년 10월
23일.

영조의 하교에 의해 처녀 간택이 본격적으로 시작되었고 10월
29일 초간택에서 5명의 처녀를 뽑았다. 12월 22일에는 삼간택에서
김시묵의 딸을 세손빈으로 뽑았고, 육례의 구체적인 일정이 잡혔

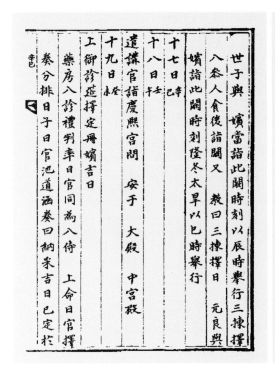
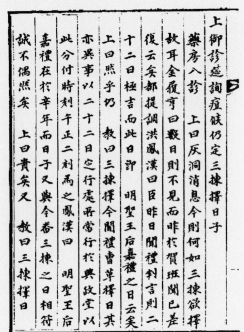

도34 『일성록』 1761년 12월 16일
의 기록

다. 위에서 살펴보았듯이 『영조실록』에는 세손의 가례가 간략히 정
리되어 있는 데 비해 같은 날짜 『일성록』의 기록에는 매우 상세하
게 세손 가례에 관한 기록이 정리되어 있다. 『일성록』이 정조의 세
손 시절 일기부터 출발한 자료인 만큼 본 혼례식의 주인공 정조에
대한 기록은 매우 자세하게 적었기 때문이다.

『일성록』 1761년 12월 16일의 기록을 보자.^{도34}

도제조 홍봉한이 말하기를 "신이 어제 예조판서로부터 들으니 22일은
지극한 길일이라 합니다. 이 날은 또 명성왕후의 가례일이라고 합니
다." 왕이 그러한가라고 말하기를, "삼간택에 대해서 지금 들으니 예조
에서 우선 택일하였으니 그 또한 경이한 일이다. 22일로 정해 행하고
처소는 마땅히 흥정당으로 행하라"고 분부하였다. 시각은 정오 이각으
로 하였다. 홍봉한이 말하기를, "명성왕후 가례가 신축辛丑에 있었고,

날짜가 금번 삼간택일과 상부相符하니 진실로 우연이 아닙니다." 왕이 말하기를, "귀하도다." 하고 또 교하기를, "삼간택일에 세자와 빈은 마땅히 궁궐에 도착하되 시각은 진시辰時로 한다. 삼간택 입참인入參人은 식후에 궁궐에 이른다." 또 교하기를, "삼간택 일에 원량元良(세손)과 빈이 궁궐에 이르는 시각은 융동태한隆冬太旱하여 사시巳時에 거행한다"고 하였다.[31]

1761년 12월 19일에는 영조가 경연에 나갔다가 책빈 길일을 정했다는 기록이 나온다. 예조판서가 일관을 거느리고 입시하자 영조는 일관에게 날짜를 분배하여 택일할 것을 명했다. "일관 지도함이 상주하여 말하기를, '납채 길일은 이미 26일로 정했습니다. 정월 초3일에 납징을 하고 초7일에 고기를 하고 8일에 책빈을 하는 것이 길합니다.' 하였다. 영조가 '좋다'고 말씀하셨다."[32] 1762년 1월 19일의 기록에는 영조가 경현당에 나아가 세손빈의 책례册禮를 행한 내용이 기록되어 있다.[33] 이 부분에 기록된 구체적인 의식은 의궤의 기록만큼이나 자세한 것으로 왕세손의 혼례식 재현에 큰 도움이 될 수 있다. 이외에도 『일성록』에는 영조가 11세 때 2월에 가례를 한 사실을 기억하며, 세손의 나이 역시 11세이며 2월에 가례가 행해짐을 상기한 내용이 기록되어 있다.[34]

1762년 1월 30일 영조는 하교를 내려, 세손의 혼례가 3백년 만에 처음 있는 일임을 강조하고 하례는 거행하지 말 것을 명하였다.

임금이 사현합에 나아가니, 약방에서 입진하였다. 임금이 세손의 가례가 집안을 바루는 시작이라 하여 초계의 의례를 더욱 중시하였다. 이에 의장과 금려禁旅를 모두 뜰 가운데 열 지어 있게 하고, 당상 3품 이상 및 옥당玉堂은 문 안에서 절하게 하고, 당하 3품 이하는 문 밖에서 절을 하게 하였나. 선교하기를, "우리나라의 혼례는 헌가軒架를 메굴기만 하고 연주는 하지 않았으니, 이 역시 3일 동안 음악을 울리지 않는 뜻

31_ 『일성록』, 영조 37년 12월 16일.〔上御診筵詢候仍定三揀擇日子 藥房入診上曰 灰洞消息今則何如 三揀擇欲擇故 以金履亨日 數日則不見 而昨於賀班聞已差復云矣 都提調洪鳳漢曰 臣昨日聞禮判言 則二十二日極吉 而此日卽明聖王后嘉禮之日云矣 上曰然乎 仍敎曰 三揀擇今禮曹草擇日其亦異事 以二十二日定定處所當行於興政堂 以此分付時刻午正二刻爲之 鳳漢曰 明聖王后嘉禮在於辛年 而日子又與今番三揀之日相符 誠不偶然矣 上曰貴矣 又敎曰三揀擇日 世子與嬪當詣此闕時刻 以辰時擧行 三揀擇入參人 食後詣闕 又敎曰三揀擇日元良與嬪詣此闕時刻隆冬太旱 以巳時擧行〕

32_ 『일성록』, 영조 37년 12월 19일.〔禮判率日官同爲入侍 上命日官擇奏分排日子 日官池道涵奏曰〕

33_ 『일성록』, 영조 38년 1월 8일.〔上御景賢堂 行世孫嬪册禮 掖庭署設御座於景賢堂北壁南向 設敎命册印命案及儀仗鼓吹如常〕

34_ 『일성록』, 영조 38년 1월 28일.〔上曰 予於十一載二月 行嘉禮矣 今番嘉禮在二月 而世孫亦十一歲 其亦巧矣〕

35_『영조실록』, 영조 38년 1월 30일.

인데, 유독 하례만은 오히려 있으므로 이를 내가 한번 바로잡고자 한 것이다. 더군다나 이번 일은 3백년 만에 처음 있는 일이니, 차후에는 대혼에 비록 사유赦宥는 하더라도 하례 한 절목은 거행하지 말라."[35]

위의 기록을 보면 혼례식에서는 음악을 연주하지 않았으며, 영조의 뜻에 따라 하례를 거행하지 않았음이 나타난다. 2월 2일에는 가례의 핵심인 친영의식이 있었다. 이전에 왕세자와 왕세자빈이 영조를 찾아와 조현하였고, 영조가 경현당에 나아가 왕세손 가례 초계를 행하였다.[36] 영조는 친히 초계하면서 세손에게 하유下諭하는 글을 발표하였다.

36_『영조실록』, 영조 38년 2월 2일.

왕세손 정조의 가례는 실록, 『일성록』, 『승정원일기』 등 조선시대를 대표하는 관찬 연대기 자료에 모두 기록되어 있다. 이 중에서 『일성록』은 정조가 세손으로 있을 때 쓴 일기에서 출발한 만큼 그 내용이 가장 자세하며, 실록의 기록에는 왕세손의 혼례에 관한 구체적인 내용보다는 영조의 하교와 같은 국왕의 지시가 주류를 이룬다.

국왕의 비서실인 승정원에서 왕의 동정을 기록한 『승정원일기』의 2월 2일 기사에는 '왕세손이 친영 후 환궁을 했다'는 정도로 짤막하게 혼례식을 언급하고 있다.[37] 1759년에 있었던 영조의 가례의식이 『승정원일기』에 자세히 기록된 것과 비교하면,[38] 왕세손의 혼례식은 왕의 기록인 『승정원일기』에 세밀하게 기록할 사안은 아니었던 것으로 보인다.

37_『승정원일기』, 영조 38년 2월 2일.

38_ 신병주, 「승정원일기의 자료적 가치에 관한 연구」, 『규장각』 24, 2001, pp.15~16.

이런 점들을 고려하면 연대기로서는 『일성록』의 기록이 가장 구체적이며, 의식의 구체적인 과정과 동원 인원, 조달 물품에 관한 사항은 『정조효의왕후가례청의궤』에 가장 치밀하게 정리되었다고 볼 수 있다.

정조의 혼례식에서 주목되는 점은 유독 사치 방지가 강조된 혼례식이라는 점이다. 세손 혼례식의 실제적인 주관자는 왕인 영조였고, 영조는 세손의 혼례에서 무엇보다 사치 방지라는 자신의 국정 철학을 관철시켰다.

하교하기를, "우리나라에서는 검덕으로써 서로 전하여 왔었는데 근자에는 사치하는 풍조가 날로 성행하고 있다. 마땅히 왕공王公으로부터 시작해야 되는데, 3백년 종사를 이을 사람은 곧 세손이니 먼저 검덕을 보인 뒤에야 바로 열성조의 검소함을 숭상하던 덕의德意를 본받을 수 있다." 하고, 세손의 가례정례嘉禮定例를 가져오라고 명하여 수서手書로 재감裁減하여 이르기를. "풍성하고 사치한 데 있지 않고 오직 예문에 있다." 하였다.[39]

39_ 『영조실록』, 영조 37년 10월 8일.

또한 '세손빈 간택일을 다음 달 그믐날로 정하였는데 처자의 복색은 풍성하고 사치하게 하지 말고 근본을 단정하게 하는 뜻을 본받게 하라'고 한 것에서[40] 간택에 임하는 처녀의 복색에서도 사치 방지를 강조한 영조의 모습을 읽을 수가 있다.

영조의 사치 방지 의지는 『정조효의왕후가례청의궤』의 「계사질」 啓辭秩 첫머리에도 잘 나타난다.

40_ 『영조실록』, 영조 37년 10월 21일.

전교하기를, 선유先儒들이 이르기를, '혼인에 있어서 재물을 논하는 것은 오랑캐나 야만인들의 할 짓이다'라고 한 것은 격언이며 마음속에 언제나 새겨둘 만하다. 하물며 우리 조정은 검약한 덕을 서로 물려받는데 이름에서야. 한사韓史 역시 높이 올린 머리와 넓은 소매는 나무랄 것이라고 말하지 않았던가. 근자에는 사치 풍조가 날로 성행하는 때이므로, 마땅히 왕공부터 시작해야 한다. 300년 종사를 이을 사람은 곧 세손이니 먼저 검덕을 보인 뒤에야 비로소 열성조의 검소함을 숭상하던 덕의를 본받을 수 있다.[41]

41_ 『정조효의왕후가례청의궤』, 「계사질」, 신사 10월 8일.

검약의 강조와 실천은 영조의 정치철학에서 가장 중심을 차지한다. 영조가 평소 무명옷을 즐겨 입었다거나 균역법의 시행을 통해 백성들의 고통을 물리쳐주려고 했던 것 역시 이러한 정치철학의 실천이었다.[42]

42_ 박광용 저, 『영조와 정조의 나라』(푸른역사, 1998) 참조

『정조효의왕후가례청의궤』가 다른 의궤보다 훨씬 소략하게 정리된 것은 왕세손의 가례라는 측면이 가장 크지만, 사치 방지를 철학으로 삼은 국왕 영조의 평소 신념이 반영되어 의식을 가능한 간소하게 처리한 것으로도 이해할 수 있는 것이다.

세손의 혼례식을 전후하여 영조가 사치 방지를 강조한 어록을 『증보문헌비고』에서 찾아보면 다음과 같다.

영조 23년(1747)에 하교하기를, "보불黼黻과 면류冕旒에 아름다움을 극진히 하는 것은 대우大禹 같은 성인에게나 맞는 것이다. 태묘의 범절은 벌써부터 무늬가 없는 것을 써 왔는데, 바로 내 의장에 그 무늬가 있는 것을 사용한다면 옛날의 법을 따르는 뜻이 아니다. 그러니 이 뒤로는 홍양산에 무늬 없는 것을 사용하고 일산도 우리나라 명주를 사용하도록 하고, 연여輦轝의 의장에 사용하는 것 또한 이 예를 따르도록 하라."

영조 26년(1750년)에 하교하기를, "원손은 덮개가 있는 교자를 타는데, 세손으로 봉해진 뒤에는 그가 타는 것을 연이라 부른다. 세자의 연은 7칸에 14명이 메는데, 이것은 5칸에 10명이 멘다. 소위 덮개가 있는 교자는 비록 연에 비교하여 차등이 있다 하더라도 이것은 바로 부인들이 쓰는 것으로, 예에 있어서 무슨 차등이 있겠는가? 연을 소여小輿라고도 부르는데, 제도와 양식은 연에 의하고, 5칸에 10명이 메는 것으로 이것이 바로 의기義起이니 문의하여 아뢰라." 하니 문의한 뒤에 정례로 삼았다.

영조 37년(1759년)에 명하여 연여에 금으로 장식하던 것을 주석으로 고쳐 꾸미도록 하였다. 하교하여 말하기를, "가례의 연여를 동도금으로 장식한다 하는데 우리 조정은 제빈諸嬪 이하가 타는 것은 두석豆錫(놋쇠)으로 장식하였어도 그 빛깔은 금과 같다. 이밖에 벌써 금으로 그림 그리는 것을 금하고 있으니 이제부터 가례 때에 비妃가 타는 연여의 장식은 금을 사용하지 말고 주석으로 하라. 그리고 이 뒤에도 각 전의 연

品之地宜當向事

辛巳十二月 日京監門

一爲相考事今此嘉禮時所用交倚席解紋匠人待令差備
事侍敎敎是置同善手匠人三四人持黑草色皀吏同
夜上送事喬桐府良中知委施行向事

工匠秩

屛風匠韓戌辰　趙和璧
小木匠金昌昌　林遇春
宋啓奉　金萬重　車世雲
安介老　安...
文次成　李萬得
裌匠　　車有太
金潤九　李一源
金德重　李海彬
小爐匠姜聖典　朴春蕃
金潤九　孔太新
韓太光

貼金匠李聖福

畫負張壁萬　李重主　崔聖成
安命高　金應俊　崔聖典

艶髮匠金光賞　金德岺　李載光
毛衣匠成有成　金漢秋
毛氈匠溫次毛
溫鞋匠金具金　朴尙輝　林時澤
歧鉅匠李冥金　崔泰九　姜渭世
針線婢次愛　金振明　金世重　金斗星
紅愛　翠烈
手母匠任萃民　終愛　翠深
中部八名
刀子匠洪聖源　西部七名
寫字官洪聖源　吳世鎭　洪聖模　洪聖獻　趙得輔
崔道成　東部二名

여를 새로 만들거나 보수할 때에는 이 예를 사용하여 주석으로 장식하도록 하라".

위의 하교들은 모두 혼례식과 관련하여 영조가 내린 지침으로, 가능한 간소하게 혼례식을 치르려고 했던 영조의 의지가 잘 나타나 있다. 이외에도 영조는 부마駙馬 혼례식의 문제점을 지적하였다. 즉 부마의 혼구婚具를 감하라고 명하면서, 나라의 용도는 날로 소모되는데 궁중의 혼사는 장차 거듭 겹치게 되어 지나친 사치를 없애고자 준촉樽燭·향화香花·조각·옻칠·도금 등의 제도를 혹은 없애고 혹은 감하였으며, 식품도 단지 다섯 그릇에만 그치게 하였다.[43]

영조는 『국혼정례』와 『상방정례』의 제정을 통하여 혼인에서의 사치와 낭비를 최대한 억제하려고 하였으며, 재위 기간에도 자주 금주령을 선포하여 백성들의 먹거리 부담을 최대한 해결하려고 하였다. 영조가 채식을 즐기고 무명옷이나 삼베옷을 입은 것도 이러한 분위기와 무관하지 않다. 영조는 평소의 정치철학을 1759년에 있었던 자신의 혼례식과 1761년에 있었던 세손 정조의 혼례식에서

43_ 『영조실록』, 영조 40년 1월 24일.

도37 〈금강전도〉김응환, 18세기, 종이에 담채, 26.5×35.5cm, 개인 소장.

직접 실천했던 것이다.

44_ 이복규는 『영조정순왕후가례도감의궤』 반차도 제작에도 참여한 화원이다.

반차도에 나타난 친영 행렬

의궤의 말미에는 18면에 걸쳐 반차도가 그려져 있다. 반차도를 그린 화원은 김응환金應煥(1742~1789), 장벽만張璧萬, 이복규李復圭,[44] 안명설安命卨, 최성흥崔聖興 등 5명으로「공장질」工匠秩에 그 명단이 기록되어 있다.도35, 도36 김응환은 김홍도金弘道(1745~?)의 스승이기도 한 인물로, 정조의 신임을 받은 화가이다.도37 이 반차도는 현존하는 가례 20건 중에서 유일하게 왕세손의 가례에 대한 반차도로서, 친영의식을 마치고 당일 저녁에 동뢰연을 치르기 위해 어의동 별궁에서 본궁으로 예궐하는 장면을 담은 것이다. 당부도사當部都事가 행렬의 선두에 배치되고, 초관哨官이 그 뒤를 따른다. 전패군前牌軍 25명이 행렬의 앞을 호위하는데 왕의 가례의 경우에는 전사대前射隊가 이 역할을 하고 있다. 왕의 가마에 이어 왕비 가마가 등장하는 국왕 가례와는 달리 바로 왕비와 관련된 가마들이 등장한다. 향룡정香龍亭에 이어 교명을 담

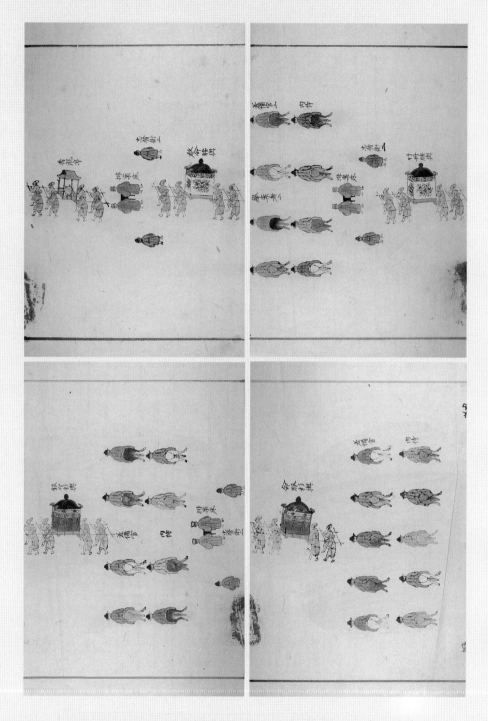

도38~41 「정조효의왕후가례청의궤」 반차도 중 교명요여, 죽책요여, 은인채여, 명복채여의 행렬

은 교명요여, 죽책을 담은 죽책요여, 은인銀印을 담은[45] 은인요여,
명복命服을 담은 명복요여가 나타난다. 이어 의장 행렬이 조금 화려
해지면서 왕세자빈이 타고 있는 연이 나타난다. 연 뒤로는 연배여
군輦陪餘軍, 사복시관, 의관, 분강서원관分講書院官이 모습을 드러낸
다. 분강서원관은 세손을 가르치는 시강원의 관리로 보인다. 행렬
의 마지막은 제조, 도청, 낭청 등 행사 책임자들로 구성되어 있다.

반차도를 그린 당시 화원들의 소용 도구는 사막자沙漠子 1개, 사
발 3개, 보아甫兒 3립, 자연紫硯 1면, 사발첩 5립, 쇄약鎖鑰 1부, 전
판剪板 2개, 종자鍾子 2개, 당접시(唐貼匙) 2립, 황모黃毛 1조, 지의地衣
1부 등이었으며, 기본적인 모습은 영조의 혼례식을 그린 『영조정순
왕후가례도감의궤』 반차도와 비슷하다.

가례도감의궤의 친영 반차도는 조선 후기에 들어오면서 점차 확
대되어 가는 양상을 볼 수 있는데,[46] 본 의궤만은 세손 가례인 만큼
18면에 걸쳐 간략하게 처리하였다.[도38~41] 왕세손빈의 가마만을 그리
고 왕세손의 가마를 그리지 않는 것은 이러한 분위기를 단적으로
반영하고 있다. 본 가례 직전인 1759년에 치러진 영조와 정순왕후
가례 때의 반차도가 50면에 걸쳐 그려져 있고 왕과 왕비의 가마를
모두 그린 것과 비교하면 왕과 왕세손 가례의 격식 차이를 반차도
를 통해서도 확인할 수가 있다.

면복은 국왕이나 왕세자의 의례복 중 가장 권위 있는 법복이다. 종묘와 사직에서 제사 지낼 때, 국혼과 같은 가례를
행할 때는 물론, 왕이나 왕세자가 사망하였을 때 대렴의大斂衣로도 사용하였다. 면복은 여러 복식으로 구성되며 그
구성물들을 일습一襲으로 착용한다. 「국조오례서례」에 의하면, 면복은 손에 드는 옥규玉圭와 흔히 면류관이라고 하
는 면冕, 현의玄衣, 훈상纁裳, 흰색 중단中單, 대대大帶, 뒤를 가리는 수綬, 앞치마에 해당하는 폐슬蔽膝, 옥대 또는
대대大帶의 좌우에 걸어 늘어뜨리는 패佩(玉), 그리고 적말赤襪과 적석赤舃 등으로 구성된다.

제 5 부

조선 왕실의 혼례복

1 혼례복, 왕실의 장엄함과 위엄

1_ 소혜왕후昭惠王后, 『내훈』內訓 권1 혼례장昏禮章.

2_ 『국조오례의』 권3 납비의納妃儀.

왕실 혼례에는 국왕의 왕비 혼례와 후궁 혼례, 왕세자의 혼례, 왕세손의 혼례, 대군과 왕자, 공주, 옹주 등의 혼례가 해당된다. 왕 이하 왕세손의 혼례는 흔히 가례嘉禮라고 하고 대군 이하의 혼례는 길례吉禮로 구분한다. 특히 국왕의 혼례는 두 성씨를 합하여 위로는 종묘를 섬기고 아래로는 후세를 잇기 위한 군자의 중요한 의식[1]이었다.

조선시대 왕실의 혼례와 관련된 복식문화는 왕실의 혼례 절차가 기록되어 있는 『국조오례의』[2]나 『국조속오례의』國朝續五禮儀 등을 통하여 살펴볼 수 있다. 혼례별 각 절차에 참여하는 인물들이 각자의 역할에 따라 착용한 다양한 복식 유형이 보인다. 가례 절차에 따라 착용하는 복식은 달랐으나 가례 절차 중 가장 중요하다고 할 수 있는 친영親迎과 동뢰연同牢宴 단계에서는 가례의 주인공과 주인공의 배우자가 함께 최고의 법복을 착용하였다. 이 글에서는 왕실 혼례 중에서도 국왕의 혼례를 중심으로 참여자들의 복식을 살펴보고자 한다.

조선 초기 왕실 혼례는 국왕의 납비의納妃儀, 왕세자납빈의王世子納嬪儀, 왕자혼례王子婚禮, 왕녀하가의王女下嫁儀로 정비되었다. 수정·보완을 거쳐 1475년(성종 6) 『국조오례의』가 완성됨으로써 국왕의 혼례인 납비의가 정비되었다. 조선 후기 숙종 대에 제 모습을 갖추기 시작한 친영의를 비롯한 묘현례 등은[3] 1744년(영조 20)의 『국조속오례의』 편찬과 함께 확립되어 나갔으며, 이후 『춘관통고』春官通考 등을 통해 국혼이 재정비되었다.

3_ 심승구, 「조선시대 왕실혼례의 추이와 특성」, 『조선시대사학보』朝鮮時代史學報 41, 2007, pp.79 ~139.

또한 17세기 이후의 '가례도감의궤'나 '가례등록'嘉禮謄錄을 통해 가례와 관련된 인물들의 복식 종류나 규모 등을 살펴볼 수 있으며, 의궤에 실린 채색 반차도班次圖를 통하여 참여자 복식의 색상과 착장 모습이 구체적으로 확인된다. 18세기 중엽 영조 대에 편찬된 『국혼정례』國婚定例나 『상방정례』尙方定例에서는 왕비와 왕세자빈 혼례 외에 숙의淑儀나 대군大君과 왕자, 군君, 그리고 공주와 옹주 등 다양한 왕실 구성원의 혼례복을 구체적으로 살펴볼 수 있으며 혼례에 직접 관여하는 상궁이나 유모, 기행나인, 보행나인, 정사正使, 부사副使 등에게 지급되는 차별적인 복식도 살펴볼 수 있다.

장서각 등에 소장되어 있는 조선 말기 『궁중발기』宮中件記 기록들은 가례도감의궤나 가례등록에 보이는 기록보다 좀 더 현실적이고 구체적인 복식 자료를 제공해 준다. 아울러 1847년 헌종과 경빈 김씨 가례의 절차와 물목 기록인 『정미가례시일기』[4]는 왕과 후궁의 혼례 기록이기는 하지만 궁중 혼례복식과 물목 기록 중 가장 상세한 기록이라는 점에 큰 가치가 있다.

4_ 황문환 외, 『정미가례시일기 주해』, 한국학중앙연구원 출판부, 2010.

국왕 혼례의 경우, 국가에 금혼령을 내리는 과정으로부터 시작된다. 처녀단자處女單子를 거둬들인 후 삼간택三揀擇 절차를 통하여 왕비를 최종 결정한다. 왕비가 결정되면 가례도감을 설치하고 왕명을 받들 정사正使와 부사副使를 정하여 진행시키게 된다. 가례 절차 중 예비 의식인 택일, 본 의식인 납채納采·납징納徵·고기告期·책비册妃·친영親迎·동뢰同牢, 식후 의식(後儀式)인 왕비가 백관의 축하를 받는 의식(王妃受百官賀)[5]·국왕께 백관이 하례하는 의식(殿下會百官)[6]·왕비에게 명부가 하례하는 의식(王妃受內外命婦朝會)[7] 등이 있다.

5_ 왕비가 백관의 하례를 받는 의식.

6_ 전하가 백관을 회례會禮하는 의식.

7_ 왕비가 내명부와 외명부의 조회를 받는 의식.

육례를 중심으로 절차별 주요 인물의 복식을 정리해 보면, 혼인

결정을 알리기 위한 납채의식에는 국왕이 면복冕服을 착용하고 종친과 문무백관은 조복朝服을 착용한다. 궁궐에서의 납채의식이 끝나면 왕비 집에 교서敎書를 전달할 정사正使와 부사副使는 궁을 나와 공복公服으로 갈아입고 왕비의 집으로 향한다. 왕비 집의 주인主人은 공복을 착용하고 교서를 받는다.

폐백을 전달하는 납징의식에서는 국왕이 원유관遠遊冠과 강사포絳紗袍를 갖추고 종친과 문무백관은 조복을 착용한다. 혼례 날짜를 알리는 고기 절차 때의 복식은 납채 때와 같다.

책비 단계에서는 왕이 원유관과 강사포를 착용하고, 종친과 문무백관은 조복을 착용한다. 또 왕비 집에서 교명敎命과 책册, 보寶를 받을 때 정사와 부사, 빈객賓客, 주인主人 모두 조복을 입고 왕비는 적의翟衣와 수식首飾을 갖춘다. 왕비를 모셔오는 친영 단계에는 왕이 면복을 갖추고 종친과 문무백관, 사자使者 이하는 모두 조복을 갖춘다. 주인主人은 조복을 갖추고 왕비는 적의와 수식, 주부主婦는 예복禮服[8]을 갖춘다. 왕비가 연을 타고 입궐할 때 모姆가 경景[9]을 덧입혀 준다. 동뢰同牢 때 왕은 면복을 입고 왕비는 적의를 입는데 동뢰연이 끝나면 동쪽 방(東房)으로 들어가 면복과 적의를 각각 벗고 상복常服을 입는다.

이상에서 살펴본 것처럼, 왕실 혼례의 육례 절차에서 국왕은 면복과 원유관복, 두 종류의 복식을 착용함을 알 수 있다. 특히 면복은 육례 절차 중 납채와 고기, 친영, 동뢰 단계 등 네 절차에 착용하였다. 반면 왕비는 왕비의 법복인 적의만을 착용하였는데 책비와 친영, 동뢰 단계 등 왕비가 직접 참여하는 세 절차에서 착용하였음을 알 수 있다. 또한 궁에서 행하는 절차에서 종친과 문무백관은 조복을 착용하였지만 왕비 집에 왕의 교지를 전달하는 정사와 부사, 교지를 받는 주인主人 등은 공복 차림으로 의식을 행하였고, 왕비의 책비 단계 이후 왕비가 참여하는 의식에서는 정사와 부사, 주인은 조복을 착용하여 의식의 격을 높였음을 알 수 있다.

8_ 조선 후기의 주부 예복은 어여머리에 원삼을 착용한 차림을 말한다.

9_ 경景의 제도는 명의明衣와 같다고 하는데, 길을 갈 때 먼지를 막아 옷을 깨끗하게 하기 위한 것이다. 조선 후기에는 면사面紗를 사용하였을 것으로 추정된다.

2 세 번의 간택 절차와 처녀들의 복식

금혼령 이후, 처녀단자를 받고 나면 왕비의 간택 과정이 본격적으로 시작된다. 국혼의 육례 절차에 포함되어 있지 않지만 명문가 처녀들 중에서 왕비를 결정하는 가례 준비 단계로서 중요한 절차이다. 왕세자빈이나 왕세손빈 역시 마찬가지이다. 대개 세 번의 간택 절차 즉 초간택과 재간택, 삼간택의 단계를 거쳐 최후의 왕비 1인이 결정되었다. 간택을 하기 위해 왕실 어른들 즉, 대왕대비와 왕대비 등이 참여하였다.[10]

간택에 참여하는 처녀는 대개 20명에서 30명 정도였다고 하는데 초간택을 통해 5명 내지 7명 정도를 뽑고 재간택에서 다시 3명 정도로 줄인 후 삼간택에서 최종 한 명을 간택하였다. 특히 정식으로 가례 절차를 밟아 후궁으로 간택된 경우가 드문 편이지만 1787년 정조의 후궁으로 수빈 박씨가 간택되었으며 1847년 헌종의 후궁으로 경빈 김씨가 간택된 사례가 있다. 경빈 김씨 가례 때의 간택에서는 초간택에 32명, 재간택에 5명 삼간택 때 3명의 처녀들이 후보에 올랐었다.

왕비 간택 관련 복식에 관한 자료는 드물지만 『한중록』이나 1882년 왕세자(순종)의 가례, 즉 임오壬午가례와 관련된 발기를 통

10_ 간택을 위하여 참여하는 왕실 어른들의 차림에 대한 기록은 없으나 왕대비나 대비 등은 당의 차림이었을 것으로 짐작된다.

도1 **덕온공주 9세 때의 견마기와 다홍치마** 단국대학교 석주선기념박물관 소장.

11_ '성적'이란 족집게로 솜털을 뽑아 이마를 사각이 되도록 만들고, 얼굴에 분을 바르고 연지와 곤지를 찍고 머리장식을 갖추는 것이다.

12_ 『고종가례도감의궤』高宗嘉禮都監儀軌 정월 15일.

도2 〈회혼례도〉 중 예복 차림의 처녀 모습

하여 왕세자빈의 간택 복식을 살펴볼 수 있고 또 1893년 의화군義和君(1877~1955) 길례 관련 발기 등을 통하여 군부인의 간택 관련 복식을 살펴볼 수 있다.

초간택 복식　　　　　초간택에는 20~30명 정도의 처녀들이 참여한다. 초간택 때 참여한 처녀들의 복식에 대한 기록은 드물다. 고종과 명성황후의 가례 때에 대왕대비가 초간택 때 처녀들이 명주나 모시 이상의 옷을 입지 않도록 하는 명을 내린 데서 대략 짐작된다. 그리고 분粉만 바르고 성적成赤11은 하지 못하도록 하였다12는 기록도 볼 수 있다.도1

초간택에 참여하는 처녀들은 처녀들의 예복을 입고 입궁하였다. 처녀들의 예복이란 다홍치마에 저고리 삼작을 착용하는 것인데 저고리 삼작은 속저고리에 해당되는 분홍 저고리와 송화색 저고리, 그리고 그 위에 착용하는 예복용 저고리인 견마기 혹은 당의를 말한다. 그리고 머리 모양은 처녀들의 기본적인 머리모양인 생머리나 낭자머리에 도투락 댕기 장식을 하고 예복용 관모인 족두리를 썼다.

도3 《모당慕堂 홍이상洪履祥 평생
도》 중 〈회혼례도〉 부분 김홍도,
1781년, 종이에 담채, 각 122.7×
47.9cm, 국립중앙박물관 소장.

　　국립중앙박물관 소장의 《회혼례도》回婚禮圖에서 견마기 차림으로
회혼례에 참여한 처녀의 모습을 볼 수 있는데, 이와 유사한 모습으
로 초간택에 참여하였을 것이다.도2, 도3

재간택 복식　　　　　『한중록』에는 9살의 혜경궁 홍씨가 1743년
　　　　　　　　　　　(영조 19) 10월 28일의 재간택에 견마기를
입었다는 내용이 보인다. 다홍치마에 보라 속저고리와 노란색(松花
色) 저고리를 입고 그 위에 다시 견마기를 입었다고 하였다. 그 색상
은 초록색이었을 것으로 짐작된다.

　　견마기는 초록색 외에 자적색紫赤色으로 만들기도 하였다. 그리
고 처녀들은 물론 부인들도 예복용 저고리로 착용하였는데, 소매
끝에는 흰색의 비단 거들지13를 달아 예복임을 드러냈다. 견마기의
깃과 겨드랑이 부분의 이색異色 장식인 곁마기, 고름에 자수색 옷감
으로 장식하였는데 흔히 회장回裝을 갖춘다고 기록되어 있다.

13_예복용 저고리의 소매 끝에는
흰색의 비단으로 거들지를 만들어
달았나. 니니워시빈 새로운 기듵시
로 바꾸어 달았는데 견마기만이 아
니라 당의에도 거들지를 달았다.

219

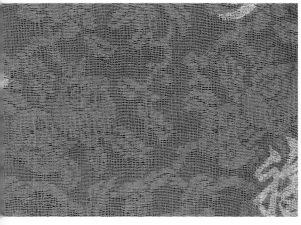

14_ 『壬午正月 嘉禮時 揀擇處子
衣次』

15_ 도류사는 복숭아와 석류 등의
무늬가 직조된 얇은 견직물로, 춘
추용이나 하절기용으로 사용되었
다. 도류문은 특히 조선 후기에 여
성용 옷감 무늬로 흔히 사용되었
는데 장수를 상징하는 복숭아와
다남을 의미하는 석류, 다복과 장
수를 의미하는 불수 등을 표현한
무늬이다.

16_ 밀화는 땅속 송진이 엉겨서
투명하고 짙은 갈색의 호박이 되
기 전, 불투명한 노란색을 띨 때의
보석을 말한다.

1882년 왕세자(순종) 가례인 임오가례 때는 초간택에 합격한 처녀들에게 옷감을 내려주었다.[14] 임오가례는 특히 명성황후의 기대가 컸던 만큼, 조선시대의 가례 중 가장 많은 양의 혼수를 준비한 가례로 알려져 있다. 재간택에 참여할 처녀에게 초록 도류사桃榴紗[15] 견마기와 송화색과 분홍색 등의 저고리를 비롯하여 다홍 도류사 치마 등을 내린 것으로 기록되어 있다.[도4]

한편 1893년(고종 30) 10월 의화군 길례 때에는 재간택이 끝난 후 삼간택에 참여할 규수들이 생머리에 도투락댕기, 도금 비녀 등을 장식하였으며 밀화[16] 지환指環(가락지)을 끼고 궁에서 나갔다는 기록이 남아 있다.[도5]

삼간택 복식

삼간택은 대체로 재간택을 치른 지 보름 정도 후에 치러졌다. 1743년 11월 13일에 치러진 혜경궁 홍씨의 삼간택 때는 정성왕후가 미리 의복을 보내주었다. 혜경궁 홍씨는 정성왕후가 내린 의복을 입고 삼간택에 참여하였는데 진홍 오호로문단五葫蘆紋緞[17] 치마 위에 모시 적삼, 다시 그 위에 보라 도류단桃榴緞[18] 저고리와 송화색 포도문단 저고리를 입고 그 위에 초록 도류단 당저고리를 입었다고 한다.[도6]

초간택과 재간택 때는 견마기를 입었지만 삼간택 때는 견마기보다 더 성장盛裝의 의미를 지닌 당저고리를 입었음을 알 수 있다. 당저고리는 흔히 당의唐衣라고 하는 옷으로 저고리 길이가 길고 겨드랑이 아래로 긴 트임이 있는 것이 특징이다.

조선시대 여성들은 기본적으로 저고리 세 벌을 한 짝으로 착용하였다. 19세기까지는 저고리 일작一作이라고 지칭하였으나 요즈음은 흔히 삼작저고리, 또는 저고리 삼작이라고 한다. 속저고리로 분홍색이나 보라색 저고리를 입고 위에 송화색 저고리를 입었다. 그 위에 입는 당의에는 소매 끝에 흰색 비단으로 만든 거들지를 달았다. 국립고궁박물관에는 20세기 초 영친왕비가 입었던 분홍색 저고리와 송화색 저고리, 초록색 당의 일작이 남아 있다.도7, 도7-1

1882년 임오가례 때에도 재간택 후 내정된 예비 왕세자빈에게 미리 의대衣襨[19]를 지어 보냈는데 이때는 남송색[20] 겹당고의,[21] 송화색 소고의,[22] 분홍색 소고의 등의 저고리 일습과 분홍 모시 한삼, 다홍 오호로단 겹치마, 다홍 백복문단百蝠紋緞 치마, 백숙갑사 넓은 솜바지, 서양목 속바지(裏衣), 모시(白苧布) 속치마(小裳), 백저포 무족치마(無足裳, 무지기)[23]도8, 도9 등의 하의류와 함께, 꾸민 족두리에 자적능금댕기, 진주 귀고리(耳璫), 진주 장식을 한 둥근 옥반자玉斑子, 석웅

17_ 오호로문단은 5개의 호리병박이 원형을 이룬 무늬의 겨울용 견직물이다.

18_ 도류단은 복숭아와 석류, 불수 등의 무늬가 들어간 두꺼운 겨울용 비단이다.

19_ '의대'란 왕실 남녀가 착용하는 법복 이외의 옷을 지칭하는 용어이다.

20_ 남송색은 밝은 녹색이다.

21_ 당고의는 '당의'를 지칭하는 왕실 용어이다.

22_ 소고의는 저고리를 지칭하는 왕실 용어이다.

23_ 무족치마는 무지기라고도 하는데, 길이가 다른 치마를 한 허리에 달아 치마 안에 입어 풍성한 실루엣을 연출하는 서양의 페티코트 같은 종류이다. 3합 무지기, 5합 무지기, 7합 무지기 등이 있었다.

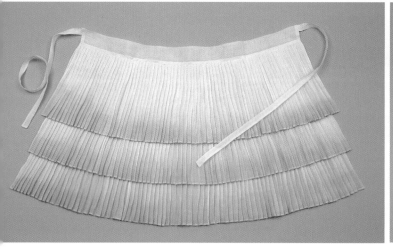

황, 그리고 진옥과 자마노, 밀화로 만든 붕어 삼작노리개, 그리고
반지(指環)와 같은 장식품, 그리고 자적색 향직鄕職[24] 온혜溫鞋,[25] 다홍
색 비단 온혜 등이 내려졌다. 도10~도14

삼간택 후
별궁에 갈 때의 복식

삼간택에서 최종적으로 왕비가 될 처
자가 확정되면 변화된 신분에 맞게 다
시 모습을 가다듬고, 궁에서 만들어 놓은 새 옷을 입은 후 별궁으
로 갔다. 가례를 치르기 전까지 별궁에서 머무는 동안 간택된 처자
는 본격적으로 왕비 수업을 받게 된다.

1847년(헌종 13) 10월 18일 헌종비 경빈 김씨는 삼간택 후에 세
수하고 가래머리로 고친 후, 금수복자金壽福字 초록원삼을 입고 별
궁으로 갔다. 한편 장서각 소장의 발기에 따르면 1893년 계사년 의
화군 길례 때에도 삼간택 후 최종 간택된 연안 김씨 군부인이 가라
치라는 머리모양을 하고 원삼, 당의, 다홍치마 차림으로 출궁하였
다는 기록이 남아 있다. 가라치는 가래머리를 말한다.

가래머리

'가래머리'는 관례를 치르기 전까지 처녀들이 하는 성장용 머리 모

양이다. 1847년 헌종과 경빈 김씨의 가례에서는 가래머리를 세 번 사용한 것으로 기록되어 있다. 첫번째는 삼간택 후 별궁으로 갈 때 금수복자 원삼에 사용하였으며 두번째는 가례 당일 노의露衣를 입고 입궐할 때 하였다. 그리고 마지막으로는 조현례 후의 첫 문안에 금수복자 당의 차림에 가래머리를 하였다.

가래머리의 형태는 『규합총서』閨閤叢書의 기록을 통해 짐작할 수 있다. '머리카락을 좌우로 나누어 묶어 동심대同心帶를 만들어 두 어깨에 드리우고 주취珠翠를 꽂아 유소장이라고 하였는데 요즈음 신부의 가래머리가 필연 이 모양을 흉내 낸 것일 게다'라고 하였으니 가래머리는 좌우 두 갈래로 갈라져 양 어깨에 드리워진 머리모양임을 짐작할 수 있다.

가래머리에는 '가라치'라고 하는 가발(假髢)과 칠보족두리를 사용하였다. 그 외에 옥반자玉斑子와 가란부전진주장옥장잠加卵付鈿眞珠粧玉長簪,[26] 진주 장식의 자적능금댕기 등을 더하였다. 1906년 순종과 윤황후의 가례인 병오가례의 자장발기資粧件記에도 '가래머리 칠보'가 있는 것으로 보아 황실 혼례까지 과거의 전통이 면면히 이어져 왔음을 알 수 있다.[도15]

26_ 가란부전(꽃 종류 또는 구슬 알을 더한 것이라는 의미)과 진주를 장식한 길이가 긴 비녀로 추정된다. 수식이라는 머리에도 사용하는데 세로로 길게 세워 꽂는다.

금수복자 초록원삼

가래머리에는 금수복자 초록원삼을 착용하였다. 이는 수壽 자와 복福 자를 금박으로 찍은 초록색 원삼을 말하는데 이 원삼에는 홍색의 봉대鳳帶를 둘렀다. 금수복자 원삼은 봉대 위에 품대와 하피, 패옥, 후수 등의 부속품을 사용하는 직금織金원삼보다는 비중이 낮은 원삼이다.

금수복자 초록원삼 유물은 단국대학교 석주선기념박물관, 이화여자대학교 박물관 등에 소장되어 있다.^{도16, 도16-1}

납채는 가례의 본격적인 시작이라고 할 수 있다. 궁궐과 별궁으로, 다시 궁궐로 장소를 이동하면서 진행된다. 국왕은 사신使臣에게 왕비로 결정되었음을 알리는 교서敎書와 살아 있는 기러기(生鴈)를 주어 왕비 집안의 주인主人에게 전달하도록 한다. 이를 받은 주인은 국왕에게 전箋을 올리고 전을 받은 사신 일행이 궁으로 돌아와 왕에게 일이 잘 마무리되었음을 알린다.

납채 단계에서 국왕은 면복冕服을 입는다. 그리고 국왕이 사신에게 교서를 전달하는 과정을 지켜보는 종친과 문무백관은 품계에 따라 조복朝服과 흑단령黑團領을 입는다. 4품 이상은 조복을 착용하고 5품 이하는 흑단령을 착용하는데 이는 임진왜란 이후 17세기에 정착된 규정이다.

국왕의 곁에서 절차에 맞추어 규를 받거나 올리는 임무를 맡은 근시近侍 역시 조복을 착용하며 교서안敎書案을 들고 따르는 집사자執事者 2인은 공복公服을 착용한다. 그리고 왕의 행차에 빠질 수 없는 산선시위繖扇侍衛는 흑단령 차림을 하였다.

한편 혼례에는 음악을 연주하지 않는 것이 원칙이지만 국가의 혼례에서는 연주를 하지 않아도 악기를 진설해 놓기 때문에 장악원

관원인 협률랑協律郞(정3품) 역시 조복을 입고 참석한다. 그리고 전악典樂과 악공은 녹초삼綠綃衫과 홍주의紅紬衣를 각각 착용하며 전殿의 계단 위에 나뉘어 서서 호위를 맡는 사금司禁은 흑단령 차림을, 무예별감은 녹직령綠直領에 자건紫巾을 각각 착용한다. 노부 의장군은 홍의紅衣를 입고 의장물에 따라 청건青巾과 홍건紅巾을 착용한다.

면복   면복은 국왕이나 왕세자의 의례복 중 가장
                            비중 있는 법복이다. 종묘와 사직에서 제사
지낼 때, 국혼과 같은 가례를 행할 때는 물론, 왕이나 왕세자가 사망하였을 때 대렴의大斂衣로도 사용하였다. 면복은 여러 복식으로 구성되며 그 구성물들을 일습一襲으로 착용한다. 『국조오례서례』에 의하면, 면복은 손에 드는 옥규玉圭와 흔히 면류관이라고 하는 면冕, 현의玄衣, 훈상纁裳, 중단中單, 대대大帶, 뒤를 가리는 수綬, 앞치마에 해당하는 폐슬蔽膝, 옥대나 대대의 좌우에 걸어 늘어뜨리는 패佩(佩玉), 그리고 적말赤襪과 적석赤舃 등으로 구성된다. 면복의 구성물 중에는 방심곡령이라고 하는 목에 거는 장식물이 있지만 이는 혼례와 같은 가례 때에는 사용하지 않았다. 그리고 옥대玉帶는 17세기 전기 인조 때에 사용하기 시작하였다.

조선시대에 면복은 왕과 왕세자, 왕세손이 착용하였는데 이들은 주로 면류관의 면류의 수와 현의와 훈상에 장식되는 무늬의 종류에서 차이가 있었다. 황제는 십이류면에 12종류의 문장을 장식한 십이장복을 착용하였지만 왕은 구류면九旒冕에 구장복九章服을, 왕세자는 팔류면八旒冕에 칠장복七章服을 착용하였다.

면복의 착장 순서는 다음과 같다. 우선 속바지와 속저고리를 입고 그 위에 다시 바지·저고리를 입는다. 그리고 적말赤襪과 적석赤舃을 신는다. 그 위에 중치막과 대창의 같은 포를 입고 그 위에 다시 중단中單을 입어서 일상복과 예복의 경계를 만든다. 초기에는 흑연黑緣을 두른 흰색의 중단을 사용하였으나 19세기 이후에는 흑연

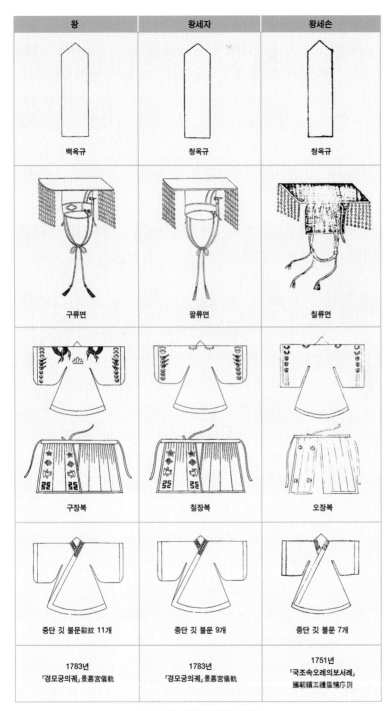

왕	왕세자	왕세손
백옥규	청옥규	청옥규
구류면	팔류면	칠류면
구장복	칠장복	오장복
중단 깃 불문黻紋 11개	중단 깃 불문 9개	중단 깃 불문 7개
1783년 『경모궁의궤』景慕宮儀軌	1783년 『경모궁의궤』景慕宮儀軌	1751년 『국조속오례의보서례』 國朝續五禮儀補序例 의

〈표5-1〉 왕·왕세자·왕세손의 면복

을 두른 청색 중단을 입게 되었다. 중단 위에는 전삼폭前三幅 후사폭後四幅으로 구성된 두 자락의 훈상纁裳을 착용하고 그 위에 현의玄衣를 입는다. 현의 위에 대대大帶를 두른 후 폐슬蔽膝과 후수後綬를 두르며 그 위에 다시 옥대玉帶를 두른다. 옥대나 대대의 좌우에는 패옥佩玉을 하나씩 걸고 면류관을 쓴다. 마지막으로 손에 규圭를 든다.

조복과 흑단령   조복朝服은 종친宗親과 문무백관文武百官이 정월 초하루와 동지, 매월 초하루와 보름날, 왕·왕비·왕세자의 생일 등에 거행되었던 조하朝賀에 예복으로 입었던 옷이다. 왕의 혼례 후 행하는 하례의賀禮儀 때에도 조복을 착용하였다.

조복제도는 갑오개혁 이듬해인 1895년 3월에 서양식 예복으로 개정될 때까지 500년 가까이 지속되었다. 조선 전기의 조복제도는 1품에서 9품까지 모두 착용하는 것이 원칙이었다. 그러나 임진왜란 이후 경제적인 어려움 때문에 회복이 어렵게 되면서 효종 때 이르러 1품에서 4품까지의 대부大夫만 조복을 착용하고 5품 이하의 백관들은 흑단령黑團領을 착용하는 제도로 변화되었다.

조복은 왕이나 왕세자의 면복과 거의 동일한 구조의 복식으로 이루어졌다. 머리에는 금관金冠이라고도 하였던 양관梁冠을 썼다. 양관에는 양梁의 개수를 달리하여 품계를 표시하였다. 1품의 경우 5개의 양을 사용하여 오량관五梁冠이라고도 하였다. 대한제국 시절에는 칠량관이 1품이 사용하는 최고의 양관이 되었다. 이익정李益炡(1699~1782)의 조복본 초상화를 통하여 18세기 말기의 조복 모습을 확인할 수 있다.도17

조복의 차림새를 살펴보면, 우선 바지·저고리와 중치막, 대창의와 같은 포를 착용한 후, 그 위에 중단中單을 착용한다. 조선 전기에는 검정 선을 두른 흰색 중단을 사용하였으나 임란 후에는 중단을 착용하지 않고 청색 창의鬖衣만 입었다. 이 익정이 중단 대신 입고 있는 옷이 곧 청색 창의이다. 『임하필기』林下筆記의 기록에서 확인할 수 있듯이, 당시의 청색이란 옥색과 같은 옅은 청색을 지칭하는 경우가 많았다. 19세기 이후에는 검정 선을 두른 청색 중단을 입기 시작하였다. 흥선대원군의 조복본 초상화 등에서 청색 중단을 확인할 수 있다.

중단 위에는 적초상赤綃裳이라고 하는 치마를 입는다. 앞뒤로 자락이 나뉘어져 있는 이 치마는 허리끈을 오른쪽 허리에서 묶어 입었다. 그 위에 적초의赤綃衣라고 하는 붉은색의 상의(衣)를 입는다. 적초의 위에 대대大帶를 두르고 폐슬蔽膝과 후수後綬를 앞뒤로 드리우며 대대 위에 품대品帶를 둘렀다. 품대나 대대의 좌우에는 패옥佩玉을 담은 주머니를 하나씩 걸어 길게 늘어뜨렸다. 손에는 홀笏을 들었는데 4품 이상은 상아홀을 들었다. 신발은 조선 초기에는 혜鞋를 착용하는 것이 원칙이었으나 16세기 중종 대 이후 흑화黑靴로 변화되어 조선 말기까지 지속되었다.

한편 5품 이하는 흑단령을 입었다. 둥근 깃이 달린 이 옷은 옆이 트이고 트임 부분에 무武가 달렸다. 사모紗帽를 쓰고 흑화를 신었으며 허리에는 품계에 따라 띠돈(帶錢)의 재료를 달리한 품대를 사용하였다. 1품은 서대犀帶[27]를, 정2품은 삽금대鈒金帶를, 종3품은 소금대素金帶를, 정3품은 삽은대鈒銀帶를, 종3품 이하 4품까지는 소은대素銀帶를, 그리고 5품 이하는 모두 흑각대黑角帶[28]를 사용하였다. 따라서 조복을 입는 관원들은 서대와 금대, 은대를 사용하고 흑단령을 착용하는 5품 이하의 관원들은 흑각대를

27_ 서대는 서각犀角으로 만든 띠돈을 사용하였다. 주로 동남아 지역의 물소 뿔을 사용하였는데 중국이나 일본을 통하여 수입하였으므로 상당히 비싼 재료였다. 밝은 갈색 바탕에 짙은 갈색으로 만들어지는 서각의 독특한 무늬를 즐겨 사용하였다.

28_ 흑각대는 소뿔로 만든 검은색 띠돈을 사용하였다.

도18 **조복을 착용한 4품 이상 관원과 흑단령을 착용한 5품 이하 관원들** 《무신진찬도병》 중 제1폭, 1848년, 국립중앙박물관 소장.

도19, 20 **공복을 착용한 광릉의 문인석(앞면과 뒷면)**

도21 **공복(홍포)을 착용한 박사** 《왕세자출궁도》 중 〈왕복의도〉의 부분, 국립문화재연구소 소장.

도22 **공복(녹포)을 착용한 급제자** 《담와 홍계희 평생도》 중 〈삼일유가〉三日遊街의 부분, 전 김홍도, 비단에 채색, 53.9×35.2cm, 국립중앙박물관 소장.

사용하였음을 알 수 있다.도18

공복   공복은 국혼 때 왕비 집의 주인과 교지를 전달하던 정사正使와 부사副使가 착용하던 옷이다. 조선 초기에는 초하루 조회를 비롯하여 사은謝恩, 서계誓戒 등에 문무백관이 공복을 착용하였으나 임진왜란과 병자호란을 겪은 이후에 다른 관복에 비하여 용도가 크게 축소되면서 가례 때 정사와 부사, 빈자, 그리고 왕세자 입학 때의 박사博士, 알성시의 급제자가 공복을 착용하였다.도19, 20

공복은 복두幞頭와 포袍, 야자대也字帶, 흑피화黑皮靴, 홀笏로 구성된다. 공복은 조선시대에 많이 입었던 관복이 아니므로 도상이나 유물이 드문 편이다. 왕릉이나 사대부 묘에 세워진 문인석에서 공복의 모습을 찾아볼 수 있고 조선 후기 1817년에 효명세자의 입학을 축하하면서 그린《왕세자출궁도》의 박사 모습에서 공복을 확인할 수 있다. 혹은 과거급제를 한 후 치르는 삼일유가三日遊街 장면에서 급제자가 입고 있는 당하관의 공복을 확인할 수 있다. 그리고 공복의 개별적인 구성물의 도상은 전악典樂의 복식 도상을 통하여 짐작할 수 있다.도21, 22

복두는 사모처럼 앞부분이 낮아서 2단으로 이루어진 모자이다. 그러나 모체帽體는 정수리 부분이 평평하고 사방이 각이 졌으며, 뒷부분 좌우에 모난 뿔(角)을 꽂는 형태이다.도23

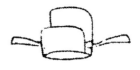

도23 **복두** 『무신진찬의궤』戊申進饌儀軌(1848년)의 전악典樂에 수록.

공복의 포袍는 조선 초기에는 둥근 깃에 소매가 넓고 길이가 길며 옆이 막힌 형태였으나 후기에는 옆이 트이고 무武가 달린 단령團領과 동일한 형태로 변화되었다. 공복의 포는 품계에 따라 색상을 달리하였는데 『경국대전』에는 정3품 이상의 홍포紅袍와 6품 이상의 청포靑袍, 7품 이하의 녹포綠袍가 규정되어 있다. 그러나 조선 후기에는 청포가 없어지고 홍색 공복과 녹색 공복만 사용되었다.도24

허리에는 야자대를 사용하였다. 야대也帶라고도 하였는데 이 띠는 제복이나 조복, 상복 등에 사용하는 일반 품대品帶와는 구조가 다르다. 허리에 둘렀을 때 띠의 끝이 좌측이나 우측으로 길게 늘어지는 것이 야자대의 특징이다. 조선 초기에는 품계에 따라 서대犀帶, 여지금대荔枝金帶, 흑각대黑角帶를 사용하였다. 그러나 후기에는 야자대의 구조에 당시 상복용常服用 품대에 사용하던 띠돈을 장식하였다. 1품은 야자서대, 정2품은 야자삽금대, 종2품은 야자학정대(야자소금대), 정3품은 야자삽금대, 종3품 이하 4품은 야자소금대, 5품 이하는 야자흑각대를 사용하였다.도25

도24 **포** 『무신진찬의궤』戊申進饌儀軌(1848년)의 전악典樂에 수록.

흑피화는 조복이나 흑단령의 흑화와 같다. 그리고 공복에는 홀을 드는데, 홀은 조복과 마찬가지로 4품 이상은 상아홀을, 그리고 5품 이하는 나무홀을 사용하였다.

왕실의 혼례 때는 왕비나 왕세자빈의 집으로 국왕의 교서 등을 전달하는 임무를 맡은 정사와 부사, 왕비나 왕세자빈의 아버지나

도25 **야자대** 『무신진찬의궤』戊申進饌儀軌(1848년)의 전악典樂에 수록.

29_ 홍색의 방사주로 만든 공복으로 당상관용 공복이다. 방사주는 방사紡絲로 짜여진 평직의 견직물로, 중국 호주湖州(지금의 남경南京)의 특산물이었다. 조효숙·이은진, 「『탁지준절』度支準折에 기록된 조선 말기 평견직물平絹織物에 관한 연구」, 『복식』服飾 53(5), 2003, p.129.

30_ 모라冒羅(신축성이 좋은 검은색 라직물)를 씌워 만든 복두를 말한다.

31_ 야자서대는 야자대의 일종으로, 서각으로 만든 띠돈을 사용한 1품용 공복 띠이다.

32_ 흑화 또는 목화라고 하는 목이 긴 관복용 신발이다.

참여자	궁궐	별궁	비고
국왕	면복	-	-
종친·문무백관(4품 이상)	조복	-	-
종친·문무백관(5품 이하)	흑단령·사모	-	-
산선시위	흑단령·사모	-	-
호위관원	녹직령·자건	-	무예별감
사금	흑단령·사모	-	-
전악	녹초삼·모라복두	-	-
악공	홍주의·화화복두	-	-
의장군	홍의·홍건/청건	-	-
정사·부사	조복	공복	-
집사자	공복	공복	-
주인·빈객	-	공복	-

〈표5-2〉 납채의례에 참여하는 인물들의 복식 유형

도26 흑피화 『무신진찬의궤』戊申進饌儀軌(1848년)의 전악典樂에 수록.

33_ 초록정주 공복이란 초록색 정주로 만든 당하관용 공복이다. 정주는 당상관용 공복을 만드는 방사주보다는 질이 떨어지는 평직의 견직물이다. 조효숙·이은진, 위 논문, p.130.

34_ 각대는 흑각 띠돈을 장식한 야자대를 말한다. 5품 이하의 관원이 사용하는 공복용 띠이다.

할아버지인 혼례의 주인主人, 빈자儐者 등이 공복을 입었다. 『영조정순왕후가례도감의궤』에는 정사와 부사, 주인의 홍방사주紅方絲紬 공복29 3건과 모라복두冒羅幞頭30 3부部, 야자서대也字犀帶,31 흑화자黑靴子32가 마련되었으며 빈자儐者의 초록정주草綠鼎紬 공복33에 모라복두, 각대角帶,34 흑화자가 마련되었다. 다른 가례도감의궤에도 홍색 공복과 녹색 공복의 기록만 보인다.도26

왕비의 집에서 납채를 받는 의식과 참여자 복식

왕의 명을 받고 납채를 치르기 위해 왕비가 있는 별궁으로 가는 정사와 부사, 기러기 등을 든 집사자는 모두 막차에서 공복公服으로 갈아입는다. 정사 일행을 맞이하여 후속 의례를 진행할 주인과 빈객 역시 공복을 착용한다. 납채의례에 참여하는 주요 인물들의 복식은 〈표5-2〉와 같다.

4 납징의식과 참여자들의 복식

납징은 왕비의 집에 폐백 등을 보내는 절차이다. 이 절차 역시 궁궐과 별궁, 궁궐로 이동하면서 진행된다. 사신이 국왕으로부터 교서敎書와 속백束帛 등을 받아 별궁의 주인에게 전달한다. 이를 받은 주인은 국왕에게 전箋을 올린다.

사신에게 교서와 속백 등을 주어 별궁으로 보낼 때, 국왕은 원유관遠遊冠에 강사포絳紗袍를 입는다. 이 절차에 참여하는 4품 이상의 종친 문무백관, 사자 이하는 모두 조복을 착용한다. 그리고 5품 이하는 흑단령을 착용한다.

국왕 가까이에서 의례 절차를 아뢰는 좌통례左通禮나 참여자들의 자리를 설치하고 '사배' 등을 창하는 전의典儀(통례원관), 국왕 곁에서 국왕의 규를 들거나 올리는 근시, 어좌 앞에서 전교를 아뢰고 교서를 전하거나 속백함束帛函을 들어 정사에게 주는 역할을 하는 전교관傳敎官(승지承旨, 정3품), 승마를 진열하는 사복시司僕寺 정正(정3품)은 조복을 입는다. 그리고 교서함敎書函과 속백함을 받들고 가는 예조정랑禮曹正郎은 흑단령을 입는다.

교서안敎書案, 속백안束帛案을 정사에게 전달하는 집사자 2인은 공복을 착용한다. 수봉관, 속백 자비관, 각각의 채여彩輿에 안치하

도27 녹초삼을 착용한 전악과 홍주의를 착용한 악공들 『영조정순왕후 가례도감의궤』 반차도의 부분.

는 집사자 등도 공복을 착용한다. 산선과 시위는 평상시대로 흑단령을 착용하며, 의장군은 홍의를 착용한다. 전殿의 계단 위에 서서 호위하는 사금司禁은 흑단령과 사모를, 무예별감은 녹직령綠直領에 자건紫巾을 착용한다. 또한 음악을 담당하는 전악은 녹초삼綠綃衫을, 악공은 홍주의紅紬衣를 착용한다. 세장細杖, 고취鼓吹가 앞에서 인도하는데 고취鼓吹는 갖추기만 하고 연주는 하지 않는다. 사자使者 이하는 공복으로 갈아입고 왕비의 집으로 말을 타고 간다.도27

원유관복　　　　　원유관복遠遊冠服은 가례 절차 중 납징과 책비의례에서 국왕이 사신에게 교서와 속백을 전달할 때 착용하였다. 이 옷차림은 왕이나 왕세자가 조하朝賀 때 착용하는 관복이다. 1370년(고려 공민왕 19)에 명 태조가 처음으로 공민왕에게 면복과 함께 원유관을 보내왔는데 조선시대에도 이 제도와 유사하였다.

원유관복의 구성은 면복과 유사하다. 9량梁 장식의 원유관을 쓰고 강사포絳紗袍와 강색의 상을 입는데 의와 상 안에는 흰색 중단을 입는다. 의와 상 위에는 대대를 두르고 대대 위에 폐슬과 후수를 앞뒤에 드리운다. 대대 위에 옥대를 띠고 허리 좌우에 패옥을 건

명칭	도상	설명	명칭	도상	설명
규圭		규는 청옥을 사용한다고 하였으나 17세기 이후에는 백옥을 사용하였다.	원유관遠遊冠		관은 현색의 라직물(綌羅)로 싸고 9량에 18개씩의 구슬을 꿰는데 5색(황창백주흑)을 순서대로 꿴다. 금비녀를 사용하고 주색 두 줄을 달아 턱 아래에서 묶어 내려 뜨린다.
의면衣面		붉은 라직물로 만든다.	의배衣背		앞과 같다.
상裳		붉은 라직물로 만드는데 앞 3폭, 뒤 4폭을 이어 만든다.	대대大帶		대대는 비색과 백색으로 만든다.
중단면中單面		백라로 만들고 붉은 선을 두른다. 깃에 불문 11개를 그린다.	중단배中單背		앞과 같다.
패佩		패옥은 면복과 같다.	수綬		후수도 면복과 같다.
혁대革帶		1626년(인조 4) 이후 사용하기 시작한 것으로 추정됨	폐슬蔽膝		강라로 만드는데 양옆과 아래에 선을 두른다.
말襪		면복용 버선과 같다.	석舃		면복용 신발과 같다고 했으나 중종 대 이후 흑화로 바뀌었다.

〈표5-3〉 전하 원유관복

도상 출처; 『국조오례의서례』(1474년) 권2 「가례」 관복도설冠服圖說 원유관복遠遊冠服

참여자	궁궐	별궁	비고
국왕	원유관 · 강사포	-	-
종친 · 문무백관(4품 이상)	조복	-	-
종친 · 문무백관(5품 이하)	흑단령 · 사모	-	-
산선시위	흑단령 · 사모	-	-
호위관원	녹직령 · 자건	-	무예별감
사금	흑단령 · 사모	-	-
전악	녹초삼 · 모라복두	-	-
악공	홍주의 · 화화복두	-	-
의장군	홍의 · 홍건/청건	-	-
정사 · 부사	조복	공복	-
집사자	공복	공복	-
주인 · 빈객	-	공복	-

〈표5-4〉 납징의식에 참여하는 인물들의 복식 유형

다. 적말과 적석은 면복과 동일하다.

왕비의 집에서 납징을 받는
의식(王妃第受納徵) 정사와 부사는 주인에게 국왕이
내린 교서와 속백함을 전달하는
데 이때 공복을 착용한다. 왕비의 아버지인 주인은 정사를 통해 왕
이 내린 교지를 받고 국왕에게 올리는 전箋을 정사에게 전달하는데
역시 정사와 마찬가지로 공복을 착용한다. 주인의 명을 받고 그 명
을 정사에게 전달하며 주인과 함께 정사를 맞이하고 전함箋函을 받
아 주인에게 주는 등, 주인을 돕는 빈자儐者도 공복을 착용한다. 사
자를 인도하는 알자謁者, 교서안을 든 자, 속백안을 든 자, 승마를
끄는 자, 전함을 든 자도 공복으로 참여한다.
　납징에 참여하는 주요 인물들의 복식은 〈표5-4〉와 같다.

5 고기의식과 참여자들의 복식

고기告期의식은 혼례 일정을 알리는 절차이다. 사신이 국왕으로부터 기일을 알리는 교서를 받아 혼례의 주인에게 전달한다. 이를 받은 주인은 전箋을 올린다.

교서를 정사正使에게 전달할 때 국왕은 원유관과 강사포를 입는다. 종친과 문무백관, 사자 이하는 모두 조복을 착용하며 이전의 단계에서와 마찬가지로 5품 이하는 흑단령을 착용한다. 국왕에게 의식의 진행 과정과 국왕이 해야 할 일들을 아뢰는 좌통례와 전의典儀, 국왕의 곁에서 홀을 주고 올리는 근시(승지, 사관), 종친과 문무백관, 사자 이하를 인도하는 인의, 보寶를 받들어 안案 위에 놓는 상서원尙瑞院 관원, '국궁 사배 흥 평신', '궤', '부복 흥 사배 흥 평신'을 고하는 찬의贊儀, 교서를 담당하는 예조정랑, 여轝·연輦, 장마仗馬를 전정殿庭에 진열하는 임무를 맡은 사복시 정, 교서를 관리하고 정사에게 넘겨주는 전교관傳敎官(승지), 전교관이 주는 교서함을 받은 후에 주인에게 전달하는 정사, 교서함을 놓은 안案을 들어 정사에게 전달하는 거안자, 사자가 주는 교서함을 받아 채여에 안치하는 봉교관奉敎官이 이에 해당된다. 휘를 관리하는 협률랑도 조복을 착용한다.

교서안教書案을 책임지는 집사자는 공복을 착용하며 연주는 하지 않지만 악기와 함께 배치되는 전악과 악공은 각각 녹초삼과 홍주의를 착용한다. 그리고 노부 의장군은 홍의를 착용하며 전殿의 계단 위에 서서 시위하는 관원들과 사금司禁은 각자의 복장을 착용하는데 사금은 흑단령을, 무예별감은 자건紫巾에 녹색 직령(綠直領)을 착용한다.

왕비의 집에서 고기를 받는 의식(王妃第受告期儀)

정사와 부사는 고기의 명을 받아 교서를 주인에게 전달하며 주인으로부터 전함을 받는다. 또 주인은 정사에게서 교서를 받고 빈자에게서 받은 전함을 정사에게 건넨다. 빈자는 주인과 사자 사이의 전언을 담당하는 역할, 전함자에게서 전함을 받아 주인에게 주는 역할을 하는데 이들 모두 공복을 착용한다.

전함을 주인에게 넘기기 위하여 빈자에게 전달하는 전함을 든 자, 사자를 인도하는 알자謁者, 부사에게 교서안을 전달하는 자, 교서안을 드는 자도 공복으로 참여한다.

고기의례에 참여하는 주요 인물들의 복식은 다음의 표와 같다.

참여자	궁궐	별궁	비고
국왕	원유관 · 강사포	-	-
종친 · 문무백관(4품 이상)	조복	-	-
종친 · 문무백관(5품 이하)	흑단령 · 사모	-	-
산선시위	흑단령 · 사모	-	-
호위관원	녹직령 · 자건	-	무예별감
사금	흑단령 · 사모	-	-
전악	녹초삼 · 모라복두	-	-
악공	홍주의 · 화화복두	-	-
의장군	홍의 · 홍건/청건	-	-
정사 · 부사	조복	공복	-
집사자	공복	공복	-
주인 · 빈객	-	공복	-

〈표5-5〉 고기의식에 참여하는 인물들의 복식 유형

6 책비의식과 참여자들의 복식

책비冊妃란 왕비를 책봉하는 의식이다. 원유관과 강사포를 입은 국왕이 정사와 부사에게 왕비의 교명教命(왕비를 책봉하는 국왕의 명령서), 금보金寶(왕비의 도장), 옥책玉冊(왕비의 존호를 올리는 글을 새긴 의물), 명복命服(왕비의 법복인 적의翟衣 일습)을 전해주면 이를 별궁의 왕비에게 전달하는 의식이다.도28~31

이 의식에서 비로소 삼간택 과정을 거쳐 결정된 후 별궁에서 착실하게 왕실의 법도를 익히고 국모로서의 면모를 갖추고자 애쓴 왕비의 모습이 드러난다. 이때 왕비는 수식首飾에 적의翟衣를 입었다.

전의는 종친과 문무백관, 사자 이하의 자리와 집사관의 자리를 설치하고, 병조에서는 노부鹵簿 의장을 진열하고, 여轝, 연輦, 마馬, 채여彩輿, 고취鼓吹,[35] 세장細仗[36]을 진열한다. 왕비의 연과 의장, 채여도 설치한다.

종친과 문무백관, 사자 이하는 모두 조당朝堂에 모여 조복을 착용하는데, 단 5품 이하는 흑단령을 착용한다. 휘를 드는 자리에 나아가는 협률랑, 교명함教命函과 책함冊函·명복함命服函을 관리하는 예조 정랑, 좌통례, 근시 집사관, 종친·문무백관, 사자를 인도하는 인의引儀, 보寶를 담당하는 상서원 관리, 의례의 진행을 맡은 전의典

35_ 고취란 궁중 의식 때 연주되던 군악 계통 악기 편성을 일컫는 말인데, 주로 관악기와 타악기로 편성한다.

36_ 왕실의 의식 행사에 쓰는 규모가 작은 의장으로, 노차의장路次儀仗을 세장이라고 한다.

도28 **금보** 『영조정순왕후가례도감의궤』 삼방의궤 부분.

도29 **옥책** 『영조정순왕후가례도감의궤』 삼방의궤 부분.

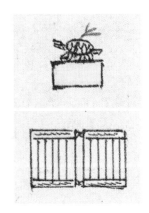

儀와 찬의贊儀, 전교를 아뢰고 교서를 선포하는 전교관(승지), 호위
관, 근시(승지와 사관)와 교명안·책안·보안寶案을 맡든 집사자는 공복
을 착용한다. 교명함, 책함, 명복함 등을 각 차비관에게 주어 각 채
여에 안치한다.

산선을 진열하고 세장, 고취가 앞에서 인도하며 시위하는 관원
들과 사금은 기복器服을 갖추고 전殿의 계단 위에 나누어 선다. 그
리고 음악은 연주하지 않되, 전악典樂은 악공을 거느리고 들어와
자리에 나아간다.

공식적으로 왕비가 처음 모습을 드러낸다. 이때 왕비는 최고의
법복인 적의를 입고 수식이라고 하는 머리모양을 하는데, 수식과
적의 일습은 명복함에 담아 명복채여에 싣고 온 것이다.

적의   적의는 대비를 비롯하여 왕비나 왕세자빈,
                  왕세손빈과 같이 왕통과 관련된 여성만이
착용하는 법복이다. 조선 초에는 명나라로부터 다홍색의 대삼大衫
제도를 받아들여 착용하였지만 고려 말 명나라 태조로부터 사여 받
은 왕비의 관복 명칭을 그대로 사용함으로써 대삼大衫이라는 명칭
보다는 적의라는 명칭을 사용하였다.

조선시대의 적의제도는 대체로 네 차례에 걸쳐 변화하였다. 조
선 건국 직후 왕비가 적의를 입었다면 고려 말 공민왕 대에 사여된
명나라의 청색 적의를 입었을 것이다. 그러나 태종 3년(1403)에 명
나라에서 왕비 예복을 보내왔는데 그것은 황후의 용봉관과 유사한

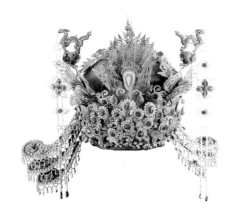

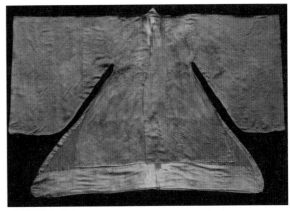

주취칠적관珠翠七翟冠과 다홍색 대삼大衫이었다.^{도32, 33} 청색 적의가
다홍색 대삼으로 변화된 것이다. 큰 변화라고 할 수 있는데 이것이
고려 말 적의제도에서의 첫번째 변화라고 할 수 있다. 이때부터 명
나라에서 사여한 다홍색의 왕비 적의를 사용하기 시작하였다. 이는
명나라에서 관복제도가 정리되면서 조선에 명나라의 군왕비 관복
에 해당하는 대삼을 보내왔기 때문이다.

도32 **용봉관龍鳳冠**(복원품)

도33 **명나라 대삼 유물**

  대삼의 형태는 중국에서 출토된 명나라 대삼을 통하여 확인할
수 있다. 이 대삼은 앞길이가 123cm이고, 뒷길이 138cm, 화장
120cm, 뒷품 74cm, 수구 91cm인 상당히 큼직한 옷이다. 앞중심
에서 맞닿는 대금對衿형이며 소매가 넓고 양 옆이 트인 전단후장형
前短後長形이다.³⁷

  두번째 변화는 인조 대의 기록에서 확인된다. 1627년(인조 5) 『소
현세자가례도감의궤』에 따르면 세자빈은 적관翟冠에 무늬 없는 아

37_ 樊昌生,「南昌宇靖王夫人吳氏
墓」, *Recent Excavations of Textiles
in China*, 衛紗堂/服 飾出版(香港),
2002, pp.175~177

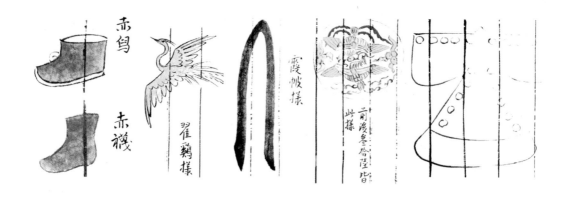

도34 **17세기 전기 왕비의 적의와 하피, 적석과 적말 모습** 「인조장렬왕후가례도감의궤」(1638년)

청색 필단(無紋鴉青匹段)으로 만든 적의를 입었다. 적의에는 36개의 여관자수如貫子繡라고 하는 자수 장식을 붙였다. 이전의 무늬 없는 적의 위에 새롭게 자수 장식이 추가되었다는 점이 큰 변화라고 할 수 있다. 그리고 적의의 형태는 세자빈과 왕비의 차이가 없었으나 색상에는 차이가 있었다. 왕비는 대홍색大紅色(多紅色) 적의를 사용한 반면, 세자빈은 아청색 적의를 사용하였다.

한편 1638년(인조 16) 인조와 장렬왕후의 가례에서는 왕비의 다홍색 적의를 확인할 수 있다. 적의에는 소현세자 가례에서와 마찬가지로, 봉무늬 장식의 원형 장식편 36개를 장식하였다. 그리고 니금泥金과 오채五彩로 그린 2쌍의 운봉흉배雲鳳胸背도 장식하였다.

『인조장렬왕후가례도감의궤』에 그려진 적의의 도상은 간략하지만 앞이 짧고 뒤가 긴 전단후장 형태의 옷에 소형의 둥근 장식편이 나열되어 있음을 확인할 수 있다. 조선 초기에 중국에서 보낸 명나라 대삼은 본래 무늬나 자수 장식이 없는 옷이었는데 인조 때에 사용된 왕비나 세자빈의 적의에는 36개의 원형 자수 장식이 더해진 것이다. 좌우 어깨선을 따라 장식을 다섯 개씩 더하였고 앞길의 좌우 옆선에 5개씩, 그리고 뒷길에는 16개를 장식하였다.도34

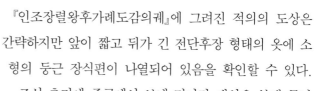

도35 **영친왕비의 대수** 국립고궁박물관 소장.

적의에는 '수식'首飾이라고 하는 예장용 머리를 사용하기 시작하였다. 17세기부터 명나라에서 보내온 칠적관七翟冠 대신 머리카락으로 만든 조선식 예장용 머리모양인 '수식'을 사용하게 된 것이다. 이 머리모양은 현재 국립고궁박물관에 소장되어 있는 영친왕비의 대수大首로까지 이어지고 있다.도35

세번째의 변화는 영조 대의 기록에서 확인된다. 적의에 51개의 원형 자수 장식(수원적繡圓翟)을 사용하는 것이 특징이다. 수원적은 인조 대에 여관자수로 기록한 것과 동일한 것이다. 수원적 51개를 사용하기 시작한 시기는 확실하지 않다. 이 제도는『국조속오례의 보서례』「길례」부분에 기록되어 있는데 여전히 왕비는 대홍색 적의를, 왕세자빈은 아청색 적의를 사용하였다. 인조 대의 적의와 색상과 구조는 같으나 수원적의 개수가 36개에서 51개로 증가하였다. 따라서 장식편의 배치도 달라졌음을 짐작할 수 있다.도36, 도37

마지막으로 네번째 변화는 1897년 대한제국의 시작과 함께 황세 국가에 맞는 관복제도도 정비하면서 일어났다. 명나라 황후와 황태자비 예복제도를 수용한 심청색 적의가 착용된 시기이다. 현재

도38 **윤황후의 12등 적의** 세종대학
교 박물관 소장.

윤황후가 착용하였던 12등 적의와 영친왕비가 사용하였던 9등의
적의가 각각 세종대학교 박물관과 국립고궁박물관에 소장되어 있
다.^{도38, 도39}

1751년(영조 27)의 『국조속오례의보서례』에는 인조 대의 것과는
다른 형태의 적의가 설명되어 있다. 17세기 후기 이후나 18세기 전
기에 변화가 있었던 것으로 보인다. 적의 일습이 자세히 설명되어
있어 구체적인 형태를 짐작할 수 있다. 영조 대의 왕비 예복은 규
圭, 수식首飾, 적의, 하피霞帔, 상裳, 대대大帶, 옥대玉帶, 패佩, 수綬,
폐슬蔽膝, 말襪, 석舃으로 구성되었다.

왕비의 규는 백옥으로 만드는데 왕의 것과 유사하였다. 수식은
『주례』의 편제編制와 같으나 금장金粧을 추가한다고 하였다. 국립고
궁박물관에 소장되어 있는 영친왕비의 대수는 18세기에 수식으로

도39 **영황후의 9등 적의** 국립고궁박
물관 소장.

불리었던 머리모양이다. 이 유물은 머리카락으로 만든 틀 위에 장잠
長簪이나 선봉잠(立鳳簪), 대요帶腰와 같은 여러 장식을 더한 것이다.

　적의는 신분에 따라 색상에 차이가 있었다. 왕비의 적의는 대홍
단大紅緞으로 만들고 대비는 자색紫色 적의를 사용하였으며, 왕세자
비와 왕세손비는 흑색(아청색)의 적의를 착용하였다. 혜경궁 홍씨는
천청색天靑色 적의를 사용하였다. 적의는 배자와 마찬가지로 앞길이
맞닿는 대금對衿 형태로 제작하여 착용 시에 여며 입었으며 앞 길이
는 치마 길이와 같지만 뒤의 길이는 한 자 더 길게 하였다. 가슴과
등, 그리고 양 어깨에 금사로 수놓은 오조원룡보五爪圓龍補를 붙이고
앞뒤로 51개의 꿩 무늬 수를 놓은 원형 장식(수원적繡圓翟)을 붙였다.
소매 너비는 적의 앞 길이와 같았는데 뒷면 수구선을 따라 좌우
에 각각 9개의 수원적을 붙였다.

하피霞帔는 좌우의 어깨에 걸쳐 늘어뜨리는 넓은 끈 형태의 장식물이다. 겉은 흑단으로 하고 안감은 홍초紅綃로 한다. 금으로 28개의 운하雲霞와 26개의 적문翟文을 그린다.

상裳은 청색 비단으로 만든 세 자락으로 갈라진 치마이다. 중심의 앞자락은 짧고 뒷자락이 되는 양 끝의 두 자락은 길게 만들었다. 허리에는 주름을 잡고 무릎 아래에는 용무늬를 직금한 스란(膝襴)을 장식하였다.

대대는 적의와 같은 대홍단으로 겉감을 하고 백릉으로 안을 대며 녹색 단緞으로 가장자리 선 장식을 둘렀다. 대대 위에 두르는 옥대는 청색 비단으로 싸서 띠를 만든 후 그 위에 조각한 옥 장식을 달았다. 금으로 봉鳳을 그린다고 하였다. 『상방정례』에는 대홍색 비단으로 싼다고 하는 다른 기록이 보이기도 한다.

패佩는 패옥이라고도 하는데 옥대나 대대의 좌우에 걸어 늘어뜨린다. 수綬는 후수라고도 하는데 국왕의 것과 같았으며 폐슬과 함께 끈에 꿰어 대대 위에 둘렀는데 폐슬로는 앞을 가리고 후수로는 뒤를 가렸다. 그 외에 적말과 적석을 신으며 신발 코에는 홍색과 녹색 실로 만든 3개의 꽃 장식을 더하였다.

왕비가 책명을 받는 의식(王妃受册儀)　주인과 빈객, 행사하는 사람 모두 조복을 입는다. 알자謁者는 사자 이하를 인도하고, 빈자는 주인을 인도하며, 부사는 교명함·책함·보수寶綬를 정사에게 전달하는 역할을 한다.

왕비가 등장하는 의식인 만큼 상궁尙宮이 행사를 주관한다. 교명·책·보를 진열하는 일을 하고 왕비를 인도한다. 왕비는 적의翟衣를 갖추고 수식首飾을 얹고 부무(傅姆)의 도움을 받아 나온다.

병조정랑은 왕비의 의장 진열을 총괄하며 상복, 즉 흑단령을 입은 내시는 의장을 뜰 동쪽과 서쪽에 진열한다. 상침尙寢은 의장을 전해 받아 진열하고 왕비의 좌석을 설치하며, 상의尙儀는 왕비에게

참여자	궁궐 (납징)	별궁 (왕비수책의)	비고
국왕	원유관·강사포	-	-
종친·문무백관(4품 이상)	조복	-	-
종친·문무백관(5품 이하)	흑단령	-	-
산선시위	무양흑단령	-	-
호위관원	녹직령	-	무예별감
사금	흑단령	-	-
전악	녹초삼	-	-
악공	홍주의	-	-
정사·부사	조복	조복	-
집사자	공복	공복	-
왕비	-	적의·수식	-
보모		(원삼)	-
여관	-	예복(원삼)	-
산선시위		당의	-
내시	-	상복(흑단령)	-

〈표5-6〉 책비의식에 참여하는 인물들의 복식 유형

사배四拜나 궤跪, '부복 흥 사배'를 계청하고, 의례가 끝나면 '예필' 禮畢을 아뢰는 등 행사의 진행을 맡는다. 상전尚傳은 정사로부터 명복과 교명함·책함·보수함을 받아 안案에 놓는 역할을 한다. 전언典言은 왕비가 교명과 책함을 받으면 이를 받아 안案에 놓는 임무를 맡았다. 상복尚服은 사자에게서 보수寶綬를 받아 왕비에게 올리며, 상기尚記는 왕비가 받은 보수를 받아 교명·책·보와 함께 안에 올려 놓는다. 이상의 여관女官들은 예복, 즉 원삼圓衫을 착용한다. 책비의례에 참여하는 주요 인물들의 복식은 〈표5-6〉과 같다.

7 친영의식과 참여자들의 복식

38_ 심승구, 「조선시대 왕실혼례의 추이와 특성」, 『조선시대사학보』 41, 2007, pp.122~123.

『국조오례의』에는 왕이 사자使者를 보내 왕비를 모셔오도록 했던 의식이 '명사봉영'命使奉迎이라 기록되어 있는데, 숙종 대부터는 왕이 친히 별궁까지 왕비를 모시러 가는 납비친영의納妃親迎儀로 변화되었다.[38] 『국조속오례의』에 비로소 '납비친영의'納妃親迎儀로 확립되었다. 따라서 이 항의 내용은 『국조속오례의』 권2의 내용을 참조한 것이다.

친영의식이란 국왕이 왕비가 머물고 있는 별궁으로 가서 전안례奠雁禮를 행하고 왕비를 맞아 궁으로 돌아오는 의식이다. 이날 국왕은 면복을 입고 왕비는 적의에 수식을 하며 별궁을 떠날 때 경褧을 더한다. 주인은 조복 차림으로 국왕을 맞이한다. 의식의 진행 과정과 국왕이 취해야 할 일들을 아뢰는 좌통례, 국왕의 곁에 머물면서 국왕의 홀을 받고 홀을 올리는 근시近侍, 기러기를 상전尙傳에게 전달하는 장축자掌畜者 역시 조복을 착용한다.

상전이 장축자에게서 받은 기러기를 상궁에게 전달하면, 상궁은 기러기를 받아 국왕에게 올리며 또 왕과 왕비를 인도하여 의례를 이끌어가는 동시에, 의례를 마치면서 '예필'을 아뢴다.

왕비의 어머니인 주모主母는 예의禮衣를 갖추고 왕비 오른쪽에

참여자	복식	반차도 인물
국왕	면복	—
종친·문무백관(4품 이상)	조복	
문무백관(5품 이하)	흑단령·사모	
산선시위	흑단령·사모	—
호위관원(무예별감)	녹직령·자건	
사금	흑단령·사모	
전악	녹초삼·모라복두	
악공	홍주의·화화복두	
의장군	홍의·피모자	
집사자	조복	
왕비	적의·수식·경	—
여관	예복(원삼)·너울	
의녀 등 의장차비	당의·청상립	
내시	흑단령·사모	

〈표5-7〉 친영의례에 참여한 인물들의 복식 유형(『영조정순왕후가례도감의궤』)

서서 옷깃을 여미고 수건을 매어주면서 '힘쓰고 공경하여 밤이나 낮이나 명을 어기지 말라'고 경계한다. 부무(傅姆)는 왕비가 방에서 나오는 것을 돕고, 왕비의 왼편에 있으면서 왕비가 연에 오를 때 '경'景이라고 하는 옷을 더해준다. 경景 제도는 명의明衣와 같은데 길을 갈 때 먼지를 막아 옷을 깨끗하게 하는 역할을 한다. 또 보모 保姆는 왕비 뒤에서 왕비를 보필한다. 이 절차에 등장하는 상궁, 상전 등의 여관들은 예복, 즉 원삼을 입고 의장 차비들은 가리마에 당의를 착용한다. 한편 왕비가 연에 오를 때 입는다는 '경'은 가례도감의궤 기록에는 보이지 않는다. '면사'面紗가 기록되어 있음을 볼 때, 면사가 경을 대신한 것으로 추정된다.

친영할 때 궁을 나갔다 돌아오는 의식

종친과 문무백관은 조방朝房에 모여 조복을 착용한다고 하는데 4품까지는 조복을 착용하고 5품 이하는 흑단령을 착용한다. 사복시 정은 여輿와 연輦을 대기시키고 산선과 시위나 의장의 진열은 평상시 의식과 같이 한다. 고취는 어가 출발 시 진열만 한다.

친영 장면은 가례도감의궤의 말미에 실린 반차도에 표현되어 있다. 국왕이 직접 출궁하는 의식이므로 가장 많은 인원이 동원되며 복식을 갖추어 입은 그 행렬은 장관을 이루었다. 『영조정순왕후가례도감의궤』에 실린 반차도를 통해 참여자들의 복식을 살펴보면 〈표 5-7〉과 같다.

8 동뢰연의식과 참여자들의 복식

동뢰연은 육례의 마지막 순서로, 실질적인 혼례 절차라고 할 수 있다. 국왕이 왕비를 맞아 궁으로 돌아온 후, 당일 저녁 내전에서 거행하였다. 동뢰는 소, 양, 돼지 등으로 요리한 음식을 함께 먹는다는 의미를 지닌 말로서, 신랑 신부가 서로 절을 한 뒤에 술잔을 나누는 의식이다. 이날 국왕은 면복을 입고 왕비는 적의를 입고 수식을 한다.

상궁은 왕비와 국왕을 인도하고 국왕에게 홀을 잡거나 놓을 것을 청한다. 왕은 동쪽 방으로 들어가 면복을 벗고 상복常服을 입는다. 왕비도 악차幄次로 들어가 적의를 벗는다.

여관은 국왕에게 홀을 올리거나 받는 역할을 한다. 상침尙寢은 어악御幄을 설치하고 요(褥)와 자리(席) 펴는 일을 한다. 상식尙食(2인)은 예주醴酒를 준비하고 음식을 차려놓을 상을 진설한다. 그리고 국왕과 왕비에게 술잔과 탕, 찬안을 올리고 치운다. 상의尙儀(2인)는 주정酒亭으로 나아가 잔에다 술을 따르고 왕비가 연에서 내리거나 막차에서 나올 것을 청하거나 국왕이 어좌에서 내려와 예로 맞이할 것을 청하고 의식이 끝나면 '내펄'을 아뢴다.

상궁, 상전 등의 여관들은 예복, 즉 원삼을 입고 의장 차비들은

가리마에 당의를 착용한다.^{도40}

내시들은 왕비의 대차를 설치하고 요(褥)와 자리(席) 펴는 일 등을 한다. 의장儀仗은 내전 문안에 머물며 전등典燈은 촛불 잡은 자를 거느리고 모두 앞뒤로 도열한다.

9 조현례와 참여자들의 복식

조현례朝見禮는 왕실 혼례의 본 의식에서 벗어난 식후式後 의식이지만 왕실 혼례에서 빼놓을 수 없는 중요한 의례이다. 상침尙寢은 내전에 왕대비의 좌석을 설치하고 향안香案(향탁자)을 좌우에 설치한다. 상의는 왕비의 상의와 왕대비의 상의가 참여하는데 의식의 절차를 진행시킨다. 중엄을 계청하고 외판을 계하며 예가 끝나면 '예필'을 알린다.

왕비는 명복命服, 즉 적의를 입고 수식을 더하며 왕대비는 자색 적의에 수식을 더한다. 상궁, 상전 등의 여관들은 예복, 즉 원삼을 입고 의장 차비들은 가리마에 당의를 착용한다.

부 록

조선 역대 왕들의 혼인과 당시의 지위

왕	혼인연도	혼인연령	왕비	본관	부친	혼인연령	자녀	비고
태조 (1335~1408)			신의왕후 (1337~1391)	안변	한경 韓卿		6남 2녀	조선 개국 전 사망. 1398년 정종 즉위 후 신의왕후로 추존.
			신덕왕후 (?~1396)	곡산	강윤성 康允成		2남 1녀	1392년 조선 개국으로 왕비 책봉.
정종 (1357~1419)			정안왕후 (1355~1412)	경주	김천서 金天瑞		무	1398년 정종 즉위로 왕비 책봉.
태종 (1367~1422)	1382년	16세	원경황후 (1365~1420)	여흥	민제 閔霽	18세	4남 4녀	1400년 2월 정안대군 세자 책봉으로 정빈貞嬪에 봉해짐. 1400년 11월 태종 즉위로 왕비 책봉.
세종 (1397~1450)	1408년	12세	소헌왕후 (1395~1446)	청송	심온 沈溫	14세	8남 2녀	1418년 4월 충녕대군 세자 책봉으로 경빈敬嬪에 봉해짐. 1418년 9월 세종 즉위, 12월 왕비 책봉.
문종 (1414~1452)	1437년	24세	현덕왕후 (1418~1441)	안동	권전 權專	20세	1남 1녀	1437년 순빈純嬪이 폐위된 후 세자빈 책봉. 1450년 문종 즉위로 왕비 책봉.
단종 (1441~1457)	1454년	14세	정순왕후 (1440~1521)	여산	송현수 宋玹壽	15세	무	1454년 왕비 책봉.
세조 (1417~1468)	1428년	12세	정희왕후 (1418~1483)	파평	윤번 尹璠	11세	2남 1녀	1455년 세조 즉위로 왕비 책봉.
예종 (1450~1469)	1460년	11세	장순왕후 (1445~1461)	청주	한명회 韓明澮	16세	1남	1460년 세자빈 책봉. 1472년(성종 3) 장순왕후로 추존됨.
	1462년	13세	안순왕후 (?~1498)	청주	한백륜 韓伯倫	?	1남 1녀	1462년 세자빈 책봉. 1468년 예종 즉위로 왕비 책봉.
성종 (1457~1494)	1467년	11세	공혜왕후 (1456~1474)	청주	한명회 韓明澮	12세	무	1467년 세자빈 책봉. 1469년 성종 즉위로 왕비 책봉.
	1480년	24세	정현왕후 (1462~1530)	파평	윤호 尹壕	19세	1남 1녀	1473년 숙의. 1480년 윤씨 폐출 후 왕비 책봉.
연산군 (1476~1506)	1487년	12세	폐비 신씨 (?~1537)	거창	신승선 愼承善	?	2남	1487년 세자빈으로 간택되어 입궁. 1494년 원손 출생. 1494년 연산군 즉위로 왕비 책봉.
중종 (1488~1544)	1499년	12세	단경왕후 (1487~1557)	거창	신수근 愼守勤	13세	무	1506년 중종 즉위로 왕비 책봉. 부친 신수근(연산군의 매부)으로 인해반정 이후 폐위됨. 1739년(영조 15) 복위.
	1507년	20세	장경왕후 (1491~1515)	파평	윤여필 尹汝弼	17세	1남 1녀	1506년 숙의. 1507년 왕비 책봉.
	1517년	30세	문정왕후 (1501~1565)	파평	윤지임 尹之任	17세	1남 4녀	
인종 (1515~1545)	1524년	10세	인성왕후 (1514~1577)	나주	박용 朴墉	11세	무	1524년 세자빈 책봉. 1544년 인종 즉위로 왕비 책봉.

왕	혼인 연도	혼인 연령	왕비	본관	부친	혼인 연령	자녀	비고
명종 (1534~1568)	1545년	12세	인순왕후 (1532~1575)	청송	심강 沈鋼	14세	1남	
선조 (1552~1608)	1569년	18세	의인왕후 (1555~1600)	나주	박응순 朴應順	15세	무	
	1602년	50세	인목왕후 (1584~1632)	연안	김제남 金悌男	19세	1남 1녀	
광해군 (1575~1641)	1587년	13세	유씨 (1577~1624)	문화	유자신 柳自新		3남	1608년 광해군 즉위 후 세자빈에서 왕비 책봉. 1623년 폐위, 1624년 사망.
인조 (1595~1649)	1610년	16세	인열왕후 (1594~1635)	청주	한준겸 韓浚謙	17세	4남	인조반정 후 왕비 책봉.
	1638년	44세	장렬왕후 (1624~1688)	양주	조창원 趙昌遠	15세	무	인열왕후 사후 왕비 책봉.
효종 (1619~1659)	1631년	13세	인선황후 (1618~1674)	덕수	장유 張維	14세	1남 6녀	1645년 세자빈. 1649년 왕비 책봉.
현종 (1641~1674)	1651년	11세	명성왕후 (1642~1683)	청풍	김우명 金佑明	10세	1남 3녀	1651년 세자빈. 1659년 왕비 책봉.
숙종 (1661~1720)	1671년	11세	인경왕후 (1661~1680)	광산	김만기 金萬基	11세	2녀	1671년 세자빈. 1674년 왕비 책봉.
	1681년	21세	인현왕후 (1667~1701)	여흥	민유중 閔維重	15세	무	1681년 계비.
	1702년	42세	인원왕후 (1687~1757)	경주	김주신 金柱臣	16세	무	1702년 계비.
경종 (1688~1724)	1696년	9세	단의왕후 (1686~1718)	청송	심호 沈浩	11세	무	1696년 세자빈. 경종 즉위 후 단의왕후로 추봉.
	1718년	31세	선의왕후 (1705~1730)	함종	어유구 魚有龜	14세	무	1718년 세자빈. 1722년 왕비 책봉.
영조 (1694~1776)	1704년	11세	정성왕후 (1692~1757)	달성	서종제 徐宗悌	13세	무	1704년 달성군부인. 1721년 세제빈. 1724년 왕비 책봉.
	1759년	66세	정순왕후 (1745~1805)	경주	김한구 金漢耉	15세	무	1759년 계비.
정조 (1752~1800)	1762년	11세	효의왕후 (1753~1821)	청풍	김시묵 金時默	10세	무	1762년 세손빈. 1776년 왕비 책봉.
순조 (1790~1834)	1802년	13세	순원왕후 (1789~1857)	안동	김조순 金祖純	14세	2남 3녀	1802년 왕비 책봉. (1800년 초간택, 1802년 삼간택)
헌종 (1827~1849)	1837년	11세	효현왕후 (1828~1843)	안동	김조근 金祖根	10세	무	1837년 왕비 책봉.
	1844년	18세	효정왕후 (1831~1904)	남양	홍재룡 洪在龍	14세	1녀	1844년 계비.

왕	혼인 연도	혼인 연령	왕비	본관	부친	혼인 연령	자녀	비고
철종 (1831~1863)	1851년	21세	철인왕후 (1838~1878)	안동	김문근 金汶根	15세	1남	1851년 왕비 책봉.
고종 (1852~1919)	1866년	15세	명성황후 (1851~1895)	여흥	민치록 閔致祿	16세	4남 1녀	1866년 왕비 책봉.
순종 (1874~1926)	1882년	9세	순명효황후 (1872~1904)	여흥	민태호 閔泰鎬	11세	무	1882년 왕세자빈. 1897년 황태자비.
	1906년	23세	순정효황후 (1894~1906)	해평	윤택영 尹澤榮	13세	무	1906년 황태자비. 1907년 황후.

참고문헌_

1. 원전原典

『경국대전』經國大典

『고려도경』高麗圖經

『국조속오례의』國朝續五禮儀

『국조오례의』國朝五禮儀

『국혼정례』國婚定例

『궁궐지』宮闕志

『대전회통』大典會通

『동국세시기』東國歲時記

『사례편람』四禮便覽

『상방정례』尚房定例

『연려실기술』練藜室記述

『일성록』日省錄

『조선왕조실록』朝鮮王朝實錄

『주자가례』朱子家禮

『증보문헌비고』增補文獻備考

『탁지정례』度支定例

『한경지략』漢京識略

『한중록』閑中錄

규장각奎章閣 소장 가례도감의궤嘉禮都監儀軌

2. 논저論著

고동환, 『조선후기 서울상업발달사연구』, 지식산업사, 1998.

국립민속박물관, 『한국복식이천년』, 1995.

국립중앙박물관, 『중국 고대회화의 탄생』, 통천문화사, 2008.

권순형, 『고려의 혼인제와 여성의 삶』, 혜안, 2006.

권오창, 『인물화로 보는 조선시대 우리 옷』, 현암사, 1998.

금기숙, 『조선복식미술』, 열화당, 1994.

김문식·신병주, 『조선왕실 기록문화의 꽃 의궤』, 돌베개, 2005.

김상보, 『조선왕조 궁중의궤 음식문화』, 수학사, 1995.

김영상, 『서울 6백년』, 대학당, 1996.

김영숙, 『한국복식문화사전』, 미술문화, 1998.

김용숙, 『조선조 궁중풍속연구』, 일지사, 1987.

김용숙, 『한중록연구』, 한국연구원, 1983.

김종수, 「재변과 국혼에서의 용악」, 『한국학보』 59, 1989.

단국대출판부, 『한국한자어사전(1~4)』, 1993.

류둥성 지음, 김성혜, 김홍련 옮김, 『그림으로 보는 중국음악사』, 민속원, 2010.

문영빈, 『창경궁』, 대원사, 1991.

민족문화추진회, 『국역가례도감의궤』, 1997.

박광용, 『영조와 정조의 나라』, 푸른역사, 1998.

박병선, 『조선조의 의궤』, 한국정신문화연구원, 1985.

박소동역, 『(국역)영조정순후가례도감의궤』, 민족문화추진회, 1997.

박영규, 『한권으로 읽는 조선왕실 계보』, 2008.

박정혜, 『조선시대 궁중기록화연구』, 일지사, 2000.

박혜인, 『한국의 전통혼례연구』, 고려대 민족문화연구소, 1988.

백영자, 『조선시대의 어가행렬』, 방송통신대학교출판부, 1994.

법제처, 『고법전용어집』, 1979.

서울대학교 규장각, 『규장각소장 명품도록』, 2000.

서울대학교 규장각, 『영조정순후가례도감의궤』(영인본), 1994.

서울대학교 규장각, 『해동지도』, 1995.

신명호, 『조선공주실록』, 역사의 아침, 2009.

신명호, 『조선왕비실록』, 역사의 아침, 2007.

신명호, 『조선의 왕』, 가람기획, 1998.

신병주, 『66세의 영조, 15세 신부를 맞이하다』, 효형출판, 2001.

신영훈, 『우리문화 이웃문화』, 문학수첩, 1997.

안길정, 『관아이야기』, 사계절, 2000.

앤 팔루딘 지음, 이동진·윤미경 옮김, 『중국 황제』, 갑인공방, 2002.

역사문제연구소, 『우리 역사의 7가지 풍경』, 역사비평사, 1999.

유교학술원, 『국역주자가례』, 성균관, 2005.

유송옥, 『조선왕조 궁중의궤복식』, 수학사, 1991.

이경자, 『한국복식사론』, 일지사, 1983.

이명희, 『궁중유물』, 대원사, 1995.

이범직, 『한국중세 예사상연구』, 일조각, 1991.

이서지, 『한국풍속화집』, 서문당, 1997.

이선재, 『유교사상과 의례복』, 아세아문화사, 1992.

이성무, 『조선왕조실록 어떤 책인가』, 동방미디어, 1999.

이성미, 『가례도감의궤와 미술사』, 소와당, 2008.

이성미·강신항·유송옥, 『장서각소장가례도감의궤』, 한국정신문화연구원, 1994.

이태진, 『왕조의 유산』, 지식산업사, 1994.

이훈종, 『민족생활어사전』, 한길사, 1993.

임혜련, 「순조 초반 정순왕후의 수렴청정과 정국변화」『조선시대사학보』 15, 2000.

장병인, 『조선전기 혼인제와 성차별』, 일지사, 1997.

정성희, 『조선의성풍속』, 가람기획, 1998.

정연식, 「조선시대 탈것에 대한 규제」『역사와 현실』 27, 1998.

정옥자, 『조선후기문화운동사』, 일조각, 1988.

정옥자, 『조선후기 역사의 이해』, 일지사, 1993.

정용숙, 『고려왕실 족내혼연구』, 새문사, 1988.

조효순, 『한국복식풍속사연구』, 일지사, 1988.

지두환, 『조선전기 의례연구』, 서울대학교출판부, 1994.

한국고문서학회, 『조선시대 생활사』, 역사비평사, 1996.

한영우, 『다시 찾는 우리역사』, 경세원, 1998.

한영우, 『정조의 화성행차 그 8일』, 효형출판, 1998.

한영우, 『조선왕조 의궤』, 일지사, 2005.

한영우, 『창덕궁과 창경궁』, 열화당, 2003.

홍순민, 『우리 궁궐 이야기』, 청년사, 1999.

3. 중국 측 문헌

(魏)王弼注 (唐)孔穎達, 『周易正義』, 北京大學出版社, 2000.

(漢)毛公傳, (唐)孔穎達等正義, 『毛詩正義』, 北京大學出版社, 2000.

(漢)鄭玄注, (唐)賈公彦疏, 『周禮注疏』, 北京大學出版社, 2000.

(漢)鄭玄注, (唐)孔穎達等正義, 『禮記正義』, 北京大學出版社, 2000.

(晉)郭璞注, (宋)邢昺疏, 『爾雅注疏』, 北京大學出版社, 2000.

(晉)杜預注, (唐)孔穎達等正義, 『春秋左傳正義』, 北京大學出版社, 2000.

(宋)范曄撰, 『後漢書』 北京, 中華書局, 1997.

(宋)『家禮』, 學民文化史, 影印本, 2001.

(唐)杜佑, 『通典』, 杭州, 浙江古籍出版社, 2000.

(唐)房玄齡等撰, 『晉書』「禮志」, 北京, 中華書局, 1987.

(唐)蕭嵩等撰, 『大唐開元禮』, 東京, 三貴文化社 影印本, 1998.

(唐)魏徵等撰, 『隋書』「禮儀志」, 北京, 中華書局, 1959.

(宋)攝崇義, 丁鼎 點校解說, 『新定三禮圖』, 北京, 清華大學出版社, 2006.

(元)脫脫等撰, 『宋史』「禮志」, 北京, 中華書局, 1997.

(元)陳澔, 『禮記集說』, 上海, 上海古籍出版社, 1996.

(明)徐一夔等撰, 『大明集禮』『文淵閣四庫全書』第649~650册, 臺灣, 商務印書館 影印本.

(明)李東陽等撰, 申明行等重修, 『大明會典』, 臺北, 東南西報社, 影印本, 1964.

(淸)張廷玉等撰, 『明史』「禮志」, 北京, 中華書局, 1997.

(淸)秦惠田, 『五禮通考』, 臺北, 聖環圖書公司, 1994.

(淸)陳立, 『白虎通疏證』, 北京, 中華書局, 1994.

(淸)胡培翬, 『儀禮正義』, 江蘇古籍出版社, 1993.

睡虎地秦墓竹簡整理小組, 『睡虎地秦墓竹簡』, 文物出版社, 1978.

郭沫若, 『甲骨文合集』, 中華書局, 1982.

上海師範大學古籍整理研究所校點, 『國語』, 上海, 上海古籍出版社, 1998.

黃能馥·陳娟娟, 『中華歷代服飾藝術』, 中國旅遊出版社, 1999.

胡厚宣, 『甲骨文合集譯文』, 中國社會科學出版社, 1999.

陳戌國, 『中國禮制史 秦漢卷』, 湖南教育出版社, 2002.

陳戍國, 『中國禮制史 魏晉南北朝卷』, 湖南教育出版社, 2002.

古宮博物院編, 『明清皇帝寶璽』, 北京, 紫禁城出版社, 2008.

도판목록_